인포그래픽으로 보는
세계전쟁사

저자들의 저작 목록

뱅상 베르나르 Vincent Bernard

『로버트 E. 리, 남부의 전선 *Robert E. Lee, la légende sudiste*』, Perrin, 2014.

『율리시즈 S. 그랜트, 북부의 별 *Ulysses S. Grant, l'étoile du Nord*』, Perrin, 2018.

『인포그래픽으로 보는 2차 세계대전 *Infographie de la Seconde Guerre mondiale*』(공저), Perrin, 2018.

『남북전쟁: 미국의 '대전쟁' 1861~1865년 *La guerre de Sécession: La «Grande Guerre» américaine 1861-1865*』, Passés Composés, 2022.

『게티스버그 1863년 *Gettysburg 1863*』, Perrin, 2023.

『레지 드 트로브리앙, 남북전쟁에 참전한 프랑스 장교 *Régis de Trobriand, Un officier français dans la guerre de Sécession*』, Passés Composés, 2024.

쥘리엥 펠티에 Julien Peltier

『이야기와 인포그래픽으로 보는 프랑스 혁명 *Infographie de la Révolution française*』, Passés Composés, 2021.

『1942』, Passés Composés, 2022.

『인포그래픽으로 보는 프랑스-독일 전쟁 *Infographie des guerres franco-allemandes*』, Passés Composés, 2023.

로랑 투샤르 Laurent Touchard

『아프리카 군대: 조직, 장비, 현황과 능력 *Forces Armées Africaines: Organisation, équipements, état des lieux et capacités*』, CreateSpace, 2017.

일러두기

• 본문에 숫자로 된 각주와 [ ] 속 부연설명은 모두 옮긴이가 단 것이다.

• 원서에 '-연도'로 표기된 부분은 연표와 지도상의 설명을 제외하고 모두 '기원전 연도'로 표기했으며,
밀레니엄을 뜻하는 'millénaire'는 '천년기'로 옮겼다(예: '기원전 제3천년기'는 기원전 3000~2001년까지를 가리킨다).

인포그래픽으로 보는
세계 전쟁사

신석기 시대부터 **현대 디지털 전쟁**까지

뱅상 베르나르 지음 ｜ **쥘리엥 펠티에** 데이터 디자인 ｜ **로랑 투샤르** 편집 ｜ **주명철** 옮김

여문책

차례

4부
19세기부터 1945년까지 강철에서 원자로

5부
1945년부터 현재까지 원자탄에서 디지털 전쟁으로

6부
불변성과 지속성 영원한 전쟁

머리말

130여 쪽 분량의 책에서 전쟁의 기원부터 현대까지의 역사를 다룬다고? 이는 야심 찬 목표를 넘어서 사실상 불가능한 일이다. 선사 시대의 끝자락부터 최근의 비극적인 사건들에 이르기까지, 모든 대륙에서 인간 문명의 역사와 함께해온 분야를 빠짐없이 다룰 수 있다고 자부하는 사람은 없다. 우크라이나, 서아시아[중동], 예멘, 아프리카의 현재 분쟁들은 이른바 현대 사회가 전쟁에서 결코 안전하지 않다는 사실을 일깨워준다. 우리는 여기서 전쟁이라는 현상의 역사적 개요를 가능한 한 폭넓게 제시하는 것으로 만족했다. 인포그래픽을 통해 우리는 단순히 사건들을 나열하는 고전적 '전투 역사'의 인식을 넘어서 전쟁의 역사를 가장 매력적이고 이해하기 쉬우며 교육적이고 재미있게 만들고자 했다. 그러나 우리는 로마 군단부터 중세 기사도, 나폴레옹 제국의 서사와 전격전까지 이 분야의 중요한 순간들을 무시하지 않으려고 애썼다. 군대는 인적·물적으로 어떻게 구성되는가? 그들은 어떻게 생활하는가? 그들은 무엇으로 싸우는가? 어떤 목적으로 싸우는가? 그들의 시대를 지배하는 군사적 전형은 무엇인가? 어떤 지속성과 단절을 식별할 수 있는가? 페이지마다, 시대마다, 주제마다 이러한 질문의 답을 찾으려고 노력했다.

이 책은 여섯 개의 큰 부분으로 나뉘며, 각 장과 주요 주제들은 돌과 뼈 도구를 쓰던 초기 시대부터 현대 기술에 이르기까지 무력 사용의 역사에서 주요 분기점을 반영한다. 여기에는 최초의 금속 단련, 바퀴와 동물 길들이기의 등장, 화약 발명, 압연 강철, 증기기관과 내연기관, 원자탄, 드론 등이 포함된다. 그러나 우리는 첨단기술의 초기 단계에 머물러 있으며, 그 잠재력을 충분히 인식하지 못하고 있다. 처음 세 부분은 고전적 역사의 주요 '시대'인 고대, 중세, 근대를 차례로 다루고, 그다음 두 부분은 주로 사회의 모든 수준과 분야에서 많은 변화를 겪은 19세기와 20세기를 포괄한다. 마지막 여섯 번째 부분은 진정한 횡단적 접근을 시도하며, 전쟁 현상과 관련된 주요 문제들을 장기적인 관점에서 다룬다. 여기에는 경제, 자원 관리, 전투원의 사회학, 성별, 사망률, 자연과 환경, 법률이 포함된다. 전체적으로 우리는 기대 이상으로 적절한 시각적 비교자료를 제공할 수 있기를 바란다. 독자는 알렉산더 대왕의 정복 범위, 세계대전의 '대규모 전투', 또는 핵무기의 파괴적 효과를 한눈에 파악할 수 있을 뿐만 아니라 살라미스 전투 당시 아테네 함대의 조직, 몽골 장군 수부타이의 경력, 중세 창병의 구성, 명나라의 군사조직 체계, 아스텍 재규어 전사의 전투장비, 트라팔가르 해전에서 1등급 전함의 무장, 남북전쟁의 전비조달 방식, 나아가 현대 전장에 디지털 기술의 대규모 도입 등 수많은 주제에도 차례로 주목할 수 있을 것이다.

여느 공동 저작물은 저자, 주제, 장을 단순히 병렬적으로 나열하는 데 그치지만, 이 책은 우리 작은 팀이 진정한 협력 작업을 통해 2년에 걸쳐 조율한 결과물이다. 특히 이 과정에서 처음부터 마지막 날까지 헌신적으로 참여해준 편집자에게 이 자리를 빌려 깊은 감사를 전한다. 많은 삽화, 대표적 사례, 혹은 장의 구성에 대한 선택은 토론과 투표의 결과물이었다. 각자가 자기 역할에 따라 의견을 내세웠지만, 우리는 비전문가든 전문가든 모든 독자에게 이로운 결과를 우선으로 생각해서 통일성과 조화를 추구했다. 그래픽 디자인은 나폴레옹이 전쟁에 대해 말했던 단순한 '실행의 예술'에 그치지 않고, 우리가 여기서 제시하는 60개의 그림자료 각각의 내용을 시각적 요소의 구성, 디자인 선택, 계층화를 통해 풍부하게 만들었다.

이 모든 것의 중심 사상은 무엇일까? 인간 집단, 부족, 도시, 제국, 국가 간의 갈등이 지속된다는 점이며, 따라서 이러한 무력 충돌을 제한하거나 없애려는 좋은 의도가 있지만, 군사 사상을 영원히 폐기할 수 없는 필수 도구처럼 유지하고 조직하며 지속시켜야 한다는 점이다. 역사는 우리에게 이를 가르치고 있으며, 현재의 사건들은 유감스럽게도 이를 끊임없이 상기시켜주고 있다. 야누스 신전의 문은 결코 완전히 닫히지 않는다.

뱅상 **베르나르**, 쥘리엥 **펠티에**, 로랑 **투샤르**

1부

신석기 시대부터 5세기까지
돌에서 철로

선사 시대의 끝자락
최초의 전쟁 제국들

가장 오래된 전쟁의 고고학적 흔적은 구석기 시대로 거슬러 올라간다(동굴벽화에서 궁수들이 다른 궁수들을 둘러싸고 있는 모습, 폭력적인 죽음의 흔적을 가진 해골들 등). 그리고 기원전 제5천년기[5000~4001년]에는 이미 도시들 간에 전쟁이 벌어졌다. 이처럼 전쟁은 거의 모든 문명의 발달과 함께한다. 초기의 전쟁은 종종 약탈과 습격 같은 비교적 지역적인 현상에 머물렀으나, 정복 전쟁의 결과로 최초의 중앙집권적인 제국들이 형성되었고, 그들은 전쟁을 처음으로 기록했다. 우리는 아카드 왕국이 기원전 24세기부터 22세기까지 메소포타미아의 도시들을 정복하고 통합했으며, 역사상 최초의 군사 제국이라고 알고 있다. 그런데 역사학자 프랜시스 화이트Francis White는 "그것이 정확히 어디에 있었는지, 어떻게 세력을 확장했는지, 심지어는 정확히 어떤 상황에서 멸망했는지 아무도 알지 못한다"라고 썼다.

멕시코
올멕 문명
~2500년경

초기 주요 제국들이 형성된
문명 발상지

창시자 또는 상징적인 **통치자**

◆ 수도

페루
~2000년경

아카드의 사르곤 왕
재위 기원전 2334년경~2279년경

사르곤은 여사제의 아들로 태어나 버림받았다는 전설이 있다. 키시 왕궁 정원사가 그를 길렀고, 그는 아카드의 통치자가 되어 정복 전쟁을 수행했다. 그의 자손들도 그의 뒤를 이어 메소포타미아 지방의 도시국가들을 정복하고 통일했다.

아카드
군사 강국의 출현

기원전 제3천년기[3000~2001년], 수메르의 도시들(키시, 우루크, 라가시, 니푸르 등)**은 툭하면 전쟁을 일으켰다.** 때로는 다른 도시를 상대로 일시적인 동맹을 맺기도 했으나, 영토를 영구히 병합할 만큼 강력하지는 않았다. 기원전 24~22세기, 아카드의 사르곤과 그의 후손들, 예를 들어 나람신Naram-Sin은 군대를 혁신한 덕분에 이러한 균형을 깨뜨렸다. 그들은 훈련된 상비군을 조직했고, 정복할 때마다 병력을 늘렸으며, 합성궁[복합궁]의 등장 덕분에 원거리 전투 전술을 매우 효과적으로 수행했다.

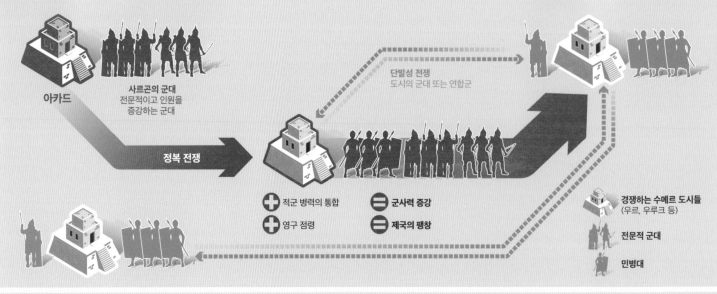

아카드

사르곤의 군대
전문적이고 인원을
증강하는 군대

정복 전쟁

단발성 전쟁
도시의 군대 또는 연합군

➕ 적군 병력의 통합   ➖ 군사력 증강

➕ 영구 점령   ➖ 제국의 팽창

경쟁하는 수메르 도시들
(우르, 우루크 등)

전문적 군대

민병대

최초의 무기
사냥에서 전쟁으로

고대 전쟁 무기의 대부분은 구석기 시대의
사냥 도구와 무기에서 직접 유래했으며,
시간이 지나면서 더 정교해졌다.
예를 들어 합성궁이 있다.
최소 30센티미터의 날이 하나나 둘인 칼은
처음에는 청동으로, 나중에는 철로
만들었으며, 전쟁의 기능뿐만 아니라
많은 문화에서 의식용 또는
장식용으로 고안한 최초의
무기일 가능성이 크다.

중국
은 -2400
우왕 → 하 왕조 -2300년경
무정 → 상 왕조 -1300년경

인더스
-8000년경(?)

아나톨리아
수필룰리우마 1세
하투샤 -1400
히타이트 제국

메소포타미아
아카드 -2400
수메르 -4000
아수르 -1300
바빌론 -1800
함무라비

페르시아
엘람인들 -2500년경

살만에셀

이집트
쿠푸
고왕국
멤피스 -2700
세누스레트 3세
테베 -1400
중왕국
아크나톤
신왕국

누비아
케르마 -2500

길가메시
기원전 제3천년기 중반 메소포타미아 우루크의
신화적 영웅이며 왕이다. 『길가메시 서사시』
같은 다양한 기록은 그의 업적을 보고한다.

구석기 시대 이후
- 사냥 무기
  부싯돌, 상아, 뼈, 나무
- 근접전 무기
  칼, 곤봉, 철퇴, 도끼, 창
- 원거리 무기
  투창, 창, 단궁, 돌

기원전 제6천년기~제5천년기
- 동제 무기
  단도(30cm 미만)

기원전 제4천년기~제3천년기
- 청동제 무기
- 합성궁

기원전 제3천년기~제2천년기
- 도검(30cm 이상)
  전쟁 창

기원전 제2천년기 말
- 초기 철제 무기는
  보잘것없었으며
  청동 무기의 대체품으로
  취급받았다.

기원전 제1천년기
- 강철 무기
  탄소강
- 쇠뇌(중국)

참고문헌
Bradford (A), 『활, 칼, 창을 들고: 고대 세계의 전쟁사 With Arrow, Sword and Spear: A History of Warfare in the Ancient World』, Praeger, 2001.
Foster (B), 『아가데 시대: 고대 메소포타미아에서 제국의 발명 The age of Agade: Inventing Empire in ancient Mesopotamia』, Routledge, 2015.
Guilaine (J) & Zammit (J), 『전쟁의 길: 선사 시대 폭력의 얼굴들 Le sentier de la guerre, visages de la violence préhistorique』, Seuil, 2001.
Keeley (H), 『문명 이전의 전쟁: 평화로운 원시인의 신화 War before Civilization: the Myth of the Peaceful Savage』, Oxford University Press, 1996.
Loades (M), 『전쟁용 활 War Bows』, Osprey, 2019.
White (F), 『가장 위대한 전사들(무크): 아카드인들의 전쟁 Akkadians at War in Greatest Warriors(Mook)』, Future, 2019.

최초로 기록된 전투들

고고학과 문헌에서 매우 오래된 전쟁의 흔적이 나타나지만, 군사적 사건들은 기원전 제2천년기 후반부터 기록되기 시작했다. 기원전 13세기, 시리아에서 이집트의 파라오 람세스 2세가 히타이트 왕 무와탈리 2세를 상대로 어렵게 승리한 카데시 전투(기원전 1274년경*), 그리고 수천 킬로미터 떨어진 중국에서 11세기에 상 왕조의 멸망과 주 왕조(제3왕조)의 등장을 본 목야 전투(기원전 1046년경*)가 있다. 이 같은 대규모 전투는 역사상 처음으로 충분히 문서화된 덕택에 우리는 당시 상황과 진행 과정을 어느 정도 이해하고 전술을 분석할 수 있다. 이렇게 먼 거리에서 일어난 이 전투들의 공통점은 고대 전차가 결정적인 무기로서 중요한 역할을 했다는 점이다. 당시 전차는 최고의 전성기를 누리고 있었다.

* 학자들 사이에 아직 이견이 있다.

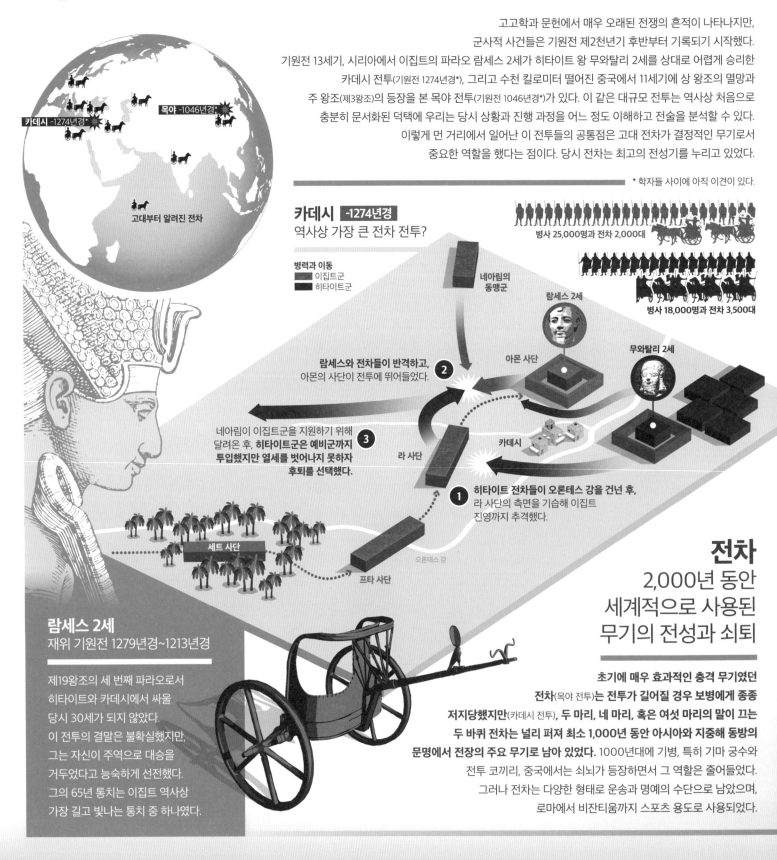

카데시 -1274년경
역사상 가장 큰 전차 전투?

병력과 이동
- 이집트군
- 히타이트군

병사 25,000명과 전차 2,000대

병사 18,000명과 전차 3,500대

네아림의 동맹군

람세스 2세

무와탈리 2세

아몬 사단

② 람세스와 전차들이 반격하고, 아몬의 사단이 전투에 뛰어들었다.

카데시

③ 네아림이 이집트군을 지원하기 위해 달려온 후, 히타이트군은 예비군까지 투입했지만 열세를 벗어나지 못하자 후퇴를 선택했다.

라 사단

① 히타이트 전차들이 오론테스 강을 건넌 후, 라 사단의 측면을 기습해 이집트 진영까지 추격했다.

세트 사단

오론테스 강

프타 사단

람세스 2세
재위 기원전 1279년경~1213년경

제19왕조의 세 번째 파라오로서 히타이트와 카데시에서 싸울 당시 30세가 되지 않았다. 이 전투의 결말은 불확실했지만, 그는 자신이 주역으로 대승을 거두었다고 능숙하게 선전했다. 그의 65년 통치는 이집트 역사상 가장 길고 빛나는 통치 중 하나였다.

전차
2,000년 동안 세계적으로 사용된 무기의 전성과 쇠퇴

초기에 매우 효과적인 충격 무기였던 전차(목야 전투)는 전투가 길어질 경우 보병에게 종종 저지당했지만(카데시 전투), 두 마리, 네 마리, 혹은 여섯 마리의 말이 끄는 두 바퀴 전차는 널리 퍼져 최소 1,000년 동안 아시아와 지중해 동방의 문명에서 전장의 주요 무기로 남아 있었다. 1000년대에 기병, 특히 기마 궁수와 전투 코끼리, 중국에서는 쇠뇌가 등장하면서 그 역할은 줄어들었다. 그러나 전차는 다양한 형태로 운송과 명예의 수단으로 남았으며, 로마에서 비잔티움까지 스포츠 용도로 사용되었다.

카데시 -1274년경

목야 -1046년경

고대부터 알려진 전차

목야 -1046년경*
주周나라, 가장 긴 왕조 시대

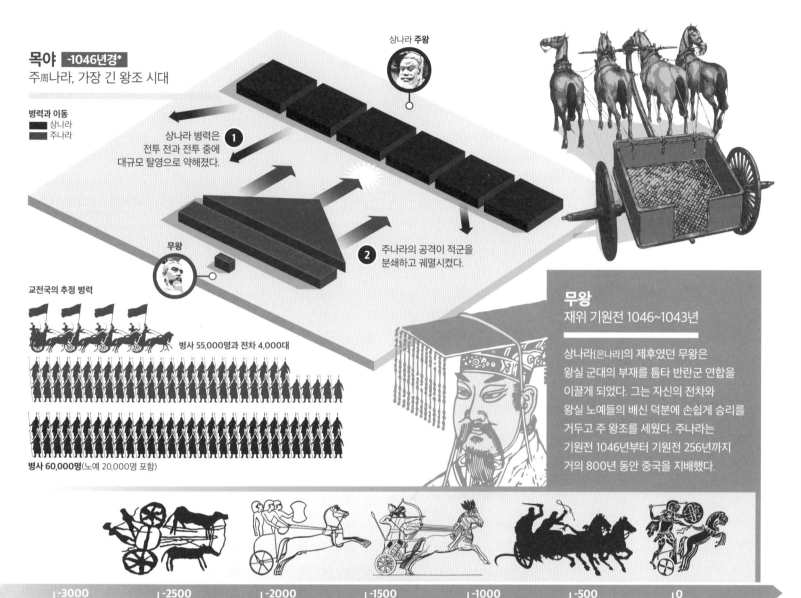

상나라 **주왕**

병력과 이동
- ■ 상나라
- ■ 주나라

① 상나라 병력은 전투 전과 전투 중에 대규모 탈영으로 약해졌다.

무왕

② 주나라의 공격이 적군을 분쇄하고 궤멸시켰다.

교전국의 추정 병력

병사 55,000명과 전차 4,000대

병사 **60,000명**(노예 20,000명 포함)

무왕
재위 기원전 1046~1043년

상나라[은나라]의 제후였던 무왕은 왕실 군대의 부재를 틈타 반란군 연합을 이끌게 되었다. 그는 자신의 전차와 왕실 노예들의 배신 덕분에 손쉽게 승리를 거두고 주 왕조를 세웠다. 주나라는 기원전 1046년부터 기원전 256년까지 거의 800년 동안 중국을 지배했다.

| -3000 | -2500 | -2000 | -1500 | -1000 | -500 | 0 |

바퀴의 발명과 말 길들이기
시기와 순서는 알 수 없음

[메소포타미아] **우르의 깃발**에 당나귀(혹은 야생 당나귀 오나그르) 두 마리 또는 황소(아마도 화물 운반용)가 끄는 통바퀴[널빤지를 둥글게 깎은 바퀴] 수레 등장

중앙아시아의 안드로노보 문화
최초의 전차 (산스크리트어로 라타) 탄생

중국 상나라에서 전차는 군대의 정예부대를 형성(기원전 16~9세기), **이집트**에서는 힉소스를 통해 전차가 등장, 미케네의 기념비와 기원전 제2천년기 말에 일어난 다소 신화적인 사건들을 바탕으로 기원전 8세기에 작성한 『일리아드』가 증명하듯이, **그리스**에서도 전차를 알고 있었음

히타이트인 **살바퀴** 발명

북유럽에서 용도를 알 수 없는 전차의 그림이 나타남

중국의 **목야** 전투

아시리아의 전차, **카데시** 전투 (기원전 1274년경)는 아마도 역사상 가장 큰 전차 전투로 5,000대의 전차가 동원되었으며, 전차의 군사적 동원이 절정에 달한 시기와 일치함

페르시아의 아케메네스 왕조, 말 네 마리가 끄는 전차에 칼날 장착, 인더스에서 200대의 전차를 지원받았지만, 기원전 331년 가우가멜라 전투에서 알렉산드로스 대왕의 마케도니아군에 패배

인도 마우리아 시대에 다양한 전차를 전쟁이나 운송에 활용, **유럽**에서는 켈트족이 말 두 마리가 끄는 더 길고 편안한 전차인 카로스 또는 카룸을 이용

기원전 **86년 케로네이아 전투**에서 전차가 마지막으로 동원됨, 미트리다테스의 전차는 로마군에 패배

테오도시우스 황제 치세에도 전차는 언제나 **올림픽 경기**에 등장

참고문헌
Bradford (A), 『활, 칼, 창을 들고: 고대 세계의 전쟁사With Arrow, Sword and Spear : A History of Warfare in the Ancient World』, Praeger, 2001.
Brice (T), 『히타이트 왕국The kingdom of the Hittites』, Oxford University Press, 2005.
Fales (F), 『아시리아의 전쟁과 평화, 종교와 제국주의Guerre et paix en Assyrie, Religion et impérialisme』, Cerf, 2010.
Fields (N), 『청동기 시대의 전차Bronze age war chariots』, Osprey, 2006.
Peers (C), 『고대 중국의 군대 기원전 1500~200년Ancient Chinese armies, 1500~200 BC』, Osprey, 1990.

장갑보병 전쟁

기원전 5세기와 4세기에 그리스 문명은 절정에 달했으며, 수많은 도시국가가 마치 "연못 주위의 개미처럼"(플라톤) 존재했다. 군사 분야에서, 지중해 전역에 퍼진 '보병 혁명'으로 두 차례의 페르시아 전쟁(기원전 490년과 479년)에서 강력한 페르시아 제국의 위협에 맞서는 것이 가능해졌다. (방패가 아닌) '무기'를 의미하는 홉론hoplon에서 유래한 보병hoplite은 중무장을 한 시민 군인의 모델이 되었으며, 개인 또는 국가의 비용으로 장비를 갖추고 밀집 대형으로 전투에 임했다. 스파르타 전사 또는 라케다이모니아 전사는 그 누구도 따라올 수 없는 무예로 명성을 떨쳤다. 그들은 전문 군인의 진정한 모범이었다. 스파르타의 경쟁국이며 가장 크고 빛나는 도시국가, 민주적인 아테네는 해군 함대를 토대로 강력한 해상 제국을 구축했다. 이 두 대립적인 모델 사이에서 전쟁은 피할 수 없었고, 그 여파는 기원전 4세기 내내 계속되었다.

페르시아 전쟁

- ⋯▷ 페르시아 원정
- 해상 전투
- 육상 전투

펠로폰네소스 전쟁
기원전 431~404년

- ▨ 아테네와 그 동맹, 델로스 동맹
- ▧ 스파르타와 그 동맹, 펠로폰네소스 동맹

아테네 세력의 절정기

페르시아 전쟁에서 페르시아 제국에 공동 승리를 거둔 아테네는 기원전 5세기에 대규모 해상 동맹인 델로스 동맹의 주도권을 잡았다. 아테네이니 동맹을 군사적·상업적 해상 제국으로 조직해서 자국의 지배 아래 두고 그 이익을 독점했다. 아테네는 스파르타와 점점 더 심한 갈등을 빚다가 마침내 기원전 431년에 펠로폰네소스 전쟁에 휩쓸렸고, 우여곡절 끝에 전쟁에서 패해 제국과 영향력을 모두 잃었다.

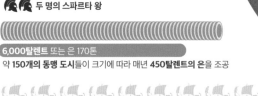

10인 전략가¹ 회의(페리클레스 포함)

두 명의 스파르타 왕

6,000탈렌트 또는 은 170톤
약 150개의 동맹 도시들이 크기에 따라 매년 **450탈렌트**의 은을 조공

60,000명의 선원이 운영하는 **300척**의 삼단노선

9,000명의 장교, 선원, 에피바테스(보병과 궁수)와 **51,000명**의 노잡이(테테스, 가난하지만 자유롭고 보수를 받는 시민)

20,000명의 선원이 운영하는 **100척의 삼단노선**(주로 동맹군)

원정군 13,000명
한창 나이인 20~50세의 '중산층' 시민들

예비군 16,000명
18~20세 시민들(에페비아 = 약 1,500명?)
+ 50~60세 퇴역군인(약 4,500명?)
+ 외국인 거주자(메테이크 = 약 10,000명?)

1,200 **1,600**
1,000명의 히페이스(부유한 시민기병)
+ 200명의 기마궁수 + 1,600명의 보병궁수
(아마도 외국인, 스키타이인 또는 크레타인)

40,000명의 장갑보병(그중 약 5,000명은 스파르타 시민인 호모이오이[전사]일 수 있으며, 나머지는 자유민이지만 시민이 아닌 페리오이코이, 그리고 동맹군)

테베의 대규모 밀집 대형 팔랑크스가 **3** '신성대대' 정예병사 300명의 보호를 받으면서 **스파르타의 우익을 포위했다.**

에파미논다스
테베의 장군

1 스파르타는 두 명의 왕이 통치했지만, 아테네에는 아르콘archon과 전략가stratigos들이 통치했다. 아르콘은 아홉 명으로 정치·사회·문화·종교를 담당했고, 전략가는 열 명으로 전쟁과 외교를 담당했다.

2 아르카이크archaïque(기원전 800~500년) 시대에는 아테네, 스파르타 같은 독립적 도시국가(폴리스)가 등장해 각자 고유한 정치체계를 발전시켰고, 경제발전으로 농업과 상업 외에도 다양한 직업이 발달했다. 생활 도자기, 조각, 건축에서 고유한 양식을 형성했으며, 종교의식과 축제가 주민을 결속시키는 중요한 행사였다.

3 '6~12열 깊이'란 여섯 명부터 열두 명의 병사로 구성한 제1열부터 여섯 줄이나 열두 줄까지 병사들이 배치되어 있다는 뜻이다.

4 에피세메épisème는 동물, 신화 속 생물, 기하학적 무늬 등 다양한 형태의 문양으로서 각 도시국가나 전사 개인의 정체성을 나타내는 동시에 적을 위협했다.

장갑보병
시민병사의 화신

장갑보병은 그리스 군대의 핵심으로, 규율과 강력한 충격력이 지배하는 전투(원래는 강하게 의식화된 전투)**를 수행했다.** 장갑보병은 보통 6~12열 깊이[3]의 팔랑크스 대형을 이루어 싸우며, 노련한 병사들이 전방에 섰다. 점차 이들과 함께 다른 유형의 부대들이 점점 더 중요한 역할을 맡게 되는데, 대표적으로 테살리아 기병과 펠타스트(주로 트라키아인)가 있었다. 펠타스트는 가볍고 기동성이 뛰어난 보병으로, 주로 군대의 후방과 측면을 보호하거나 기습공격과 같은 '작은 전쟁'을 수행했다.

주요 좌표

 기원전 17~12세기
미케네 문명:
트로이 전쟁 신화의 무대

 기원전 12~8세기
미케네 몰락:
이른바 '암흑기'

 기원전 8~6세기
아르카이크[2] 시대
메세니아 전쟁과 스파르타의 등장

 기원전 499년
페르시아에 대한
이오니아 도시들의 반란

기원전 493~490년
1차 페르시아 전쟁:
아테네의 마라톤 승리

 기원전 480~479년
2차 페르시아 전쟁: 살라미스, 플라타이아,
미칼레 곳에서 그리스 승리

 기원전 5세기 중엽
아테네 해양 제국의 전성기: 스파르타와 갈등

 기원전 431~404년
그리스 전역과 시칠리아까지 영향을 미친
펠로폰네소스 전쟁

 기원전 404~371년
아테네 몰락과 스파르타의 그리스 패권 장악

 기원전 371~362년
테베의 패권: 레욱트라 전투의 승리부터
만티네아 전투의 패배까지

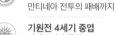 **기원전 4세기 중엽**
마케도니아 등장

레욱트라 기원전 371년 7월 6일
이례적이고 결정적인 장갑보병 전투

테베의 장군 에파미논다스는 기원전 371년 여름에 레욱트라 전투에서 스파르타 군대를 격파하며 그의 시대를 빛냈다. 그는 장갑보병 밀집 대형[팔랑크스]의 불변의 배치를 무시하고 좌익을 크게 강화했다. 이 혁신으로 테베는 그리스에서 패권을 장악했으나, 만티네아 전투(기원전 362년)에서 아테네와 스파르타의 연합군에 패하면서 10년의 패권을 잃었다.

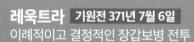

스파르타 왕
클레옴브로토스

스파르타 병력 기병 1,000명과 경보병 10,000명

테베 병력 기병 1,500명과 경보병 6,000명

❹ 사선형의 압박공격으로 **스파르타 군대의 대형이 붕괴되고 결국 파괴되었다.**

❷ **기병대끼리 충돌**
(위치는 불확실)

❶ **테베 장갑보병이 경보병을 앞세우고 단계별 전열을 형성해** 적의 진격을 늦추었다.

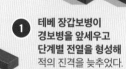
펠타스트
[경보병]

테살리아 기병

도리
철제 또는
청동제 날이
달린 창

크라노스
청동제 투구
('코린토스' 유형)

리노토락스
청동 또는
가죽 비늘로 보강하는
아마포 흉갑

키포스
단검

크네미스
(크네미데)
정강이 보호대
[각반]

아스피스
청동 테두리가 있는
원형의 나무방패,
종종 무서운 문양인
에피세메[4]로 장식

참고문헌
Secunda (N), 『그리스 장갑보병 480~323년 Greek Hoplite, 480~323』, Osprey, 2000.
Thucydide, 『펠로폰네소스 전쟁사 Histoire de la guerre du Péloponnèse』, nombreuses rééditions.
Hanson (VD), 『장갑보병: 고전고대 그리스의 전투경험 Hoplites: The Classical Greek Battle Experience』, Routledge, 1993.
Ducrey (P), 『고대 그리스 전쟁과 전사들 Guerre et guerriers dans la Grèce antique』, Pluriel, 1999.

마케도니아 모형

반야만적인 상태의 마케도니아 왕국은 필리포스 2세의 치세(기원전 359~336년) 당시 장갑보병에 진정한 혁명을 가져왔다. 필리포스는 창으로 무장한 강력한 충격기병과 긴 창(사리사)을 쓰는 조직적이고 잘 훈련된 보병의 팔랑크스를 결합해서 전문화된 군대를 편성했다. 기원전 338년 카이로네이아 전투에서 그의 정예부대는 스파르타를 제외한 그리스 도시국가들의 코린트 동맹을 굴복시켰다. 필리포스의 사후, 그의 아들 알렉산드로스(대왕)는 기원전 334년에 페르시아 제국 침략이라는 원대한 계획을 이어받았다. 10년 만에 그는 다리우스 3세의 군대를 무찌르고 인더스 강까지 이르는 거대한 아시아 제국을 건설했으며, 자신의 이름을 딴 수십 개의 도시를 세우고 그리스-페르시아 혼합의 새로운 문화를 탄생시켰다. 신격화된 그는 후계자를 지명하지 않은 채 기원전 323년에 32세로 병사했고, 그의 장군들인 디아도코이(후계자들)는 제국을 차지하려고 싸웠다. 그 결과, 기원전 3세기에 지중해 동부의 대부분을 차지하는 세 개의 큰 헬레니즘 왕국이 남게 되었는데, 이집트의 라기데스(또는 프톨레마이오스 왕조), 시리아의 셀레우코스 왕조, 마케도니아의 안티고노스 왕조가 그것이다. 한편 서쪽에서는 로마의 세력이 점점 강해지고 있었다.

알렉산더의 원정
알렉산더의 승리
알렉산드리아
전성기의 제국
알렉산더의 후계자들 디아도코이의 제국 분할

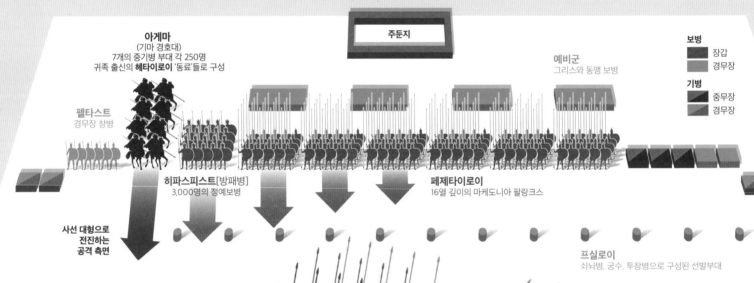

아게마
(기마 경호대)
7개의 중기병 부대 각 250명
귀족 출신의 **헤타이로이** '동료'들로 구성

펠타스트
경무장 창병

예비군
그리스와 동맹 보병

주둔지

보병
장갑
경무장

기병
중무장
경무장

히파스피스트[방패병]
3,000명의 정예보병

페제타이로이
16열 깊이의 마케도니아 팔랑크스

사선 대형으로
전진하는
공격 측면

프실로이
쇠뇌병, 궁수, 투창병으로 구성된 선발부대

마케도니아 군대

**필리포스가 테베 군대에서 영감을 받아 개발하고,
알렉산드로스와 그의 후계자들이 완성한
마케도니아 군사모형은 로마의 마니풀루스 군단[5]과
만날 때까지 1세기 이상 전장을 지배했다.**

헬레니즘 군대의 핵심인 팔랑기테스[팔랑크스 병사]는
방어장비(흉갑과 방패)를 경량화한 보병으로, 16열 깊이의
밀집 대형으로 싸우며 길이 5미터에서 7미터까지의 창인
사리사를 무기로 썼다. 기동성은 떨어지지만, 측면이
잘 보호된 팔랑크스는 정면에서 거의 무적임을 증명했다.

테트라키아
이 부대는 64명의 팔랑기테스로 구성되며, 4열 종대의 단위다.
고전적인 마케도니아 팔랑크스는 64개의 테트라키아로 구성되며,
이는 1,024명의 창병으로 이루어진 4개의 신타그마로 재편성된다.

가우가멜라 -331

아나톨리아의 총독들이 그라니코스 전투(기원전 334년)에서 패배하고, 다리우스 3세 자신도 이소스 전투(기원전 333년)에서
패배한 후, 마케도니아의 침략을 막기 위한 마지막 시도로 가우가멜라(또는 아르벨라)에서 결정적인 전투를 벌였다.

양군이 전투에 돌입하고 전열을 펼치는 동안, 알렉산더는 틈새를 이용해 기병 돌격을 감행하여 다리우스와 그의 불사부대를
패주시키고 적군을 혼란에 빠뜨린 후, 곤경에 처한 휘하 부대의 좌익을 구하러 달려갔다. 다리우스는 버림받고 얼마 후
암살당하면서 2세기 동안 이어진 아케메네스 왕조의 지배가 끝났으며, 알렉산더에게 아시아로 향하는 문이 활짝 열렸다.

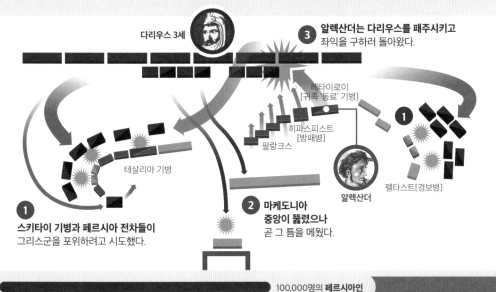

100,000명의 페르시아인
40,000명의 마케도니아인, 그중 35,000명의 보병(모든 계급 포함)

리시마코스와 셀레우코스 80,000명 중 팔랑크스 35,000명
안드로니코스와 안티고노스 80,000명 중 팔랑크스 40,000명

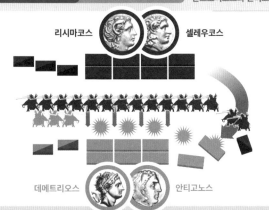

입소스 -301

'디아도코이 전쟁'(기원전 322~281년) 중 팔랑크스 대 팔랑크스의
대결이었던 아나톨리아 입소스 전투에서 트라키아의 왕
리시마코스와 셀레우코스는 아시아의 안티고노스
'모노프탈모스'(애꾸눈 안티고노스)를 물리치고 승리했다.

안티고노스는 이 전투에서 사망했다. 승리의 주된 요인은 '코끼리의 벽'을 매우 능숙하게
이용해 적의 대응을 차단한 전술이었다. 그러나 세월이 흘러 20년 후 당시의 동맹자들은
서로 싸우게 되는데, 셀레우코스가 쿠로페디온 전투에서 리시마코스를 죽이고 '니카토르'
(승리자)가 되었으며, 애꾸눈의 손자 안티고노스 2세가 마케도니아의 왕좌를 되찾았다.

참고문헌

Battistini (O) & Charvet (P) (dir.), 『알렉산더 대왕, 역사 사전*Alexandre le Grand, histoire et dictionnaire*』, Robert Laffont, Bouquins, 2004.
Bennett (B) & Roberts (M), 『알렉산더 후계자들의 전쟁, 기원전 328~281년*The Wars of Alexander's Successors 323-281 BC*』, Pen and Sword, 2008.
Bradford (A), 『활, 칼, 창을 들고: 고대 세계의 전쟁사*With Arrow, Sword and Spear: A History of Warfare in the Ancient World*』, Praeger, 2001.
Delbrück (H), 『고대의 전쟁, 전쟁기술의 역사*Warfare in Antiquity, History of the Art of War*』, vol. 1, University of Nebraska, 1990 (rééd.).
Sekunda (N), 『알렉산더 대왕: 그의 군대와 원정, 기원전 334~323년*Alexander the Great: His Armies and Campaigns 334-323 BC*』, Osprey, 1998

중국의 세계
전국 시대에서 통일 제국으로

일찍이 손자孫子는 "전쟁은 1,000대의 전차, 1,000대의
병거兵車[전차], 수십만 명의 병사, 1,000리를 이동해야 하는
보급품이 있어야 가능하다"라고 말했다. 고대 초기부터 진정한
군사 강국으로 등장한 동아시아의 왕국들은 기원전 3세기
진秦 왕조가 최초로 통일을 하면서 중국을 이루었고,
진의 이름에서 유래한 '차이나'로 알려졌다. 그곳의
전쟁기술은 매우 정교하며, 고대 문헌에 기반을 두고
있었다. 광범위한 인구 기반에서 지역적으로 모집된
중국의 대군은 복잡한 혼합전술을 잘 구사했으며,
그 영향은 인도에도 미쳤다. 대군은 갑옷을 입은
보병, 투사 무기(주로 활과 투석기), 처음에는 전차를
탔다가 나중에는 말을 탄 기병으로 구성되었다.
기원전 4세기부터 북방 유목민족의 영향을
받아 기병이 등장했다. 같은 시기에 들어온
쇠뇌는 이후 다양한 형태로 발전했으며,
진정한 전쟁기계가 되어 중국 군사기술을 향상시켰다.

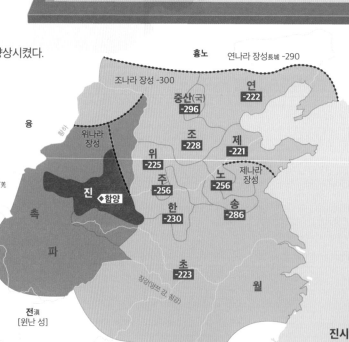

손자
기원전 544?-496?

제나라 출신으로 추정되며, 오나라를
섬긴 장군이자 유명한 병법서인
『손자병법』의 저자로 알려졌다.
『손자병법』은 아시아 역사의 위대한
고전 중 하나로 평가받는다. 특히
"전투의 승패는 싸우기 전에
결정된다"라는 명언으로 유명하다.

흉노
연나라 장성長城 -290
조나라 장성 -300
중산(국) -296
연 -222
융
위나라 장성
조 -228
제 -221
위 -225
강羌
주 -256
노 -256
제나라 장성
진 ◆함양
촉
한 -230
송 -286
파
초 -223
장강(양쯔 강, 칭강)
월
전滇
[윈난 성]
민월閩越

통일의 길을 찾아서

진시황은 부분적·일시적으로 중국을 통일했으며,
그 후 때로는 3국, 7국, 16국의 왕국들이 복잡하게
싸우는 동안 한나라가 계속 통일을 추구했다.
그러나 북부의 민족들이 끊임없이 위협하는
상황에서 아주 일찍부터 성곽을 잇따라 건설할
필요가 있었고, 그 사업은 수 세기 동안 이어져 결국
오늘날 '만리장성'이라 부르는 방어벽이 생겼다.

진의 정복
■	원래 영토
■	기원전 3세기 확장
■	진시황의 정복
•••••	통일 이전의 장성
흉노 외	이웃 민족들

참고문헌
Graf (D), Higham (R) et al., 『중국 전쟁사A Military History of China』, University Press of Kentucky, 2012.
Lewis (M), 『초기 중국 제국, 진秦과 한漢The Early chinese Empires, Qin and Han』, Belknap Press, 2007.
Peers (C), 『고대 중국의 군대(기원전 1500~200년)Ancient Chinese Armies(1500~200 BC)』, Osprey, 1990.
Sawyer (R), 『고대 중국의 7대 병법서The Seven Military Classics of Ancient China』, Basic Books, 2007.

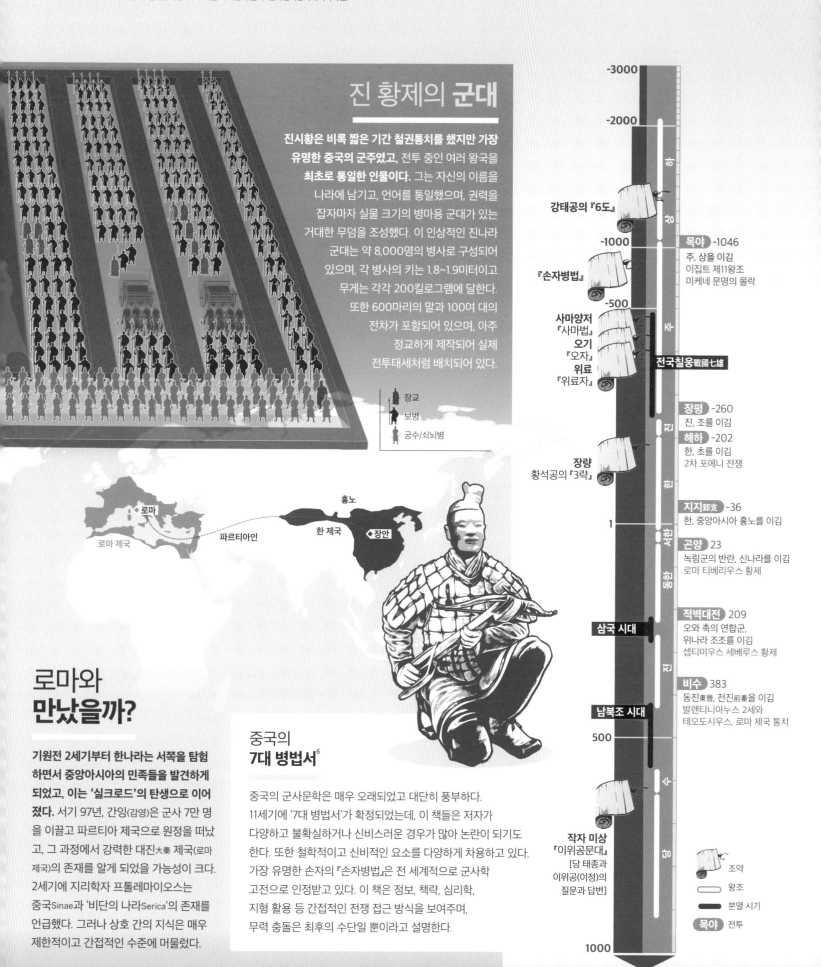

진 황제의 군대

진시황은 비록 짧은 기간 철권통치를 했지만 가장 유명한 중국의 군주였고, 전투 중인 여러 왕국을 최초로 통일한 인물이다. 그는 자신의 이름을 나라에 남기고, 언어를 통일했으며, 권력을 잡자마자 실물 크기의 병마용 군대가 있는 거대한 무덤을 조성했다. 이 인상적인 진나라 군대는 약 8,000명의 병사로 구성되어 있으며, 각 병사의 키는 1.8~1.9미터이고 무게는 각각 200킬로그램에 달한다. 또한 600마리의 말과 100여 대의 전차가 포함되어 있으며, 아주 정교하게 제작되어 실제 전투태세처럼 배치되어 있다.

- 장교
- 보병
- 궁수/쇠뇌병

로마와
만났을까?

기원전 2세기부터 한나라는 서쪽을 탐험하면서 중앙아시아의 민족들을 발견하게 되었고, 이는 '실크로드'의 탄생으로 이어졌다. 서기 97년, 간잉(감영)은 군사 7만 명을 이끌고 파르티아 제국으로 원정을 떠났고, 그 과정에서 강력한 대진大秦 제국(로마 제국)의 존재를 알게 되었을 가능성이 크다. 2세기에 지리학자 프톨레마이오스는 중국Sinae과 '비단의 나라Serica'의 존재를 언급했다. 그러나 상호 간의 지식은 매우 제한적이고 간접적인 수준에 머물렀다.

로마
로마 제국
파르티아인
흉노
한 제국
장안

중국의
7대 병법서[6]

중국의 군사문학은 매우 오래되었고 대단히 풍부하다. 11세기에 '7대 병법서'가 확정되었는데, 이 책들은 저자가 다양하고 불확실하거나 신비스러운 경우가 많아 논란이 되기도 한다. 또한 철학적이고 신비적인 요소를 다양하게 차용하고 있다. 가장 유명한 손자의『손자병법』은 전 세계적으로 군사학 고전으로 인정받고 있다. 이 책은 정보, 책략, 심리학, 지형 활용 등 간접적인 전쟁 접근 방식을 보여주며, 무력 충돌은 최후의 수단일 뿐이라고 설명한다.

-3000

-2000

강태공의『6도』

하

상

목야 -1046
주, 상을 이김
이집트 제11왕조
미케네 문명의 몰락

-1000

『손자병법』

주

-500

사마양저
『사마법』
오기
『오자』
위료
『위료자』

전국칠웅戰國七雄

장평 -260
진, 조를 이김

해하 -202
한, 초를 이김
2차 포에니 전쟁

진

장량
황석공의『3략』

한

1

지지郅支 -36
한, 중앙아시아 흉노를 이김

서한

곤양 23
녹림군의 반란, 신나라를 이김
로마 티베리우스 황제

동한

적벽대전 209
오와 촉의 연합군,
위나라 조조를 이김
셉티미우스 세베루스 황제

삼국 시대

진

비수 383
동진東晉, 전진前秦을 이김
발렌티니아누스 2세와
테오도시우스, 로마 제국 통치

남북조 시대

500

수

작자 미상
『이위공문대』
[당 태종과
이위공(이정)의
질문과 답변]

당

- 조약
- 왕조
- 분열 시기
- **목야** 전투

1000

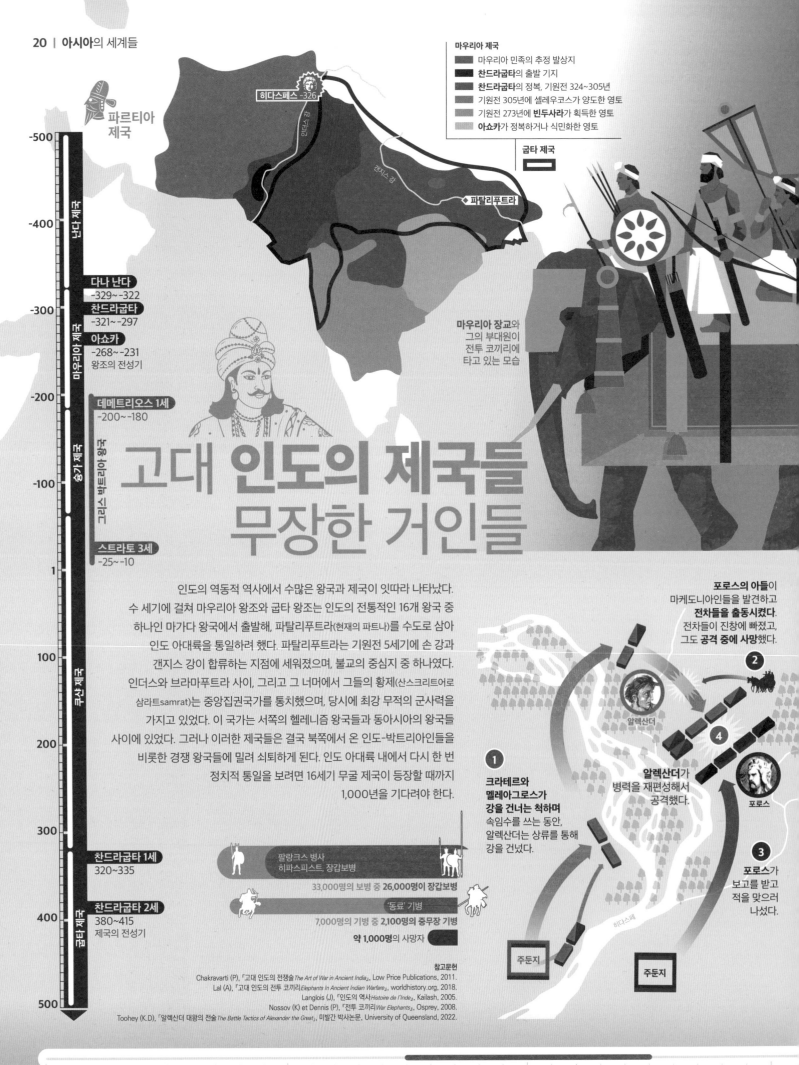

파르티아 제국

마우리아 제국
- 마우리아 민족의 추정 발상지
- 찬드라굽타의 출발 기지
- 찬드라굽타의 정복, 기원전 324~305년
- 기원전 305년에 셀레우코스가 양도한 영토
- 기원전 273년에 빈두사라가 획득한 영토
- 아쇼카가 정복하거나 식민화한 영토

굽타 제국

히다스페스 -326
파탈리푸트라

-500
-400
-300
-200
-100
1
100
200
300
400
500

난다 제국

다나 난다
-329~-322

찬드라굽타
-321~-297

아쇼카
-268~-231
왕조의 전성기

마우리아 제국

데메트리오스 1세
-200~-180

그리스박트리아왕국

숭가 제국

스트라토 3세
-25~-10

쿠샨 제국

찬드라굽타 1세
320~335

찬드라굽타 2세
380~415
제국의 전성기

굽타 제국

마우리아 장교와
그의 부대원이
전투 코끼리에
타고 있는 모습

고대 인도의 제국들
무장한 거인들

인도의 역동적 역사에서 수많은 왕국과 제국이 잇따라 나타났다.
수 세기에 걸쳐 마우리아 왕조와 굽타 왕조는 인도의 전통적인 16개 왕국 중
하나인 마가다 왕국에서 출발해, 파탈리푸트라(현재의 파트나)를 수도로 삼아
인도 아대륙을 통일하려 했다. 파탈리푸트라는 기원전 5세기에 손 강과
갠지스 강이 합류하는 지점에 세워졌으며, 불교의 중심지 중 하나였다.
인더스와 브라마푸트라 사이, 그리고 그 너머에서 그들의 황제(산스크리트어로
삼라트samrat)는 중앙집권국가를 통치했으며, 당시에 최강 무적의 군사력을
가지고 있었다. 이 국가는 서쪽의 헬레니즘 왕국들과 동아시아의 왕국들
사이에 있었다. 그러나 이러한 제국들은 결국 북쪽에서 온 인도-박트리아인들을
비롯한 경쟁 왕국들에 밀려 쇠퇴하게 된다. 인도 아대륙 내에서 다시 한 번
정치적 통일을 보려면 16세기 무굴 제국이 등장할 때까지
1,000년을 기다려야 한다.

포로스의 아들이
마케도니아인들을 발견하고
전차들을 출동시켰다.
전차들이 진창에 빠졌고,
그도 공격 중에 사망했다.

2

1
**크라테르와
멜레아그로스가
강을 건너는 척하며**
속임수를 쓰는 동안,
알렉산더는 상류를 통해
강을 건넜다.

알렉산더

4

알렉산더가
병력을 재편성해서
공격했다.

포로스

3
포로스가
보고를 받고
적을 맞으러
나섰다.

팔랑크스 병사
히파스피스트, 장갑보병
33,000명의 보병 중 26,000명이 장갑보병

'동료' 기병
7,000명의 기병 중 2,100명의 중무장 기병

약 1,000명의 사망자

히다스페

주둔지

주둔지

참고문헌
Chakravarti (P), 『고대 인도의 전쟁술 The Art of War in Ancient India』, Low Price Publications, 2011.
Lal (A), 『고대 인도의 전투 코끼리 Elephants In Ancient Indian Warfare』, worldhistory.org, 2018.
Langlois (J), 『인도의 역사 Histoire de l'Inde』, Kailash, 2005.
Nossov (K) et Dennis (P), 『전투 코끼리 War Elephants』, Osprey, 2008.
Toohey (K.D), 『알렉산더 대왕의 전술 The Battle Tactics of Alexander the Great』, 미발간 박사논문, University of Queensland, 2022.

코끼리, 전쟁 무기

과거의 전차처럼 전투 코끼리의 훈련과 전투 활용법은 고대 세계의 많은 지역으로 퍼져나갔고, 로마에서도 최소한 주기적으로 동원되었다. 오랫동안 퍼져 있던 믿음과는 달리, 사하라 사막 이남 아프리카에서는 큰 코끼리를 결코 대규모로 길들이지 않았다. 인도코끼리 종, 나중에는 북아프리카(카르타고, 누미디아, 이집트 등)의 다양한 종의 코끼리가 활용되었다. 당시 가장 유명한 코끼리는 한니발이 탔던 '수루스'라는 시리아코끼리로, 몸높이 약 3미터의 아시아코끼리였을 것이다. 아시아 전쟁 코끼리는 대부분 등에 탑을 얹고 다녔지만, 북아프리카코끼리의 경우에는 이 사실이 여전히 논쟁 중이다. 코끼리는 공성전에서 자주 활용되던 공격 무기였고, 입소스 전투에서처럼 특히 기병대 앞에 등장하기만 해도 두려운 존재였으나, 양날의 검 같은 존재였다. 코끼리가 고통을 당해 격노하면 통제 불능 상태가 되어 양측 모두 위험해질 수 있었다.
코끼리는 매우 다양한 전술에 동원되었다. 한니발은 전면에, 헬레니즘 왕국에서는 양측에, 사산조에서는 후방에 배치해 중무장한 궁수를 태웠다. 쇠뇌와 화약이 등장하면서 전쟁 코끼리의 활용은 감소했지만, 인도에서는 19세기까지 이용했다.

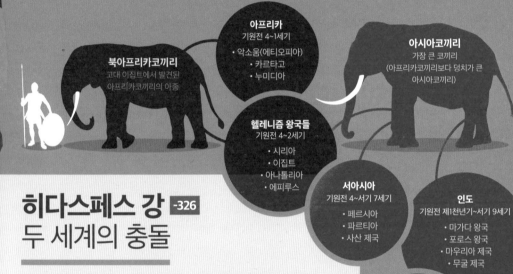

아프리카
기원전 4~1세기
- 악소움(에티오피아)
- 카르타고
- 누미디아

북아프리카코끼리
고대 이집트에서 발견된 아프리카코끼리의 아종

아시아코끼리
가장 큰 코끼리
(아프리카코끼리보다 덩치가 큰 아시아코끼리)

헬레니즘 왕국들
기원전 4~2세기
- 시리아
- 이집트
- 아나톨리아
- 에피루스

서아시아
기원전 4~서기 7세기
- 페르시아
- 파르티아
- 사산 제국

인도
기원전 제1천년기~서기 9세기
- 마가다 왕국
- 포로스 왕국
- 마우리아 제국
- 무굴 제국

동남아시아
오래전부터 정기적으로 활용
- 중국 남한南漢
- 바간 왕국
(버마, 오늘날의 미얀마)
- 말라카

히다스페스 강 -326
두 세계의 충돌

기원전 326년, 알렉산더 대왕이 페르시아와 인도의 경계에 도달해 **히다스페스 강**(현재 파키스탄의 젤룸)에서 포로스 왕을 만났을 때, 이전까지 서로 알지 못했던 두 문명이 정면으로 충돌했다. 마케도니아가 이겼지만 인도 아대륙의 문을 열지는 못했다. 2년 후 마케도니아군은 피곤했고, 포로스 왕이 속한 거대한 난다 제국과 맞서야 한다는 두려움으로 돌아설 수밖에 없었다. 사실 난다 제국이 쇠퇴하는 틈을 이용해 이익을 본 것은 마가다 왕국이었다. 이 왕국은 세력을 확장해 역사상 가장 강력한 마우리아 제국을 세웠다. 이 제국은 알렉산더의 후계자들, 특히 셀레우코스 니카토르와 북서쪽에서 국경을 이루었으며, 찬드라굽타는 자신의 딸을 셀레우코스와 결혼시키면서 코끼리 500마리를 선물했다.

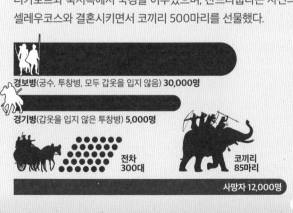

경보병(궁수, 투창병, 모두 갑옷을 입지 않음) **30,000명**

경기병(갑옷을 입지 않은 투창병) **5,000명**

전차 300대

코끼리 85마리

사망자 12,000명

마우리아 군대

드문 사례지만 놀라울 정도로 현대적인 문헌들(『아르타샤스트라』『Arthashâstra』)에 따르면, 마우리아 군대는 매우 정교한 군사조직을 가지고 있었으며, 이는 각종 병과의 협력과 통합을 보여주었던 중국의 영향을 부분적으로 받은 것 같다.
인용된 숫자가 과장되게 보이겠지만, 당시 인도는 풍부한 인구(1억 명 이상)와 물적 자원을 가지고 막대한 비용이 드는 행정조직과 매우 큰 규모의 전문군대를 유지할 수 있었다. 이 군대는 다양한 종류의 부대를 지역적으로 모집하는 방식에 기반을 두었다(세습계급인 크샤트리아부터 부족 병력까지, 게다가 불확실한 역할을 가진 '길드 병사'까지).
또한 이 군대는 전차, 코끼리, 기병, 보병의 네 가지 병과를 결합해 구성되었다. 원래 주력 무기였던 전차는 다른 지역과 마찬가지로 기병으로 대체되었고, 특히 인도에서는 전쟁 코끼리로 대체되었다. 행정적으로는 아직 미발달 상태의 '전쟁부'[오늘날의 국방부]와 비슷한 행정조직이 6개의 '부서'로 나뉘어 총 30명으로 구성되었으며, 그중 가자댜크샤gajadhyaksha가 이끄는 여섯 번째 부서는 이 조직에만 전념했다.

전성기 마우리아 제국의 군사력
거대한 병력은 약 5,000명으로 구성된 다수의 사마뷰히(부대)로 조직되며, 각 부대는 5개의 '대대'로 나뉘었다. 각 대대는 45대의 전차, 45마리의 코끼리, 225명의 기병, 675명의 보병으로 이루어졌다.

기병
**30,000
~50,000명**

전차
**8,000
~10,000대**

코끼리
**5,000
~10,000마리**

함선
1,200척

경보병
**500,000
~600,000명**

로마 정복하는 도시국가

로마는 초기부터 에트루리아인과 그리스인의 영향을 받아 시민 중무장 보병을 군사력의 기반으로 삼았다. 기원전 6세기의 세르비우스[7] 개혁은 사회와 군대를 엄격하게 분류하고 계층화했다. 이렇게 해서 세 줄로 배열된 (트리플렉스 아키에스) 마니풀루스 군단이 탄생했다. 이는 전술적으로 아주 유연한 조직이었고 그 시대 최고의 군대가 되었다. 그러나 기병의 약점을 보완하기 위해 보조병을 점차 늘려야 했다. 기원전 3세기와 2세기에 로마는 이탈리아를 넘어 세력을 확장해서 카르타고를 물리치고 지중해 동부의 헬레니즘 강국들을 정복하며 마케도니아식 팔랑크스 모델을 완전히 대체했다. 기원전 2세기 말의 '마리우스 개혁'은 점점 더 먼 지역에서 싸워야 하는 군단을 합리화하고 통일했으며, 곧 이탈리아인과 그 외 지역 사람들을 통합해 20년간 복무하게 했다. 이와 동시에 군사 식민지가 급증했다. 군대가 전문화할수록 병사들은 로마보다 장군들에게 더욱 충성했다. 공화국의 마지막 세기에는 카이사르가 갈리아를 정복(기원전 58~51년)했을 뿐만 아니라 옵티마테스(귀족파)와 포풀라레스(민중파)의 갈등이 고조되었으며, 대규모 내전을 치른 후에야 결국 제국이 탄생했다.

집정관 군대
초기 정복의 도구(기원전 4~2세기)

로마공화국 시기 동안, 매년 선출되는 두 명의 집정관Consuls 각각에게 두 개의 로마 군단과 두 개의 이탈리아 동맹군 군단이 할당되었다. 이러한 군대는 2,400명의 기병을 포함해 총 20만여 명의 병력으로 구성되며, 이 외에도 수천 명의 하인과 장인, 상황에 따라 보조 병력도 포함되었다.

'초기' 로마 군단
양쪽에 각각 300명의 기병으로 구성된 날개를 두고 6,000명의 보병으로 구성되었다. 보병은 2,000명 단위의 팔랑크스 3개로 나누고, 팔랑크스마다 횡대 250명의 8개 행렬로 구성했다.

☐	보병
▨	기병
■	로마인
■	동맹군
🦅	기간 동안의 **군단 수**

집정관 군대
2개의 로마 군단과 2개의 동맹군 군단으로 구성된다. 군단 자체는 경보병, 투석병, 궁수 또는 창병으로 이루어진 전위 뒤에 3개의 마니풀레스로 조직된다.

3열 보병(선임병사)
중장보병(중견병사)
전열보병(신병)
경보병

특별군(예비군)

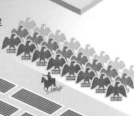

'마리우스' 개혁
군단을 5,000명으로 동일하게 편성했다. 군단은 10개의 코호르트, 코호르트는 3개의 마니풀레스, 마니풀레스는 2개의 켄투리아로 편성했다.

로마의 이탈리아 정복
(기원전 5~3세기)

로마의 영토
- ■ 기원전 6세기
- ■ 기원전 4세기
- ■ 삼니움 전쟁의 결과
- ■ 포에니 전쟁의 초기
- ■ 한니발의 이탈리아 도착

 로마 승리
 로마 패배

베네티족
인수브레스족
케노만족
보이족
리구리아족
트레비아 -218

한니발의 침공 -218~-203

에트루리아 사람들
트라시메네 -217

로마
삼니움 사람들
카푸아
칸나이 -216
베네벤툼 -275
타렌툼
메사피아
헤라클레아 -280

에피루스의 왕 피로스의 개입 -280~-275

루카니아 사람들
브루티우스 사람들
메시나
시라쿠사
카르타고
자마 -202

7 에트루리아계 왕조의 두 번째 왕(재위 기원전 575~535년)인 세르비우스 툴리우스는 5년마다 인구와 재산을 조사해서
재정과 병력을 유지하는 자료를 얻었다. 그가 창설한 군사조직인 켄투리아centuria는 나중에 정치조직이 되었다.
8 아라우시오는 남프랑스 오랑주Orange를 가리킨다.

로마공화국의 **승리와 패배**

로마 역사에서 1세기에 제국이 탄생할 때까지 약 70개의
전쟁이 있었으며, 승리와 재앙이 교차했다. 로마는 자주
위협을 받았지만 강력한 회복력과 풍부한 자원 덕분에,
기원전 390년 브레누스가 이끄는 세노네스족의 약탈과
410년 알라리크가 이끄는 반달족의 약탈 사이의 800년
동안 한 번도 함락되지 않았다.

-500

레길루스 호수 -496
로마의
라틴 부족들 정복

베이 -396
카밀루스가 베이 점령,
로마가 라티움
전체 지배

-390 **알리아**
브레누스가 이끄는
켈트계 세노네스
부족이 로마를 약탈

-400

카우디움 협곡 -321
삼니움족에게
치욕적 패배

-300

-280 **헤라클레아**
로마가 에페이로스의
피로스에게 첫 패배,
코끼리와 처음으로
마주침

베네벤툼 -275
에페이로스의
피로스에게 승리

바그라다스 -255
로마군이
아프리카에서 궤멸

-216 **칸나이**
한니발이 2개 집정관
부대 격파

자마 -202
스키피오 아프리카누스가
한니발 격파

-200

-197 **키노케팔라이**
플라미니누스가
마케도니아 격파,
그리스인들을 '해방'

마그네시아 -190
스키피오 아시아티쿠스가
셀레우코스 제국 격파

카르타고 -146
스키피오
아이밀리아누스가
도시를 점령하고 파괴

-136 **누만티아**
만키누스가
누만티아인들에게 항복

아라우시오 -105

-110 **수툴**
알비누스가 누미디아에서
유구르타에게 패배

-100

베르켈라이 -101
마리우스가 아라우시오[8]에서
승리한 킴브리족을 격퇴

-72 **피케눔**
스파르타쿠스가
두 집정관 군대 격파

실라루스 -71
크라수스가
스파르타쿠스 격파

-53 **카르헤**
크라수스(아들)군이
파르티아군에게 전멸

알레시아 -52
카이사르가
베르킨게토릭스와
골족을 정복

0

칸나이

기원전 216년 8월 2일

로마 군단 전멸

2차 포에니 전쟁에서 **알프스를 넘어 이탈리아를
침공한 카르타고인 한니발이 거둔 가장 큰 승리였다.**
로마는 역사상 가장 큰 군대를 동원했음에도
완전히 패배했다. 그 후 몇 년 동안 로마는
긴급 상황을 버티려고 시간을 벌어야 했으며,
해방된 노예들로 군단을 편성하기에 이르렀다.

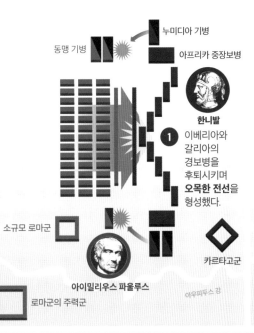

누미디아 기병

동맹 기병

아프리카 중장보병

한니발
이베리아와
갈리아의
경보병을
후퇴시키며
오목한 전선을
형성했다.

소규모 로마군

아이밀리우스 파울루스

아우피두스 강

로마군의 주력군

카르타고군

패배한 **로마 기병대**는
양쪽 날개로 흩어졌다. 2

군단들이
매복에 걸렸다. 3

아우피두스 강

파르살루스

기원전 48년 8월 9일

군단 대 군단

폼페이우스의 기병대를
섬멸한 후, **카이사르의 군대는
적의 측면을 공격했다.**

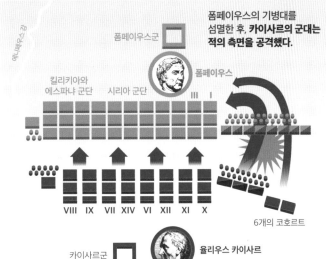

폼페이우스군

폼페이우스

킬리키아와
에스파나 군단

시리아 군단

III I

VIII IX VII XIV VI XII XI X

6개의 코호르트

카이사르군

율리우스 카이사르

내전이 만연했던 로마공화국의
마지막 세기 동안, 그 시대의 두 위대한
장군인 폼페이우스와 카이사르가
맞붙었다. 그리스의 파르살루스에서
폼페이우스의 군대가 수적으로
우세했음에도, 카이사르가 압도적인
승리를 거두었다. 이 승리는 그의
탁월한 능력 외에도 갈리아 전쟁을
치른 노련한 베테랑 군단들의
뛰어난 기량과 단결 덕분이라는
평가를 받는다.

참고문헌
Connoly (P), 「그리스와 로마의 전쟁Greece and Rome at War」, Frontline books, 2016.
Delbrück (H), 「고대 전쟁, 전쟁 기술의 역사Warfare in Antiquity, History of the Art of War」, vol. 1, University of Nebraska, 1990.
Fields (N), 「로마공화국의 군단병, 기원 298~105년Roman Republican Legionary 298-105 BC」, 2012.
Le Bohec (Y), 「로마 전쟁사Histoire des guerres romaines」, Tallandier, 2017.
Nicolet (C), 「로마와 지중해 세계 정복Rome et la conquête du monde méditerranéen」, 2 t., PUF, 2001.

갈레아
'갈리아식'
투구

로리카
세그멘타타
판금 갑옷

필룸
창

스쿠툼
방패

칼리가
샌들

로마 제국 초의 군단병

'팍스 로마나'에서 포위된 제국으로

아우구스투스(재위 기원전 27~14년)가 세운 로마 제국은 트라야누스(재위 98~117년)의 정복으로 절정에 달한 후부터 쇠퇴할 때까지 심한 변화를 겪었다. 제국은 국경에서 '야만인' 부족들과 강력한 동방 제국들의 강한 압박을 받았을 뿐만 아니라 내전 때문에 내부에서도 쇠퇴했다. 3세기 내내 위기를 겪다가 디오클레티아누스(재위 284~305년)와 콘스탄티누스(재위 306~337년)가 정치와 군대를 대대적으로 개혁한 덕에 마지막 활력을 얻었지만, 395년에 테오도시우스는 점차 기독교화된 제국을 둘로 나누었다. 5세기에는 연합 세력으로 제국에 발을 들였던 게르만족이 결국 서로마 제국의 실질적인 권력을 장악하게 되었다. 황제들이 외면했던 로마는 410년 서고트족에게, 455년 반달족에게 약탈당했고, 마지막 황제는 476년에 폐위되었다.
한편 동로마 제국은 진정한 권력과 영향력을 유지했으며, 곧 새로운 형태인 비잔틴 제국으로 거듭났다.

제국의 인구
기원전 1세기
5,000만

150

군 병력
300,000명
그중 군단병 125,000명

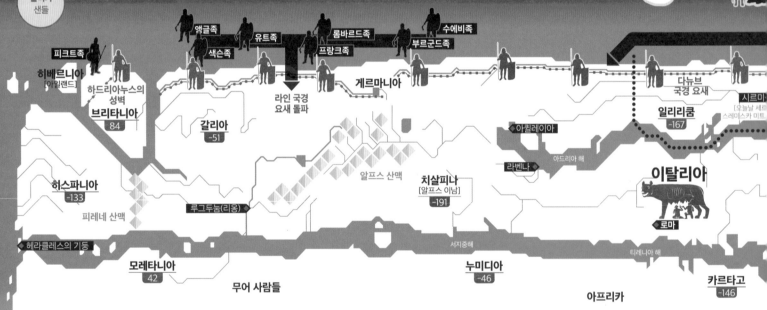

피크트족
히베르니아
[아일랜드]

하드리아누스의 성벽
브리타니아
84

앵글족
색슨족

유트족

롬바르드족
프랑크족

수에비족
부르군드족

게르마니아

라인 국경 요새 돌파

갈리아
-51

루그두눔(리옹)

히스파니아
-133

피레네 산맥

헤라클레스의 기둥

모레타니아
42

무어 사람들

알프스 산맥

치살피나
[알프스 이남]
-191

아퀼레이아

라벤나

아드리아 해

이탈리아
로마

서지중해

누미디아
-46

아프리카

티레니아 해

다뉴브
국경 요새

시르미
[오늘날 세르비아 스레미스카 미트

일리리쿰
-167

카르타고
-146

모든 길은 로마로

고대 지도의 중세 복사본인 **포이팅거 지도**는 지리적 정확성이 부족하지만, 로마 시민들이 상상했던 제국이 '일곱 언덕의 도시'[로마]를 중심으로 동심원 형태로 조직된 모습을 보여준다.

5세기 초 제국군 최고 사령부의 조직도(추정 병력)

서로마 제국 황제
라벤나
2,500

28,000

육군·기병(총사령관)
밀라노

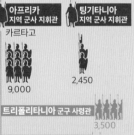

갈리아 지역 기병대 사령관 파리	32,000	일리리쿰 지역 군사 지휘관 시르미움	12,500	히스파니아 지역 군사 지휘관	10,500	아프리카 지역 군사 지휘관 카르타고	9,000	팅기타니아 지역 군사 지휘관	2,450	브리타니아 지역 군사 지휘관	3,400
모군티아쿰[마인츠] 군구 사령관	2,750	라에티아 제1·2군구 사령관	5,000			트리폴리타니아 군구 사령관	3,500			브리타니아 군구 사령관	9,250
벨기카 제2군구 사령관	500	판노니아 제1군구와 노리쿰 군구 사령관	7,500			마우레타니아 카이사리아 군구 사령관	2,000			색슨 해안 지역 군사 지휘관	2,25
게르마니아 제1군구 사령관	?	판노니아 제2군구 사령관	7,500								
세쿠아니카[프랑슈 콩테] 군구 사령관	250	발레리아 군구 사령관	10,500								
아르겐토라트[스트라스부르] 지역 군사 지휘관	?										
아르모리카[브르타뉴와 노르망디] 지역 군사 지휘관	2,500										

-2000   -1000   1   1000

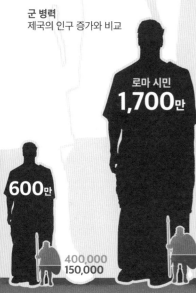

1세기
,000만

3세기
7,000만

군 병력
제국의 인구 증가와 비교

로마 시민
1,700만

600만

400,000
150,000

500,000
200,000

시민 병사에서 '야만인' 연합까지
로마 군대의 진화

공화정 시대에 로마의 군대는 이브 르 보에크Yves Le Bohec의 말대로 "세계를 정복한 농민 민병대" 수준이었다. 그것은 무장 상태와 전장에서 맡은 위치, 부에 기반을 둔 시민 보병의 군대였다. 연례 징병dilectus은 약 10퍼센트의 시민을 동원했지만, 비상상황tumultus에서는 80퍼센트를 넘길 수 있었다. 정복이 진행됨에 따라 점차 많은 이탈리아 동맹군 부대가 추가되었고, 25년 복무 후 시민권을 약속받는 보조부대도 편성되었다. 황제 카라칼라(재위 211~217년)는 시민의 자격을 완화했다. 그 결과, 동맹과 연합세력인 '야만인'들이 군대에서 점점 더 중요한 역할을 차지하게 되었으며, 중장 기병의 중요성도 증가했다.

이 군대는 점점 로마의 고유한 성격을 잃어버렸지만, 규모를 약 1,000명으로 줄인 군단의 보병이 여전히 중요한 위치를 차지했다. 4세기와 5세기 동안 이 군대는 여전히 대승을 거두기도 하고(357년 스트라스부르 전투, 451년 카탈라우니아 평원 전투) 큰 패배를 겪기도 했다(378년 아드리아노플 전투, 486년 수아송 전투).

제국 후기 군단병

듀르네
투구

하스타
창

로리카
하마타
사슬 갑옷

오크레아
금속 각반

칼케이
[발목 위]
높은 신발

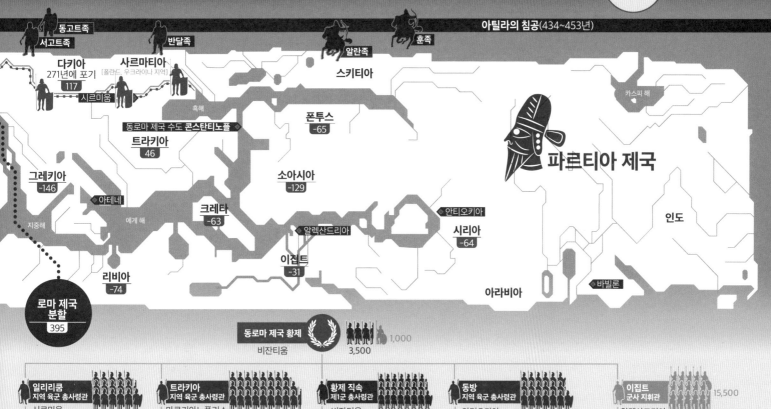

아틸라의 침공(434~453년)

동고트족
서고트족
반달족
알란족
훈족

다키아
271년에 포기
117

사르마티아
[폴란드, 우크라이나 지역]

스키티아

시르미움

흑해

카스피 해

폰투스
-65

동로마 제국 수도 콘스탄티노플

트라키아
46

그레키아
-146

아테네

소아시아
-129

파르티아 제국

지중해

에게 해

크레타
-63

안티오키아

시리아
-64

인도

알렉산드리아

이집트
-31

리비아
-74

아라비아

바빌론

로마 제국 분할
395

동로마 제국 황제
비잔티움

3,500
1,000

일리리쿰 지역 육군 총사령관 시르미움 16,650	**트라키아** 지역 육군 총사령관 마르키아노폴리스 [불가리아 데베야 근처] 27,300	**황제 직속** 제1군 총사령관 비잔티움 22,500	**동방** 지역 육군 총사령관 안티오키아 19,500	**이집트** 군사 지휘관 알렉산드리아 15,500	
모이시아 제1군구 사령관 6,250	**모이시아** 제2군구 사령관 7,750	**황제 직속** 제2군 총사령관 23,400	시리아 군구 사령관 4,500	테바이스 군구 사령관 [이집트 룩소르와 아스완] 12,500	
다키아 리펜시스 군구 사령관 8,000	**스키티아** 군구 사령관 8,000		메소포타미아 군구 사령관 3,750	리비아 군구 사령관 ?	
			페니키아 군구 사령관 7,600		
			팔레스타인 군구 사령관 7,750		
			아라비아 군구 사령관 5,750		
			오스로에네 군구 사령관 4,250		
			아르메니아 군구 사령관 7,360		

엘리트 부대, 궁정 경호대
야전 부대
주둔 부대, 국경 수비대

참고문헌
Delbrück (H), 『고대 전쟁, 전쟁 기술의 역사Warfare in antiquity, History of the Art of War』, vol. 1, University of Nebraska, 1990.
Hoyt (D), 『제국 초기 로마 군단의 전술 조직Tactical Organisation of the Early Imperial Legion』, 맥마스터 대학교McMaster University 석사논문, 1999.
Le Bohec (Y), 『로마 전쟁사Histoire des guerres romaines』, Tallandier, 2017.
포이팅거Peutingeriana 지도, 인터넷에서 다양한 버전 참조.
Warry (J), 『고전 세계의 전쟁Warfare in the Classical World』, Salamander 1998.

원거리 전투와 포위전

고대부터 부와 권력이 집중된 도시의 영토 방어와 보호 문제는 전쟁의 중요한 쟁점이었다.
신화적인 우르, 여리고, 트로이의 공성전부터 아테네의 긴 성벽과 로마 제국을
야만인들로부터 보호하는 국경 요새에 이르기까지, 대부분의 고대 민족들은 경쟁적으로
창의력을 발휘해 점점 더 견고하고 정교한 성벽, 요새, 심지어 임시 또는 영구적인 방어선을
건설했다. 로마가 그리스의 기술을 완성하는 동안, 또 다른 '기술적' 중심지인 중국에서는
기원전 제1천년기 중반부터 북쪽의 침입을 막는 방어선의 초기 요소들이 등장했고,
왕국과 제국을 보호하기 위한 이 방어선은 결국 수천 킬로미터에 이르는 '만리장성'이
되었다. 요새화라는 이 '기술'이 정치적·군사적 힘의 본질적인 차원을 이루는 반면,
이에 상응하는 '공성전의 기술', 즉 폴리오르케틱poliorcétique도 존재하는데, 역사가인
폴 컨Paul Kern은 이를 "고대 세계에서 가장 잔혹한 형태의 전쟁"이라고 부른다.
공성전술은 경사로·갱도·해자·함정을 설치하는 특정 기술이 발전한 덕이었다.
또 전쟁기계들이 점점 더 복잡하고 강력해져서 적의 방어시설을 무너뜨리는 데
활용되었다. 이 같은 기술은 포위군의 주요 무기인 기근작전이 성공할 때까지
장기전에서 특히 중요했다.

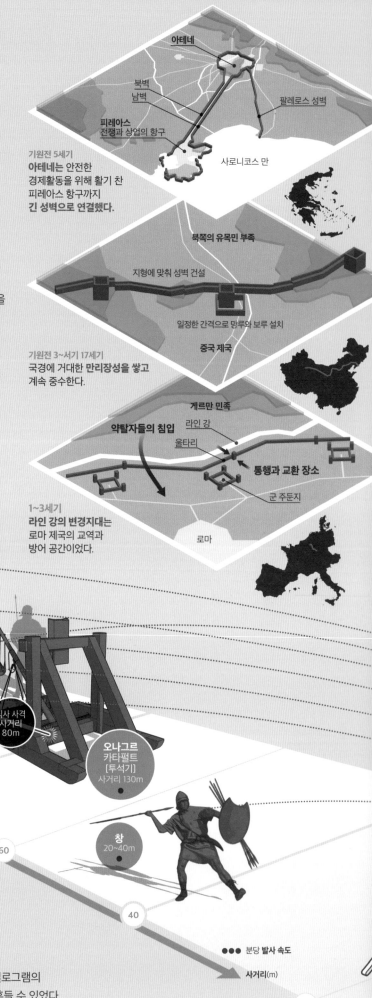

기원전 5세기
아테네는 안전한
경제활동을 위해 활기 찬
피레아스 항구까지
긴 성벽으로 연결했다.

기원전 3~서기 17세기
국경에 거대한 만리장성을 쌓고
계속 중수한다.

1~3세기
라인 강의 변경지대는
로마 제국의 교역과
방어 공간이었다.

원거리 전투와 포위 공격

**화약 무기가 등장하기 훨씬 이전에
고대 전쟁에서 원거리 전투는 전장과 공성전
모두에서 중요한 역할을 했다.** 그래서 (발레아레스의
투석병이나 크레타의 궁수와 같은) 전문 전투원이나 점점 더
정교해지는 전쟁기계를 담당하는 기술자에게는 더욱 높은
숙련도가 필요했다. 중국인과 로마인은 동아줄을 비틀어 아주 정교한
스프링 시스템을 이용한 기계를 매우 높은 수준으로 발전시켰다. 이러한 무기는
유지·보수가 까다로웠지만, 그 효율성은 화약 포병에 견줄 만했다. 전투원은 개인 무기를
가지고 가벼운 투사체를 적에게 퍼부었으며, 묵직한 전쟁기계는 덜 정확하지만 최대 80킬로그램의
돌을 날릴 수 있는 강력한 지원 무기였기 때문에 가장 견고한 방어진을 괴롭히고 요새를 흔들 수 있었다.

알레시아 -52
기억에 남는 공성전

기원전 58년부터 51년까지 카이사르가 갈리아를 정복할 때 공성전은 아주 중요했다. 기원전 52년 아르베르니족의 지도자 베르킨게토릭스Vercingétorix의 반란을 세 번 연속 공성전으로 대부분 해결했다. 이 공성전들이 군사원정의 항방을 결정지었다. 로마군은 아바리쿰Avaricum(현 부르주)에서 도시를 점령하고 주민을 학살했다. 그러나 게르고비아Gergovie에서는 패배해 퇴각 직전까지 갔다. 마지막으로 알레시아에서는 카이사르가 적을 궁지에 몰아넣고 포위한 뒤 내부 공격(적의 출격)과 외부 공격(구원군의 공격)을 견디면서 적을 굶주리게 만들어 항복을 받아냈다. 카이사르는 군단의 규율을 엄격히 관리하고 정교한 이중 방어선을 매우 공들여 구축하는 한편, 전쟁기계를 적절히 활용해 결정적 승리를 거두었다.

율리우스 카이사르

포위선
외부 방어시설

레아 산

알레시아(로므) 평원

말뚝

갈리아 구원군이
포위를 뚫는 데 실패했다.

출격 실패

해자

베르킨게토릭스

알레시아

로마군 요새

뷔시 산

포위선
내부 요새

플라비니 산

망루

울타리

알레시아에서 마주한
로마군과 갈리아군의 요새

유효
사거리
35m

해자
4.5m

말뚝 박은 개활지

말뚝 박은 구덩이

장애물을 설치한 해자
4.5m　6m

경사면

해자

갈리아식 성벽
목재 구조물로 보강된
흙벽에 외부는 돌로 마감된 벽

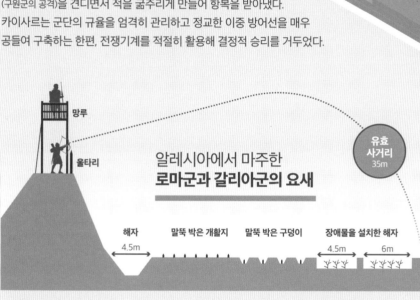

주코누[9]
중국의 '연속발사기'
정확성이 떨어지고 위력도 약하지만 연속 발사가 가능했다. 대규모 쇠뇌병들은 한곳에 집중 사격하거나 요새화된 방어시설에서 방어용 무기로 썼다.

발리스타 풀미날리스
로마의 '원거리 공격 무기'
4세기경의 이 기계는 중량급 화살이나 돌포를 1,000미터 이상 발사했으며, 라인 강이나 도나우 강 유역의 '야만인'을 막아낼 수 있었다.

데메트리오스 폴리오르케테스
기원전 336년경-283년경

알렉산더 대왕의 부하이며 끊임없는 전투광이었던 '애꾸눈' 안티고노스의 아들이자 후계자였다. 기원전 306년 로도스 공성전에서 '포위자'라는 별명을 얻었다. 비록 이 공성전은 실패했지만, 1년이라는 긴 시간과 엄청난 자원을 투입한 점에서 사람들에게 깊은 인상을 남겼다.

참고문헌
Campbell (D), 「고대 공성전, 페르시아인, 그리스인, 카르타고인과 로마인, 기원전 546~146년Ancient Siege Warfare, Persians, Greeks, Carthaginian and Romans, 546-146 BC」, Osprey, 2005.
「전쟁에 관하여De Rerum Bellicis」, Les Belles Lettres, 2016.
Kern (P), 「고대 공성전Ancient Siege Warfare」, Indiana University Press, 1999.
Le Bohec (Y), 「로마 전쟁사 Histoire des guerres romaines」, Tallandier, 2017.
Liang (J), 「중국의 공성전, 고대의 기계식 대포와 공성 무기Chinese Siege Warfare, Mechanical Artillery & Siege Weapons of Antiquity」, Da Pao, Singapour, 2013.

고대 **해상 강국**

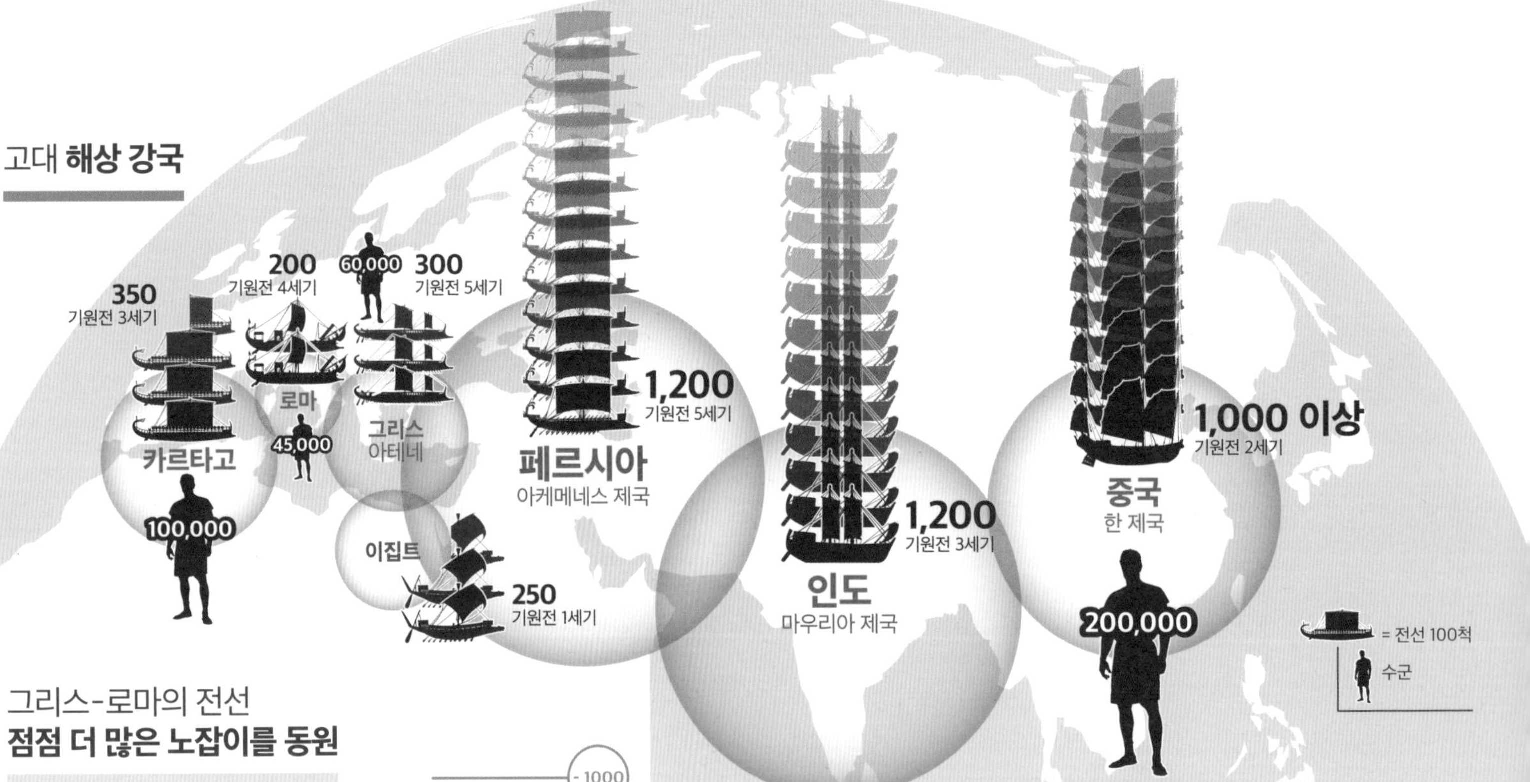
350
기원전 3세기
카르타고
100,000
200
기원전 4세기
로마
45,000
60,000
300
기원전 5세기
그리스
아테네
이집트
250
기원전 1세기
1,200
기원전 5세기
페르시아
아케메네스 제국
1,200
기원전 3세기
인도
마우리아 제국
1,000 이상
기원전 2세기
중국
한 제국
200,000
= 전선 100척
수군

그리스-로마의 전선
점점 더 많은 노잡이를 동원

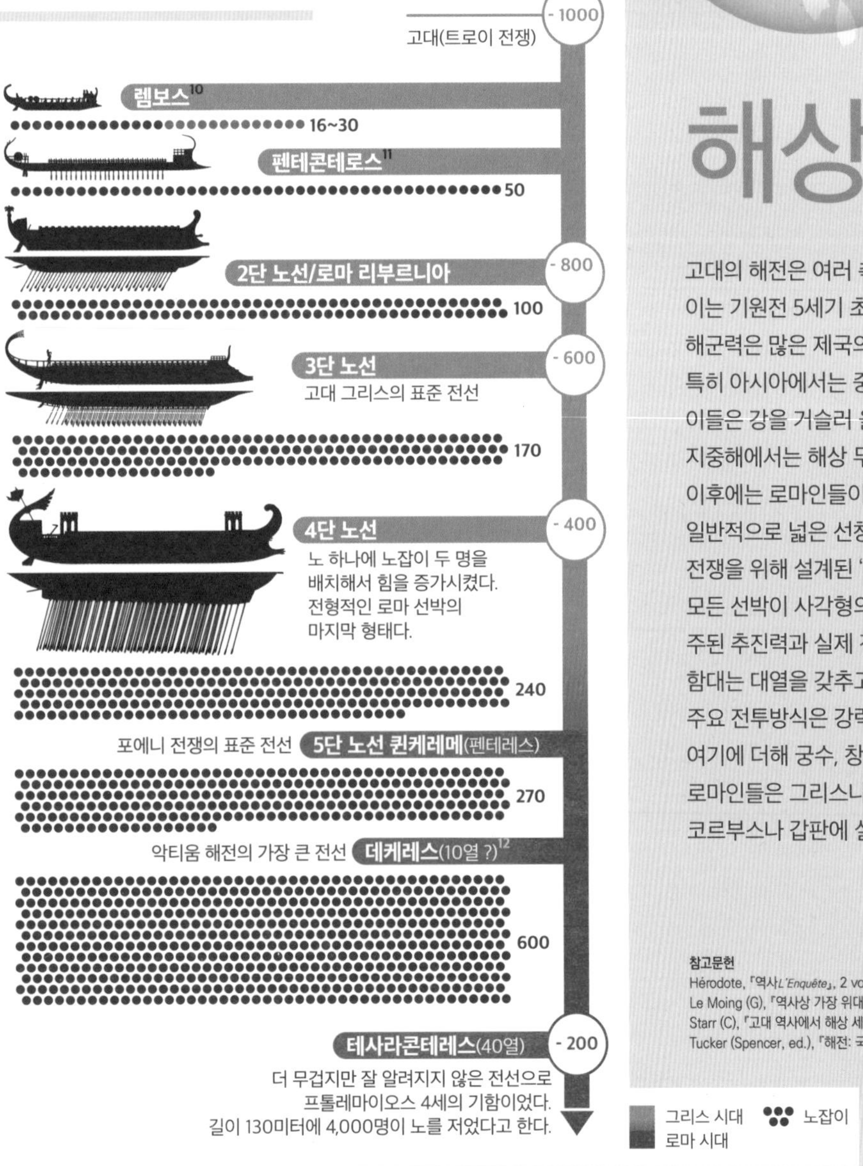
- 1000
고대(트로이 전쟁)
렘보스[10]
16~30
펜테콘테로스[11]
50
- 800
2단 노선/로마 리부르니아
100
- 600
3단 노선
고대 그리스의 표준 전선
170
- 400
4단 노선
노 하나에 노잡이 두 명을 배치해서 힘을 증가시켰다. 전형적인 로마 선박의 마지막 형태다.
240
포에니 전쟁의 표준 전선 5단 노선 퀸케레메(펜테레스)
270
악티움 해전의 가장 큰 전선 데케레스(10열 ?)[12]
600
테사라콘테레스(40열)
- 200
더 무겁지만 잘 알려지지 않은 전선으로 프톨레마이오스 4세의 기함이었다. 길이 130미터에 4,000명이 노를 저었다고 한다.
그리스 시대
로마 시대
노잡이

해상 강국과 **해전**

고대의 해전은 여러 측면에서 지상전과 매우 비슷했다.
이는 기원전 5세기 초 중국의 오왕이 언급한 바와 같다.
해군력은 많은 제국의 강대함을 구성하는 주요 요소 중 하나다.
특히 아시아에서는 중국과 인도의 문명들이 일찍이 높은 수준의 해군기술을 발전시켰다.
이들은 강을 거슬러 올라가고 바다를 항해할 수 있는 정크선과 대형 선박을 제작했다.
지중해에서는 해상 무역로의 장악이 이집트인·페니키아인·그리스인에게 필수적이었고,
이후에는 로마인들이 '마레 노스트룸Mare Nostrum'[우리의 바다, 지중해]의 지배자가 되었다.
일반적으로 넓은 선창을 가진 '둥근' 선박은 운송과 상업에 쓰였으며,
전쟁을 위해 설계된 '긴' 선박은 가볍고 빠르며 날렵했는데, 점점 더 대형화되었다.
모든 선박이 사각형의 돛을 달지만, 수십 명에서 수백 명에 이르는 노잡이들이
주된 추진력과 실제 전투력을 제공했다.
함대는 대열을 갖추고 다양한 전술로 적의 전열을 돌파하거나 우회하려고 시도했다.
주요 전투방식은 강력한 뱃머리 충각을 이용한 들이받기였다.
여기에 더해 궁수, 창병, 중무장한 병사들이 적의 배에 올라가는 전술도 있었다.
로마인들은 그리스나 카르타고의 전술을 개선해서 뱃머리 다리인
코르부스나 갑판에 설치한 투석기인 하르팍스를 이용해 적선에 쉽게 올라갔다.

참고문헌
Hérodote, 「역사*L'Enquête*」, 2 vol., Folio, 1990.
Le Moing (G), 「역사상 가장 위대한 해전 600선*Les 600 plus grandes batailles navales de l'histoire*」, Marines Éditions, 2011.
Starr (C), 「고대 역사에서 해상 세력의 영향*The Influence of Sea Power in Ancient History*」, Oxford University Press, 1989.
Tucker (Spencer, ed.), 「해전: 국제 백과사전*Naval Warfare: An International Encyclopedia*」, University Press of Cambridge, 2002.

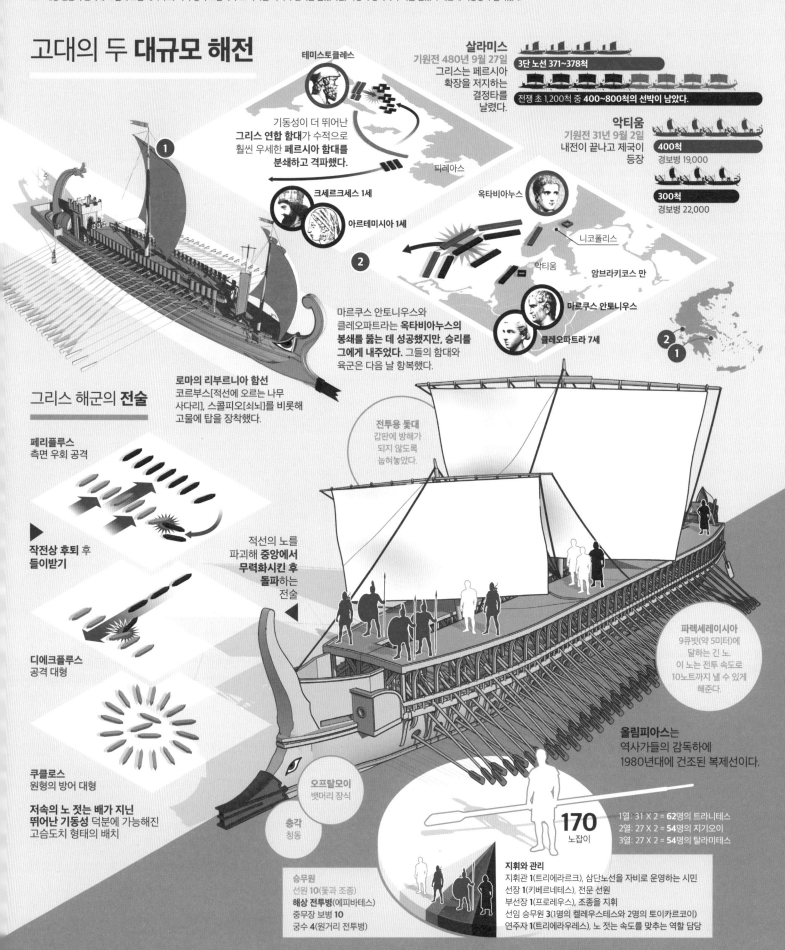

10 작은 배로 기동성이 좋았다.

11 양쪽에 25명씩 노잡이가 노를 젓는 배.

12 대형 전함의 한쪽에 10열의 노를 배치하고, 여러 명의 노잡이가 노 하나를 저어 추진력을 높였지만, 다량의 병력과 무기를 실었기 때문에 기동성이 떨어졌다.

고대의 두 **대규모 해전**

테미스토클레스

살라미스
기원전 480년 9월 27일
그리스는 페르시아
확장을 저지하는
결정타를
날렸다.

3단 노선 371~378척

전쟁 초 1,200척 중 **400~800척**의 선박이 남았다.

기동성이 더 뛰어난
그리스 연합 함대가 수적으로
훨씬 우세한 **페르시아 함대**를
분쇄하고 격파했다.

피레아스

크세르크세스 1세

아르테미시아 1세

악티움
기원전 31년 9월 2일
내전이 끝나고 제국이
등장

400척

경보병 19,000

옥타비아누스

니코폴리스

악티움

암브라키코스 만

300척

경보병 22,000

마르쿠스 안토니우스와
클레오파트라는 옥타비아누스의
봉쇄를 뚫는 데 성공했지만, 승리를
그에게 내주었다. 그들의 함대와
육군은 다음 날 항복했다.

마르쿠스 안토니우스

클레오파트라 7세

로마의 리부르니아 함선
코르부스[적선에 오르는 나무
사다리], 스콜피오[쇠뇌]를 비롯해
고물에 탑을 장착했다.

그리스 해군의 **전술**

페리플루스
측면 우회 공격

**작전상 후퇴 후
들이받기**

디에크플루스
공격 대형

쿠클로스
원형의 방어 대형

**저속의 노 젓는 배가 지닌
뛰어난 기동성** 덕분에 가능해진
고슴도치 형태의 배치

적선의 노를
파괴해 **중앙에서
무력화시킨 후
돌파**하는
전술

전투용 돛대
갑판에 방해가
되지 않도록
눕혀놓았다.

파렉세레이시아
9큐빗(약 5미터)에
달하는 긴 노.
이 노는 전투 속도로
10노트까지 낼 수 있게
해준다.

올림피아스는
역사가들의 감독하에
1980년대에 건조된 복제선이다.

오프탈모이
뱃머리 장식

충각
청동

**170
노잡이**

1열: 31 X 2 = 62명의 트라니테스
2열: 27 X 2 = 54명의 지기오이
3열: 27 X 2 = 54명의 탈라미테스

승무원
선원 10(돛과 조종)
해상 전투병(에피바테스)
중무장 보병 10
궁수 4(원거리 전투병)

지휘와 관리
지휘관 1(트리에라르크), 삼단노선을 자비로 운영하는 시민
선장 1(키베르네테스), 전문 선원
부선장 1(프로레우스), 조종을 지휘
선임 승무원 3(1명의 켈레우스테스와 2명의 토이카르코이)
연주자 1(트리에라우레스), 노 젓는 속도를 맞추는 역할 담당

2부

5세기에서 15세기까지

철에서 화약으로

이슬람과 그 팽창

아부 바크르
재위 632~634년

무함마드 사후 라시둔 가문의 첫 번째 칼리프로 아라비아에서 이슬람을 굳건히 지켰다. 그는 아라비아 반도를 넘어 이슬람의 영향을 확장하는 정복을 시작했다.

이슬람의 종교적·정치적 확장은 밀접하게 연관되어 있으며, 무함마드(또는 마호메트)와 그의 후계자들인 라시둔 칼리프들('잘 인도된 자들', 632~661년)이 통치하면서 시작되었다. 처음에는 아라비아 반도에서 시작해 비잔틴 제국과 사산 제국으로 확장되었다. 우마이야드 칼리프들(661~750년)은 지중해 주변과 북아프리카를 거쳐 서고트족의 에스파냐(711년에 정복)와 프랑크 왕국의 남부를 차례로 정복하고, 동쪽으로는 인도와 중앙아시아의 경계에 이르기까지 믿는 자들의 공동체인 움마를 확장시켰다. 아랍 무슬림은 군사작전으로 지역 주민들을 복종시키거나 개종시켰고, 특히 서아프리카 무역로를 통한 외교와 영향력을 결합한 덕택에 빠르게 세력을 확장할 수 있었다. 그들은 전투적이면서도 영적인 차원의 지하드('노력')와, 기동성이 뛰어나고 잘 조직된 군사력, 특히 베르베르인 같은 비아랍 부대로 강화된 군사력을 기반으로 세력을 넓혔다. 이슬람 세계는 여러 차례 잇따라 내전(피트나fitna)을 겪으면서 빠르게 분열했지만, 같은 종교와 아랍어로 문화적 통일성을 유지했다. 특히 바그다드의 아바스 칼리프들(750~1258년) 통치하에서 이슬람 세계는 고대 지식의 계승자이자 전파자가 되었다.

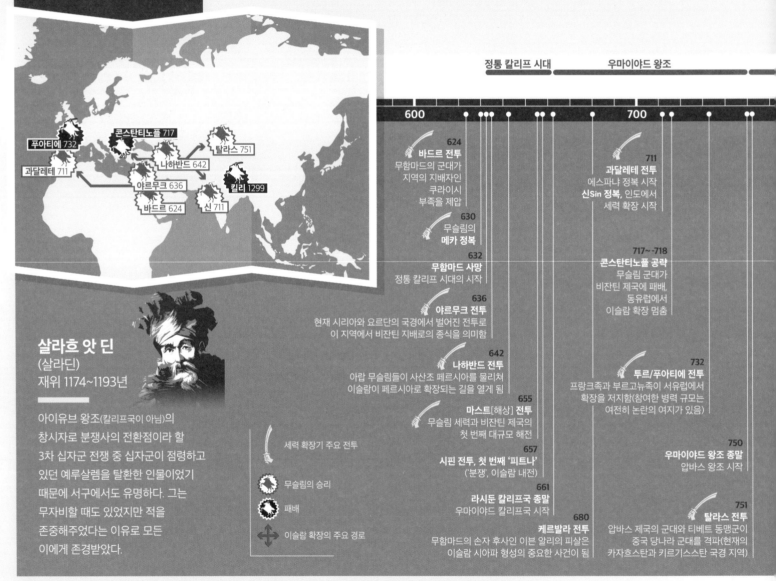

정통 칼리프 시대 | **우마이야드 왕조**

600 **700**

624
바드르 전투
무함마드의 군대가 지역의 지배자인 쿠라이시 부족을 제압

630
무슬림의 메카 정복

632
무함마드 사망
정통 칼리프 시대의 시작

636
야르무크 전투
현재 시리아와 요르단의 국경에서 벌어진 전투로 이 지역에서 비잔틴 지배로의 종식을 의미함

642
나하반드 전투
아랍 무슬림들이 사산조 페르시아를 물리쳐 이슬람이 페르시아로 확장되는 길을 열게 됨

655
마스트[해상] 전투
무슬림 세력과 비잔틴 제국의 첫 번째 대규모 해전

657
시핀 전투, 첫 번째 '피트나'
('분쟁', 이슬람 내전)

661
라시둔 칼리프국 종말
우마이야드 칼리프국 시작

680
케르발라 전투
무함마드의 손자 후사인 이븐 알리의 피살은 이슬람 시아파 형성의 중요한 사건이 됨

711
과달레테 전투
에스파냐 정복 시작
신Sin 정복, 인도에서 세력 확장 시작

717~-718
콘스탄티노플 공략
무슬림 군대가 비잔틴 제국에 패배, 동유럽에서 이슬람 확장 멈춤

732
투르/푸아티에 전투
프랑크족과 부르고뉴족이 서유럽에서 확장을 저지함(참여한 병력 규모는 여전히 논란의 여지가 있음)

750
우마이야드 왕조 종말
압바스 왕조 시작

751
탈라스 전투
압바스 제국의 군대와 티베트 동맹군이 중국 당나라 군대를 격파(현재의 카자흐스탄과 키르기스스탄 국경 지역)

푸아티에 732
콘스탄티노플 717
탈라스 751
나하반드 642
과달레테 711
야르무크 636
킬리 1299
바드르 624
신 711

세력 확장기 주요 전투
무슬림의 승리
패배
이슬람 확장의 주요 경로

살라흐 앗 딘
(살라딘)
재위 1174~1193년

아이유브 왕조(칼리프국이 아님)의 창시자로 분쟁사의 전환점이라 할 3차 십자군 전쟁 중 십자군이 점령하고 있던 예루살렘을 탈환한 인물이었기 때문에 서구에서도 유명하다. 그는 무자비할 때도 있었지만 적을 존중해주었다는 이유로 모든 이에게 존경받았다.

참고문헌
Duncan (A.) & Opatowski (M.), 『성지의 전쟁, 므깃도에서 서안 지구까지War in the Holy Land, From Meggido to The West Bank』, Sutton Publishing, 1998.
Hoyland (R.), 『신의 길에서: 아랍의 정복과 이슬람 제국의 창설In God's Path, The Arab Conquests and the Creation of an Islamic Empire』, Oxford University Press, 2015.
Martinez Gros (G.), 『7~9세기의 이슬람 제국L'Empire islamique, VIIᵉ-XIᵉ siècle』, Passés Composés, 2021.
Nicolle (D.), 『이슬람 정복 군대, 전투 병사 시리즈 255Armies of the Muslim Conquest, Men at Arms Series 255』, Osprey Publishing Ltd, 1993.

암살자,
정치적 암살 전문가

암살단 또는 니자리파는 11세기에서 13세기 사이에 활동한 이슬람 분파인 이스마일파다. 하산 이븐 알사바흐가 이끄는 이 집단의 근거지는 난공불락의 알라무트 요새였으며, 열광적인 전사들이 기독교인과 무슬림을 가리지 않고 표적 암살을 수행한 것으로 유명하다. 이름의 유래는 논란거리다. 일부 가설에 따르면, '암살자assassin'라는 단어는 아랍어 '하샤시인hashashiyyin'에서 유래했다. 시리아의 적들은 그들이 '해시시'[환각제]를 소비한다고 경멸적으로 그렇게 불렀다.

무슬림 군대의 **주요 강점**

➕ 기동성

[무거운 판금 갑옷을 입는] 적들과 달리, 무슬림 군대는 가볍고 통기성이 좋은 사슬 갑옷을 입고 기동성을 높였다. 그들은 주로 몹시 더운 지역을 정복했기 때문이다. 이런 점에서 무슬림 군대는 전략적 차원(원거리를 빨리 이동하는 능력)과 전술적 차원(전투 시)에서 기민하게 행동할 수 있었다. 기병대는 기동성과 밀접히 관련된 무기로서 중요한 역할을 했다.

미그페르
코 보호대가 달린 투구

사이프[양날 검]
16세기에 상징적인 곡선형 시미터로 대체되기 시작했다.

안사르
코뿔소 가죽의 둥근 방패

사슬 갑옷
비늘 갑옷으로 보강

라시둔의
안사르 전사

압바스 왕조

파티마 왕조

800	900	1000	1100	1200		1300

909
북아프리카의
파티마 칼리프국

1187
하틴 전투
살라딘이 십자군에 승리하고 예루살렘 탈환

1258
압바스 왕조 종말

1191~1192
타라인 전투
무슬림 군대가 힌두 군대에 승리한 후 1206년 인도에 델리 술탄국 건국

1299
킬리 전투
몽골군이 델리 술탄국 군대 격파

우마이야드 왕조
군대조직

압바스 왕조
군대조직

보병
■ 지원병
■ 궁수와 창병

기병대
■ 기마 궁수
■ 중기병

아미르 울 자이쉬
장군

아미르 울 아샤르
부족장

아리프
부족 부대

➕ 규율과 조직

무슬림 군대는 대체로 적군보다 훌륭한 조직을 갖췄으며, 특히 규율이 뛰어났다. 게다가 무슬림 군대는 병력이 많았기 때문에 전투를 유리하게 이끌었다.

➕ 다재다능한 기병대

기병대는 재빨리 공격하고 후퇴할 수 있어 기습의 효과를 높일 수 있었다. 또한 전술적 정찰 활동을 우선시하는 엄청난 이점을 제공하며, 전략적 차원에서 매우 효과적인 '정보망'에 이바지했다.

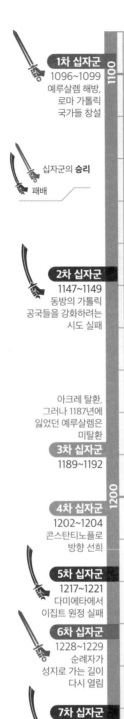

1차 십자군
1096~1099
예루살렘 해방,
로마 가톨릭
국가들 창설

십자군의 **승리**

패배

2차 십자군
1147~1149
동방의 가톨릭
공국들을 강화하려는
시도 실패

아크레 탈환,
그러나 1187년에
잃었던 예루살렘은
미탈환

3차 십자군
1189~1192

4차 십자군
1202~1204
콘스탄티노플로
방향 선회

5차 십자군
1217~1221
다미에타에서
이집트 원정 실패

6차 십자군
1228~1229
순례자가
성지로 가는 길이
다시 열림

7차 십자군
1248~1254
포로가 된
루이 9세가 이집트에
도착하지 못함

8차 십자군
1270
루이 9세가 튀니스로
가는 길에 병사

전방위의
십자군 원정

11세기에서 16세기 사이에 기독교 세계는 근동, 이베리아 반도 등지에서 기독교 신앙의 적으로 지목된 모든 사람에게 어느 정도 단결해서 대항해나갔다. 유럽 북동부에서는 경제적 가능성이 풍부한 영토를 차지하면서 기독교를 위해 싸운다는 개념도 생겨났다. 정치와 경제는 물론 군사와 종교가 밀접하게 얽힌 원정을 거듭할수록 막대한 비용과 인명피해를 감수해야 했지만, 원정은 오늘날 우리가 아는 국경과 문화를 형성하는 데 중요한 영향을 미쳤다. 십자군 전쟁의 맥락에서 1129년에 템플[신전] 기사단과 같은 유명한 종교 기사단이 창설되었다. 시간이 흐르면서 수십 개의 기사단이 생겨났다. 초기의 기사단들은 성지와 순례자를 보호하는 역할을 했지만, 점차 경제력을 갖춘 종교적·정치적·군사적 실체로 변모하게 되었다.

로드리고 디아스 데 비바르
1043?-1099

비바르에서 태어나 엘 시드 캄페아도르('시드'는 영주라는 뜻의 아랍어 '시디'에서 나온 말이며, '캄페아도르'는 라틴어로 '용사'를 뜻한다)라는 이름으로 더 잘 알려진 인물로, 수많은 전공을 세워 이름을 떨친 기사 용병이다. 평생 기독교 영주와 이슬람의 영주를 번갈아 섬기면서도 오직 주군과 자신의 이익을 위해 행동했으며, 1094년 6월 17일에 발렌시아 왕국을 정복한 후 죽을 때까지 다스렸다.

재정복
900
1000
1100
1300
1492

프랑스 왕국

스웨덴 왕국

러시아 공국들

페이푸스 호수 1242

리가
리보니아

발트 해

사모기티아

덴마크 왕국

쾨니히스베르크

리투아니아 대공국

프로이센

헤움노

타넨베르크 1410

폴란드 왕국

동쪽의 정복 열망
1226
1309
1346
1402
리가 대주교구

포르투갈
카스티야
아라곤
바르셀로나
마드리드
리스본
라스 나바스 데 톨로사 1212
코르도바
그라나다

칼라트라바 기사단
1158년에
카스티야에서
창설되었으며,
재정복에서 중요한
역할을 했다.

튜턴 기사단
1190년 성 요한
아크레SAINT-JEAN D'ACRE
공방전 동안 결성되었다.
주로 성지와 동유럽에서
활동했으며, 1929년에
비로소 군사적 사명을
잃게 되었다.

이베리아 반도의 **재정복**

재정복[레콩키스타]은 722년부터 1492년까지 이어졌지만, 지속적인 전쟁은 아니었다. 오히려 수많은 군사작전과 치열한 전투, 포위전, 동맹, 배신, 평온한 시기가 이어진 과정이었다. 기독교인들은 종종 종교적 기사단의 지원을 받아 에스파냐와 포르투갈 영토를 차례로 되찾아갔다. 시간이 흐르면서 군사전술이 발전했으며, 특히 되찾은 영토를 지키기 위해 성채와 기병대를 활용하게 되었다.

드랑 나흐 오스텐 '동쪽의 정복 열망'

튜턴 기사단은 12세기부터 시작된 이 정복 정책에서 중심적인 역할을 했다. 그들은 광대한 영토를 정복한 후, 발트 해 국가들에 신권 국가를 세우고 프로이센-폴란드 국경을 군사화했다. 그러나 그룬발트(오늘날 스테바르크의 탄넨베르크)에서 패배해 세력이 약화되었고, 내부 갈등과 경제위기로 자금을 잃게 되었다.

참고문헌
Collectif, 『중세 세계의 전투 1000~1500년: 헤이스팅스에서 콘스탄티노플까지Battles of the Medieval World 1000-1500 From Hastings to Constantinople』, Amber Books, 2006.
Koch (HW), 『중세의 전쟁Medieval Warfare』, Bison Bokks Ltd., 1978.
Nicholson (H) & Nicolle (D), 『신의 전사들: 십자군, 사라센인, 예루살렘을 차지하려는 전투God's Warriors, Crusaders, Saracens and the Battle for Jerusalem』, Osprey Publishing, 2005.
Wise (T), 『그리스도의 기사들The Knights of Christ』, Osprey Publishing, 2008.

기독교 성지의 공격

대개 교황이 시작한 십자군 전쟁은 무슬림들이 점령한 기독교 성지를 되찾으려는 목적을 가지고 있었다. 많은 승리를 거두었지만, 전략적인 면에서 성공하지 못했다. 이는 탈환한 지역의 기독교 지도자들이 자주 분쟁을 일으켰기 때문이다. 1291년 오랜 포위전 끝에 성 요한 아크레 도시가 함락되면서 성지에서 십자군의 존재는 완전히 끝났다. 전술이 진화하면서 양쪽 진영 모두 상대방의 무기와 전략을 채택하게 되었다. 그러나 대부분의 경우, 십자군은 중기병을 비롯한 중무장 병력을 배치해서 훨씬 더 많은 병력에 기동성까지 뛰어난 적에 맞서야 했다.

구호 기사단/성 요한 예루살렘 기사단
1080년경 예루살렘에서 창설된 선구적 기사단이다. 처음에는 순례자들을 돌보는 것을 사명으로 삼았으나, 이후 군사조직으로 변모해 유럽 전역으로 확산되었다.

템플 기사단
1129년 성지에서 결성되었다. 이탈리아와 특히 프랑스에서 튼튼한 기반을 잡았으나, 왕권과 충돌하면서 1312년에 해체되었다.

십자군이 본래 그런 일을 하는 군대가 아니었는데……

십자군은 이단이나 이교도로 지정된 공동체를 공격할 수 있었다. 알비 십자군(1209~1229년)의 목적은 프랑스 남부에서 카타리 이단을 근절하는 것이었다. 교황 인노첸시오 3세가 시작한 4차 십자군 전쟁(1202~1204년) 때는 원래의 목표에서 벗어나 콘스탄티노플을 공격했다.

지도 범례
- 십자군 승리
- 패배

콘스탄티노플
비잔틴 제국
스미르나
아테네
튀르키예 공국들
소아르메니아
에데사 백국
알레포
안티오키아 백국
안티오키아
셀주크 술탄국
트리폴리 백국
다마스쿠스
지중해
아크레
하틴 1187
아르수프 1191
예루살렘
알 만수라 1221
예루살렘 왕국
카이로
파티마 칼리프국

12세기 초에 설립된 가톨릭 국가들
다음 세기 중반부터 십자군의 영토는 좁은 해안 지대로 제한되었다.

비잔틴의 전쟁술

비잔틴의 전쟁술은 전술·전략·군사기술의 복잡한 조합을 나타낸다. 특히 판갑을 입은 기병대인 카타프락트 기병은 비잔틴 군대의 중요한 요소였다. 이 다재다능하고 잘 훈련된 충격 부대는 매우 강력했지만, 장비와 유지비용이 많이 들었다. 게다가 그들은 무거운 갑옷을 입었기 때문에 기동성을 중시하는 무슬림 군대와 싸울 때 불리했다. 533년 트리카메론 전투에서는 카타프락트 기병이 승리를 이끌었지만, 1071년 만지케르트 전투에서는 비잔틴 군대의 패배를 막지 못했다.

창과 철퇴가 주무기였고 필요한 때면 활도 사용했다.

카타프락트
'갑옷을 입은, 요새화된'을 의미하며, 판갑으로 된 갑옷을 가리킨다.

고드프루아 드 부이용
로렌인과 노르만인
플랑드르인과 노르만인
성전의 산

십자군이 헤로데와 시온의 문을 부순 후, 도시 전체를 장악했다.

툴루즈인

예루살렘

1099년 7월 14일

1차 십자군의 절정이자 목표였던 성지를 탈환한 후 끔찍한 대학살이 일어났다.

1,000
주둔군 1,000명 전멸, 민간인 최소 10,000명 사망
병사 13,000명 중 기병 1,300명
손실 약 3,000명

북방인들
긴 여정의 정복자들

바이킹은 적합한 배를 집중적으로 이용해서 성공할 수 있었다. 그들은 물류 능력을 충분히 갖춘 배로 아주 먼 거리를 빠르게 이동할 수 있었다. 그들은 원정 중 점령한 영토에 때때로 정착해서 식민지를 개척했고, 거기서 또 다른 곳으로 원정을 떠나고 무역로를 확장해나갔다. 두 가지 사건이 바이킹 확장의 시작을 상징한다. 753년에는 스웨덴 식민지가 오늘날 상트페테르부르크 근처에 설립되었고, 793년에는 북잉글랜드의 린디스판Lindisfarne 수도원을 약탈하는 사건이 처음 발생했다. 802년에 그들은 오크니 제도, 셰틀랜드 제도, 헤브리디스 제도를 점령한 뒤, 820년에는 아일랜드를 성공적으로 공격하고 맨 섬에 정착했다. 834년에 그들은 도레스타트Dorestad를 습격했는데, 이것이 카롤링거 제국을 처음 공격한 사례다. 845년에는 처음으로 센 강을 거슬러 올라가 파리를 공략했다. 1066년에 그들은 영국의 스탬퍼드 브리지 전투를 끝으로 더는 대규모 약탈을 하지 않았다.

마크란드

빈란드

그린란드
985

사슬 갑옷
부유한 자들만
착용한 비싼
보호장비

부유한
바이킹 전사

바이킹의 **전략**

'스칼드보르그'라고 불리는 방패벽은 바이킹의 기본 전투 대형이었다. 이들은 적의 공격을 받아낸 후 반격할 수 있었다. 스칼드보르그는 최대 다섯 줄로 이루어졌다.

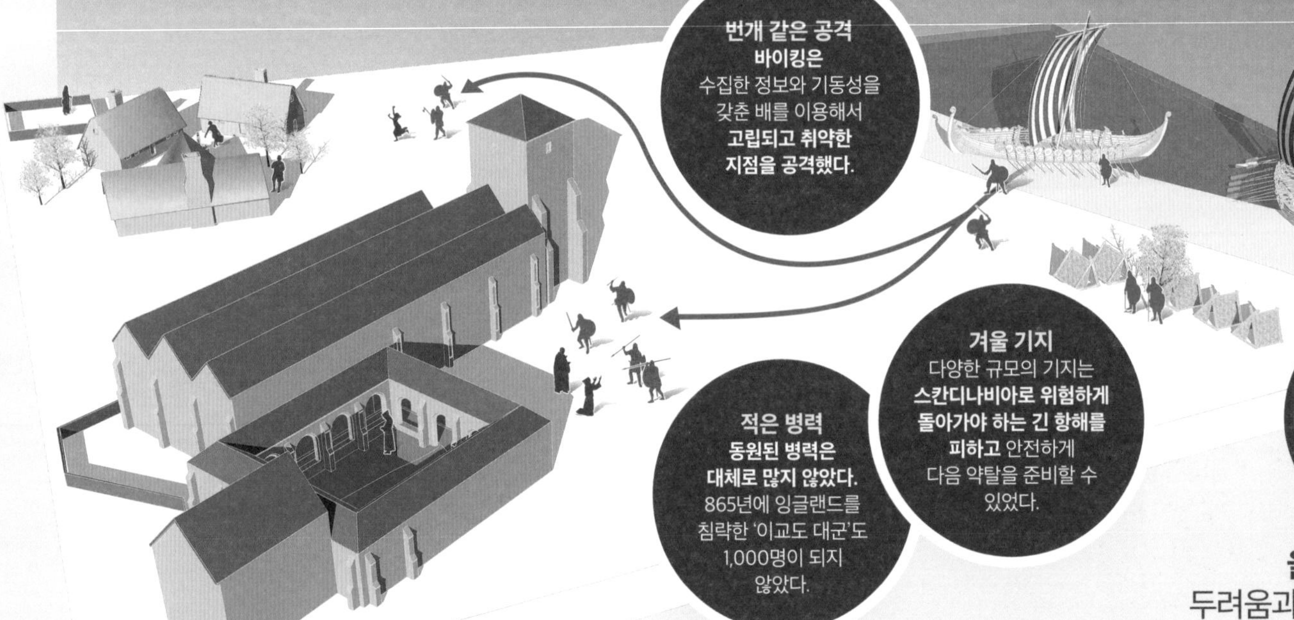

스케그옥스
일반적인 생각과 달리
바이킹 전사는 도끼보다는
창이나 검을 좋아했으며,
검은 일반적으로
귀족에게만
허용되었다.

스키욜드
나무로 된 원형 방패.
중앙의 금속 '움보UMBO'는
충격을 흡수해서
방패를 든 손을
보호한다.

번개 같은 공격
바이킹은
수집한 정보와 기동성을
갖춘 배를 이용해서
고립되고 취약한
지점을 공격했다.

겨울 기지
다양한 규모의 기지는
스칸디나비아로 위험하게
돌아가야 하는 긴 항해를
피하고 안전하게
다음 약탈을 준비할 수
있었다.

적은 병력
동원된 병력은
대체로 많지 않았다.
865년에 잉글랜드를
침략한 '이교도 대군'도
1,000명이 되지
않았다.

171
자루의 **검**을 발굴,
대부분은 바이킹의
영향권에서
발견되었다.

울프베르트
두려움과 신비의 검

바이킹 족장들은 이 가벼운 무기를 높이 평가했다. 특히 아시아에서 들여온 최고의 강철로 만들었다.
날이 아주 예리한 이 검에는 울프베르트Ulfberht라는 명문이 있다. 이는 게르만 계통의 이름이지만
스칸디나비아 이름은 아니다. 개인인지 대장장이 공동체인지 알 수 없지만, 그 명성 덕분에 수많은 위조품이 존재한다.

바이킹의 세계

아이슬란드
871

비르카

노보고로드
루스

데인로
880

키예프

파리

콘스탄티노플

바이킹의
이동 경로
8세기
9세기
10세기
11세기

드라카르
전쟁과 상업

'드라카르drakkars'라는 단어는 용을 의미하지만, 바이킹은 자신들의 배를 그렇게 부르지 않았다. 이 용어는 1840년경부터 주로 뱃머리를 장식하는 조각상을 지칭하는 데 쓰였다. 이 조각상은 종종 종교적 상징과 룬 문자로 장식되어 신들의 가호를 기원하는 역할을 했다. 바이킹의 배는 사람과 짐을 잔뜩 실어서 무거웠지만, 물에 잠기는 깊이가 얕았기 때문에 해안에 접근하고 얕은 강을 따라 내륙 깊숙이 들어가는 데 전혀 방해가 되지 않았다.

선박의 두 가지 유형

전투용 선박은 길고 날렵한 '랭스킵langskip'으로, 대형 '스케이드skeid'와 소형 '스네키아snekja'를 포함한다. 화물선 '카우프스킵kaupskip'은 상업용이며, '크노르knörr'와 소형 '비르딩거byrdinger' 같은 선박이 있다.

최대
200명

스케이드

크노르

최대
20톤

정보의 **달인들**

바이킹의 예리한 정보 '감각'은 그들의 문화에서 비롯되었다. 바이킹 전설에는 오딘의 양어깨에 두 마리의 까마귀가 앉아서 본 것을 보고하는 이야기가 반복적으로 등장한다. 전략적 차원에서 이야기에는 첩보와 방첩에 관한 일화들이 넘친다. 바이킹은 전략과 전술 측면에서 속임수에 크게 의존했다. 그들은 정찰 활동을 아끼지 않았다. 족장들은 특히 번개 같은 습격이나 매복에 유리한 요소를 매우 중시했다.

참고문헌

Collectif, 『바이킹 세계 문화 지도Cultural Atlas of the Viking World』, Facts On File Inc., 1994
Collectif, 『북방 세계: 서기 400년부터 1100년까지 북유럽의 역사와 유산The Northern World, The History and Heritage of Northern Europe AD 400–1100』,
Harry N. Thames and Hudson Ltd, 1980.
『히스토리아 특집: 바이킹, 스칸디나비아 사가Historia special Vikings, la saga scandinave』, numéro 23, mai-juin 2015, Sophia Publications, 2015.
Haywood (J), 『펭귄 바이킹 역사 지도The Penguin Historical Atlas of the Vikings』, Penguin Books Ltd, 1995.

라그나르 로드브로크
9세기?

북유럽 신화의 반전설적인 인물로서 종종 바이킹 왕으로 소개된다. 뛰어난 업적, 정복, 저명한 후손들 덕분에 매우 유명해서 그를 주제로 한 텔레비전 시리즈도 제작되었다. 그러나 그의 실존 여부는 완전히 입증되지 않았다. 일부 역사가들은 그가 여러 역사적 인물의 '집합체'일 수 있다고 생각한다. 오랜 세월을 거치며 구전설화 전통이 뒤섞이면서 이러한 인물을 만들었을 수 있다.

신화인가, 실존인가

'바이킹'이라고 말하셨나요?
실제로 그들은 자신을 그렇게 부르지 않았고, 하나의 통일된 민족이라고 여기지도 않았다.

잘 훈련된 전사들?
수많은 바이킹은 단순한 농부나 어부였으며, 특별한 군사훈련을 받지 않았다.

뿔 달린 투구?
대중의 인식과 달리 그들은 뿔 달린 투구를 쓰지 않았다.

탐욕스러운 약탈자들?
약탈은 주로 제한적이고 분산된 자원 때문에 불가피한 선택이었다.

정복자 윌리엄
1027-1087

노르망디 공작 기욤 2세는 1066년 헤이스팅스 전투에서 승리해 섬을 정복한 후 잉글랜드 왕 윌리엄 1세가 되었다. 바이킹 족장 롤로의 후손인 그의 스칸디나비아 혈통은 군사전략과 통치에 영향을 미쳤다.

몽골 제국
초원의 기병들이 세계를 정복하다

13세기 초부터 카간(칸 중의 칸, 대칸)인 칭기즈칸의 지도 아래, 유목민 기병으로 이루어진 몽골 부족들은 중앙아시아 초원에서 세력을 확장하기 시작했다. 그들은 무력을 행사하고 공포를 조장함으로써 유라시아 대륙에 지금까지 본 적 없는 1억 인구의 광대한 제국을 형성했다. 몽골의 '부족연합'이 정점에 달했을 때는 정복한 지역과 속국에서 온 병력으로 보강되어 기독교 유럽의 동쪽, 지중해까지의 이슬람 세계, 인도, 중국, 고려, 일본 열도까지 동시에 위협했다. 로베르 드 스폴레트Robert de Spolète는 "개활지 전투에서 몽골인만큼 적을 압도하는 기술에 뛰어난 민족은 없다"라고 평가했다. 칭기즈칸이 너무 거대해서 통치할 수 없는 제국을 남기고 사망한 후, 그의 후계자들이 전쟁을 벌여 제국은 곧 붕괴되었다. 그 결과, 여러 칸국 또는 '호드'(부족연합)가 독립하게 되었다. 이렇게 해서 러시아의 '킵차크칸국'과 페르시아의 일칸국, 중앙아시아의 차가타이칸국 등이 형성되었다. 이들 중 가장 강력한 것은 이론상 종주국인 쿠빌라이칸의 중원 몽골 제국으로, 중국에서 남송 왕조를 무너뜨리고 원나라를 세웠으며, 이는 명나라가 등장하는 1368년까지 지속되었다.

범례:
- 몽골 승리
- 몽골 패배
- → **칭기즈칸** 원정
- ┈▶ 후계자들의 원정
- ┈┈▶ 마르코 폴로의 여정
- ☐ 칭기즈칸의 정복
- ▨ 몽골 제국 전성기
- ▨ **티무르 제국**
  튀르크-몽골계 에미르(왕자)
  '절름발이' 티무르가 주도한
  1370~1405년의 부흥운동

몽골 기병은 '전문' 전사

칭기즈칸이 경쟁 부족들을 통합해서 편성한 몽골군은 그 시대에 가장 두려운 군대였다. 어려서부터 사냥과 기마전투에 익숙해진 기병들의 군대는 간단하면서도 견고한 무기를 사용하며, 철저히 계획된 전술을 통해 매우 엄격한 조직과 규율 아래 운영되었다. 몽골군은 뛰어난 기동성을 자랑하며, 먼 거리를 정찰하고 전장에서 적을 신속하게 괴롭히기 위해 경량 기병(기마 궁수) 그리고 효율적인 통신 수단(파발꾼)을 활용하고 있었다.

몽골의 경기병

- 모직의 모자와 외투
- 저렴한 창
- 합성궁 간편하고 강력함
- 곡선 검
- 초원의 말 비교할 수 없을 만큼 강인하고 발굽이 단단한 말, 이는 대규모 원정의 필수적인 자산이다.

수부타이
1175년경-1248

칭기즈칸 휘하의 가장 유명한 장군으로 여러 칸 밑에서 수십 차례의 승리를 거두었다. 여기에는 루스 공국(칼카 전투, 1223년), 폴란드(레그니차 전투, 1241년), 헝가리(모히 전투, 1241년) 등과의 주요 전투도 포함된다. 몽골군은 때때로 원정을 포기하기도 했지만, 군사적 패배는 드물었다. 예를 들어 1260년 시리아의 아인잘루트 전투에서 킷부카 장군이 맘루크군에 패배한 사례가 있다.

13 몽골군 편성에서 '투멘tümen'은 1만 명 단위를 가리키며, '투멧tümet'은 '투멘'의 복수형이다.

철에서 화약으로 | 39

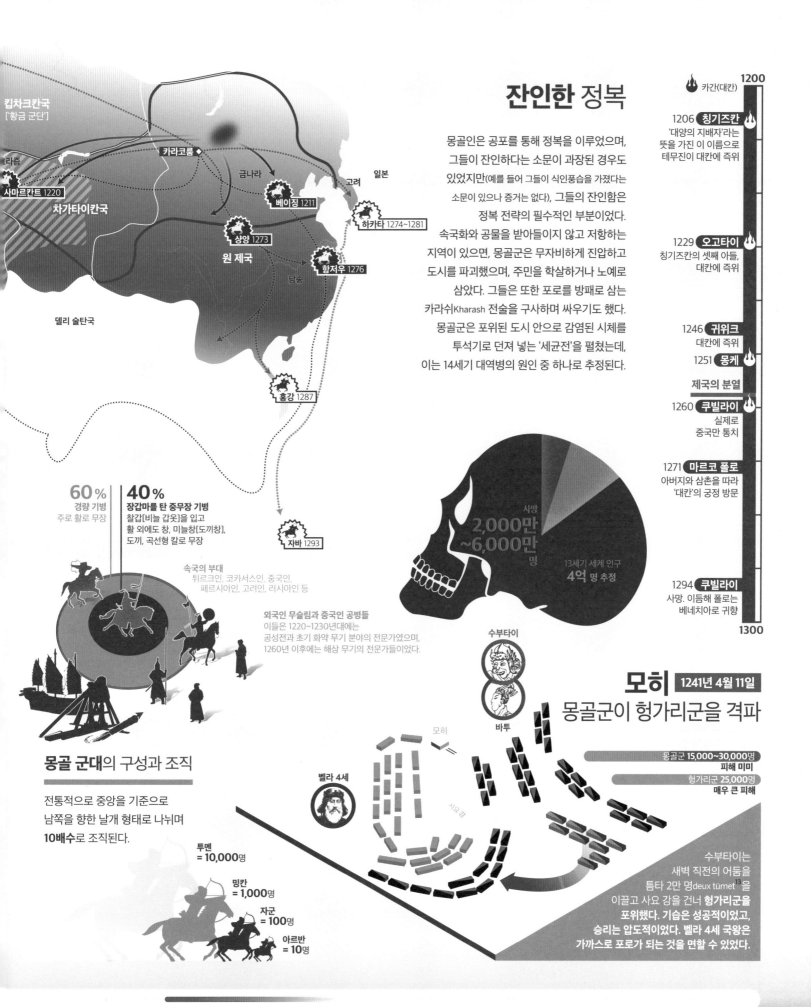

킵차크칸국
['황금 군단']

라즘

사마르칸트 1220

차가타이칸국

카라코룸 ◆

금나라

베이징 1211

일본

고려

하카타 1274~1281

샹양 1273

원 제국

남송

항저우 1276

델리 술탄국

훙강 1287

자바 1293

잔인한 정복

몽골인은 공포를 통해 정복을 이루었으며,
그들이 잔인하다는 소문이 과장된 경우도
있었지만(예를 들어 그들이 식인풍습을 가졌다는
소문이 있으나 증거는 없다), 그들의 잔인함은
정복 전략의 필수적인 부분이었다.
속국화와 공물을 받아들이지 않고 저항하는
지역이 있으면, 몽골군은 무자비하게 진압하고
도시를 파괴했으며, 주민을 학살하거나 노예로
삼았다. 그들은 또한 포로를 방패로 삼는
카라쉬Kharash 전술을 구사하며 싸우기도 했다.
몽골군은 포위된 도시 안으로 감염된 시체를
투석기로 던져 넣는 '세균전'을 펼쳤는데,
이는 14세기 대역병의 원인 중 하나로 추정된다.

타임라인

1200 카간(대칸)

1206 칭기즈칸
'대양의 지배자'라는
뜻을 가진 이 이름으로
테무진이 대칸에 즉위

1229 오고타이
칭기즈칸의 셋째 아들,
대칸에 즉위

1246 귀위크
대칸에 즉위

1251 몽케

제국의 분열

1260 쿠빌라이
실제로
중국만 통치

1271 마르코 폴로
아버지와 삼촌을 따라
'대칸'의 궁정 방문

1294 쿠빌라이
사망. 이듬해 폴로는
베네치아로 귀향

1300

사망자

사망
2,000만 ~6,000만 명

13세기 세계 인구
4억 명 추정

몽골 군대의 구성과 조직

전통적으로 중앙을 기준으로
남쪽을 향한 날개 형태로 나뉘며
10배수로 조직된다.

60%
경량 기병
주로 활로 무장

40%
장갑마를 탄 중무장 기병
찰갑[비늘 갑옷]을 입고
활 외에도 창, 미늘창[도끼창],
도끼, 곡선형 칼로 무장

속국의 부대
튀르크인, 코카서스인, 중국인,
페르시아인, 고려인, 러시아인 등

외국인 무슬림과 중국인 공병들
이들은 1220~1230년대에는
공성전과 초기 화약 무기 분야의 전문가였으며,
1260년 이후에는 해상 무기의 전문가들이었다.

투멘
= 10,000명

밍칸
= 1,000명

자군
= 100명

아르반
= 10명

모히 [1241년 4월 11일]
몽골군이 헝가리군을 격파

수부타이

바투

모히

시요 강

벨라 4세

몽골군 15,000~30,000명
피해 미미

헝가리군 25,000명
매우 큰 피해

수부타이는
새벽 직전의 어둠을
틈타 2만 명deux tümet[13]을
이끌고 사요 강을 건너 **헝가리군**을
포위했다. 기습은 성공적이었고,
승리는 압도적이었다. 벨라 4세 국왕은
가까스로 포로가 되는 것을 면할 수 있었다.

기사도의 시대

이 중장 기병은 사회적으로 구별된 계층으로, 비록 프랑크 왕국의 군사적 동료관계를 통해 몇 세기 전부터 "희미하게 모습을 드러냈다"(도미니크 바르텔레미Dominique Barthélémy)고 할지라도, 실제로는 11세기에 탄생했다. 이 체계는 처음에는 개인적인 봉록 형태로, 이후에는 세습 영지 형태로 토지를 할당하는 봉신관계의 계층구조에 기반을 두었다. 이 체제에서는 영토 권한을 분산시키고, 무기·갑옷·말을 스스로 조달할 수 있는 기사를 모든 군사력의 핵심 요소로 만들었다. 기사계급과 그들의 성채는 매우 특수한 사회질서인 봉건제에 기반을 두고 있으며, 이 질서 없이는 존재의 이유를 찾을 수 없었다. 봉건제는 10세기에서 15세기 사이에 지역에 따라 정도의 차이는 있지만 기독교 문화권인 서양에 큰 영향을 미쳤다. 전문화된 이 중장 기병 엘리트는 전쟁과 몸값을 통해 부를 축적하고, 토너먼트로 훈련과 오락을 겸비하며 서양의 '전쟁술'을 지배했다. 그러나 15세기와 16세기에 화약이 보급되면서 사회 변화와 국가의 중앙집권화가 일어나 새로운 형태의 전문적 상비군이 등장하면서 그들의 군사적 역할을 대체했다.

헤이스팅스
1066년 10월 14일
기사도의 탄생인가?

센락 언덕

노르망디 공작 기욤 2세

해럴드 고드윈슨

노르망디의 기욤 공작은 영국에 상륙한 후, **활과 중장 기병대를 결합한 전술**로 자신의 기병들에게 창끝을 낮추고 센락 언덕으로 돌격하게 해서 색슨족 중장 보병을 몰아내고 왕국을 정복했다.

기욤, 불로뉴의 외스타슈, 와렌의 기욤
7,000~15,000명 중 기병 4분의 1

해럴드, 기르스, 레오프와인 3형제
5,000~13,000명

양측 | 사상자 5,000명 이상

봉건적 봉신제 군대조직

- 귀족
- 자유민
- 직업군인

왕

봉신의 의무(지원과 조언) + 40일간의 군 복무

충성 서약

신하

소집 병력

봉토

신하

추가 소집 병력

'바네레'
자기 깃발을 가진 기사
(군 지휘권 소유 기사)

원래 자유민

기사와 시종

부르주아 민병대

+

용병 부대

중세 초기
11세기의 기사

봉건 군대인 오스트ost는 영주와 그의 봉신들을 연결하는 권리와 의무에 기반을 두고 있었다.
군주는 봉토를 대가로 충성 서약과 군사적 의무를 요구했다. 필요할 때는 자유민과 부르주아 민병대도 지원군으로 소집했다. 가장 부유한 영주들은 용병을 고용할 수도 있었다.

투구
코 보호대가 달림

창
전투용

브루아뉴
금속고리를 꿰매어 단 가죽 갑옷

에퀴
오지브14형 대형 방패

각반과 종아리 보호대

그다지 무겁지 않은 갑옷

갑옷	무게
사슬 갑옷	11~15kg
브리강딘(강화 가죽 갑옷)	13~18kg
아르누아(판금 갑옷)	16~21kg
의장용 갑옷(전투에 부적합)	때로는 50kg 이상
근대 보병의 장비	25kg

올렸다 내렸다 할 수 있는 **메자이유(가면형 얼굴 보호대)**가 있는 **참새부리형 바시넷 투구**

샹프렝 말 머리 보호대

어깨에 착용하는 **방패**

관절이 있는 금속 **건틀릿** [손과 손목 보호 장갑]

중세 후기 **14세기의 기사**

날개형 무릎 보호대 정강이와 발등 보호대가 노출된 하반신을 보호

참고문헌
Barthélemy (D), 『기사도
La Chevalerie』, Tempus, Perrin, 2012.
Contamine (P), 『중세의 전쟁La guerre
au Moyen Âge』, Nouvelle Clio, PUF, 2003.
Duby (G), 『부빈의 일요일(1214년 7월 27일)
Le Dimanche de Bouvines (27 juillet 1214)』, Gallimard, 1973.
Gravett (C), 『중세의 기사The medieval knight』, Osprey, 2020.
Jacquet (D), 『중세의 전투Combattre au Moyen Âge』, Arkhé, 2017.

말에게는 저마다 **할 일이 있다**

짐마 장비와 수행원을 실음

쿠르시에 강하고 빠른 군마

데스트리에 무겁고 튼튼한 말

팔프루아 의례용 말

부빈
1214년 7월 27일
일요일에 프랑스는 신성 로마 제국에 맞서 무장한다

부빈
솔즈버리의 윌리엄
그뤼종
필리프 드 드뢰
로베르 드 드뢰
오토 4세
필리프 2세 오귀스트
부르겔
부르고뉴의 외드
페랑
완느엥

프랑스 왕 필리프 2세 오귀스트는 우수한 기병대 덕분에 신성 로마 제국의 황제 오토 4세에게 **가장 큰 승리를 거두었다.** 이 기병대는 제국 보병의 공격을 분쇄하고, 적의 우익을 돌파하는 데 성공했다.

7,000명 중 **기사 1,500명**
약 9,000명
전사하거나 포로가 된 기사 400명을 포함한 **막대한 손실**

등자: 진화인가, 혁명인가?

등자는 확실히 중앙아시아 초원에서 유래했을 것이며, 가장 오래된 유물은 기원전 1세기까지 거슬러 올라간다. 등자는 4세기에 중국에서 확인되었고, 아바르족을 통해 또는 그들과 함께 6세기에 비잔티움에 도달했다. 중무장 기병인 카타프락타이cataphractaire는 이보다 훨씬 이전에 존재했지만, 기병은 등자 덕분에 모든 전투 상황에서 몸을 안정적으로 유지하면서 창을 비롯해 칼, 철퇴, 심지어 활을 쓸 때도 전투력과 충격력을 강화할 수 있었다.

'보병'의
대대적인 귀환

13세기까지 서양에서 말을 타는 특수계급은 점차 기사계급으로 발전하면서 전쟁을 사회적이고 상징적인 전유물로 차지했고, 성채에서 중세 군사력의 전형을 대표했다. 항상 그들을 따라다니던 보병은 연대기 작가들 사이에서도 무시당했으며, 기록에도 거의 남지 않았다. 14세기에 국가의 중앙집권화, 도시 성장, 점점 더 늘어나는 대규모 상비군의 수요 등 여러 요인 때문에 전쟁기술에서 보병의 역할이 다시 강화되었다. '고집 센 전차'와 같던 기사들은 우월한 지위를 잃게 되었다. 고대부터 알려진 원칙을 다시 적용한 덕에 이처럼 '혁명'에 비할 만한 큰 변화가 일어났다. 잘 훈련받은 창병과 궁수(장궁병과 쇠뇌병)를 적합한 지형(대형 방패, 울타리, 도랑, 쇠못 등)에 빽빽이 배치해서 기병의 돌격을 저지했다. 화기가 점점 강력해지면서 이 같은 현상은 더욱 두드러지게 되었다. 기병은 점점 더 '중무장'하게 되었지만, 그 지배력은 점차 줄어들었다. 기병은 전장에서 배제되지는 않았으나, 보병·기병·포병이 결합된 '합동 전력'의 한 구성 요소로 격하되었다. 이 합동 전력은 19세기까지 전쟁의 핵심이었다.

과거의 인력 견인 방식보다
훨씬 뛰어난 균형추의 활용은
위력을 상당히 증가시켰다.

트레뷰셋
중세의 대형 투석기

포위전은 고대에 첫 번째 전성기를 맞이했으며, 특히 로마인들이 전문적인 전쟁기계를 다양하게 개발했다. 중세에 들어서 유럽은 영토적 권력의 상징인 요새로 가득 찼다. 포위전은 길고 비용이 많이 들며, 무기보다는 기근으로 승리하는 경우가 더 많았다. 13세기와 14세기에 아시아와 유럽에서 최초의 대포가 등장하기 전까지, 설치와 무장에는 시간이 걸리지만 매우 정확하고 강력한 투석기 트레뷰셋trébuchet이나 페리에르perrière가 몇 톤에 달하는 균형추의 중력을 이용해 중세 공성기술의 정점을 이루었다.

조작 인원 **약 50명**
돌 포탄 **80~100kg**   시간당 **2발**
사정거리 **300m**

참고문헌
Contamine (P), 『중세의 전쟁*La guerre au Moyen Âge*』, Nouvelle Clio, PUF, 2003 (rééd 1999).
Creveld, Martin van, 『기술과 전쟁: 기원전 2,000년에서 현재까지*Technology and War: From 2000 B.C. to the Present*』, The Free Press, 1989.
Delbrück (H), 『중세의 전쟁*The Medieval Warfare*』, University of Nebraska, 1990.
DeVries (K) & Smith (R), 『중세의 군사기술*Medieval Military Technology*』, University of Toronto Press, 2012.
Fiasson (D), 『1346년 크레시 전투*Crécy 1346*』, Perrin/MINARM, Champs de Bataille, 2022.
Nicholson (H), 『중세 유럽의 전쟁: 이론과 실제*Medieval Warfare: Theory and Practice of War in Europe*』, Palgrave Macmillan, 2004.
Parker (G), 『군사 혁명: 군사 혁신과 서구의 부상, 1500~1800년*The Military Revolution: Military Innovation and the Rise of the West, 1500~1800*』, Cambridge University Press, 1989.

무너진 기사도

스코틀랜드 창병

유명한 스위스 창병이나 독일의 란츠크네흐트보다 앞서, 플랑드르의 도시 민병대나 스코틀랜드 부족들이 고대의 팔랑크스 전술을 다시 구사했다. 이들은 빽빽한 대형과 긴 창을 효과적으로 활용해서 훈련되지 않은 봉건 기병의 돌격을 무너뜨렸다.

영국/웨일스 궁수

장궁으로 무장한 영국과 웨일스의 궁수대는 오랜 시간과 비용이 드는 훈련을 필요로 했으며, 여러 전투에서 영국의 성공에 기여한 두려운 군대였다. 거의 전문적인 수준이었지만 수가 적었으며, 무기의 품질을 지속적으로 유지하는 데 큰 어려움을 겪었기 때문에, 1453년 카스티용 전투에서 드러나듯이 전장에서 포병의 중요성이 커짐에 따라 점차 쇠퇴했다.

제노바 쇠뇌병

교회는 높은 효율성을 가진 치명적 무기라는 이유로 쇠뇌의 사용을 자주 비난했지만, 제노바와 리구리아의 쇠뇌병 부대는 13세기와 14세기 동안 수많은 전장에서 두려움을 불러일으켰다. 크레시 전투에서는 비 때문에 대형 방패와 화살 수송이 지연되어 그들은 거의 움직이지 못했다. 이런 이유로 프랑스 기사들은 그들을 무능하다고 질책했고, 그사이에 영국의 장궁병들에게 공격을 받아 수많은 사상자를 냈다.

중세 보병의 전투 대형

여러 대열의
방어 대형
(삼각형 또는 사각형)

원형 또는
초승달형의
방어 대형

플랑드르 도시 민병대들의 힘으로
쿠르트레 1302년 7월 11일

이른바 '황금박차 전투'에서 밀집 대형을 이룬 플랑드르 창병 민병대는 너무나 자신만만하게 쿠르트레 요새를 탈환하려던 프랑스 기사들, 즉 프랑스 왕을 지지하는 '백합의 남자들'을 섬멸했다. 그들은 패배한 기사들에게서 얻은 황금박차를 도시의 교회에 걸어 승리를 기념했다.

8,000명 중에서
중무장 기병의 손실
기사 3,000명
병사 10,000명
경장 보병의 손실

스코틀랜드 쉴트론의 힘으로
배녹번 1314년 6월 23~24일

스코틀랜드의 쉴트론은 1297년 스털링 브리지 전투에서 승리했지만, 다음 해 윌리엄 월리스의 지휘 아래 참전한 폴커크 전투에서는 영국군의 화살에 밀집된 창병 대형이 붕괴되어 패배했다. 그들은 마침내 배녹번 전투에서 복수에 성공했다. 로버트 브루스의 지휘 아래, 그들은 에드워드 2세의 잉글랜드 기병대의 모든 돌격을 무너뜨리고, 고대 팔랑크스 대형처럼 밀집 대형으로 공격했다. 이는 백년전쟁 동안 중무장 기병의 쇠퇴를 예고하는 전술적 교훈이었다.

아주 심한 손실
병력 16,000명 중 기사 3,000명
병사 7,000명

날씨, 잉글랜드의 궁수들, 그리고…… 결국 날씨 때문에!
크레시 1346년 8월 26일

기강 해이, 질척한 땅, 그리고 웨일스의 활 등은 프랑스 기사들에게 치명적인 조합이었다. 영국군은 능숙하게 방어진지를 요새화했고, 프랑스 기사들은 지나친 자신감을 드러냈다. 그 결과, 영국의 왕 에드워드 3세와 헨리 5세는 여러 번의 눈부신 승리를 거두며 프랑스 기사들의 쇠퇴를 확정지었다.

병력 16,000명 중 기사 4,000명
병력 25,000명 중 기사 수천 명
아주 심한 손실

아프리카의 제국들

오랫동안 미지의 땅으로 인식되었던 아프리카 사하라 이남의 역사는 유럽인이 식민지 경쟁에 뛰어든 후 크게 재발견되었다. 그 결과, 강력하고 비교적 지속적인 여러 정치체가 존재했다는 사실이 밝혀졌다. 여기에는 13세기까지 존속한 와가두 가나 제국, 8세기부터 1900년 프랑스에 정복될 때까지 존재한 카넴 왕국과 보르누 왕국, 14세기에 이슬람화되어 절정에 달했던 만딩 제국(말리 제국), 솔로몬 왕조의 기독교 국가인 아비시니아가 포함된다. 이러한 모든 정치체는 송가이 제국이나 이파트 술탄국, 아달 술탄국과 같은 지역 세력과 경쟁해야 했을 뿐만 아니라, 탐욕스러운 오스만 제국과 유럽(특히 포르투갈)의 영향에도 맞서야 했다. 이들은 도처에 상업 거점을 늘리고, 19세기까지 번성한 노예무역의 끔찍한 압박을 가중시켰다.

14세기의 재편성

파리마 수라
북부 사령부

사라리
고위 장교와 관리들

산카란 주마
남부 사령부

만딩고 군대, 아프리카 군사조직

황제는 1만 명의 귀족 전사로 이루어진 상비 기병대와, 켈레보노라고 불리는 부대에 속한 9만 명의 경보병을 보유하고 있었다. 각 만딩고 부족은 전투에 대비해서 병력을 할당받았다. 이러한 조직은 14세기 중엽부터 변화하기 시작했다. 군주는 주지사, 수비대 지휘관, 경비원 등 고위 관리인 사라리Sarari의 보좌를 받았는데, 이들은 대개 왕을 확실하게 섬기는 노예였다. 군대는 정복지에서 임시로 징집된 부대와 노예 대대로 병력을 보충할 수 있었다. 제국은 명목상으로 독립적인 북부와 남부의 두 지휘부로 나뉘면서 빠르게 붕괴하기 시작했다.

지야니드 왕조
하프스 왕조
와타시드 왕조

통디비 1591

말리

만딩고 제국

하우사 국가

만딩고 제국

14세기 초 만사 무사 치하에서 절정에 달한 말리 제국은 부분적으로 매우 계층화된 상비군을 통해 여러 지방을 통치했다. 이 군대는 처음에는 호론(자유민)과 만딩고족으로만 이루어진 귀족 기병과 보병으로 구성되었으나, 이후에는 노예 부대(조노우)와 다른 민족의 병력도 추가되었다. 구전 전통에서 전해지는 전술 중에는 화살에 독을 바르거나 적이 접근할 때 환각제를 태우는 방법이 있었다. 권력의 약화와 제국의 분열은 송가이 왕국이 부상하는 15세기까지 지속되었다. 송가이 왕국은 봉신국에서 강력한 국가로 성장해 아스키아 왕조 아래 이 지역의 지배 세력이 되었다. 다음 세기에 포르투갈인이 도착하고 모로코가 침입하자 만딩고 제국은 쇠퇴하다가 몰락했다.

통디비

1591년 3월 12일

송가이 제국 멸망

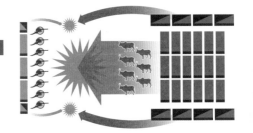

송가이 보병대는 등에 혹이 있는 인도혹소zébu 1,000마리를 돌진시켰으나, 오히려 적의 포격으로 학살당했다. 모로코의 기마 화승총병들은 적의 기병대를 상대로 우위를 점했다. 술탄 아흐마드는 완전한 승리를 거두었다.

사아디군 5,000명
정확한 손실 불명

20,000~40,000명 중 기사 12,000명
극심한 손실

동아프리카의 에티오피아 제국

귀족 전사 츠와Chewa에 기반을 둔 봉건적 군사조직을 갖추고 13세기에 설립된 에티오피아 제국은 (1935년부터 1941년까지의 짧은 이탈리아 식민통치를 제외하고) **아프리카 국가 중 유일하게 독립을 계속 유지했다.** 15세기부터 에티오피아 제국은 맘루크와 포르투갈을 통해 몇몇 화기火器를 얻었으나, 17세기 곤다르에 수도를 정한 이후에야 비로소 이를 군사적으로 중요하게 활용하기 시작했다. 제국은 19세기에 중앙집권화된 국가로 변모해 비교적 현대적인 군대를 보유하게 되었다.

지방 연대
라제
귀족 출신 사령관
1,000

왕

왕립 연대
1,000

국경 수비대
아즈막
왕이 임명한 장군
1,000

40개 주에 주둔한 병력은 각자 영지 수입으로 자립했다. 이 조직의 마지막 흔적은 1920년에야 사라졌다.

■ 아달 군대
■ 포르투갈 군대
■ 아비시니아 군대

아달과 아비시니아
에티오피아의 적대적 형제들

솔로몬 왕조와 아달 술탄국은 툭하면 전쟁을 벌였다. 1445년, 에티오피아는 고밋 전투에서 승리했으나 황제 자라 야콥은 그곳에서 멈췄다. 1529년부터 1543년까지의 대전쟁에서는 오스만 제국의 지원을 받은 아달 술탄국이 아비시니아 왕국을 거의 파괴할 뻔했으나, 아비시니아 왕국이 포르투갈의 지원을 받고 1543년 웨이나 다가 전투에서 술탄이 사망하면서 상황이 뒤바뀌었다.

겔라위데오스
아호메드 이븐 이브라힘 알가지

웨이나 다가
1543년 2월 21일

아달 술탄의 군대는 선제공격을 감행했지만 우세를 점하지 못했다. 그리고 **포르투갈 동맹군이 부추긴 에티오피아군의 반격이** 전세를 결정했다.

맘루크 왕조 / 동골라 / 알로디아 / 아비시니아 / 아달 / 웨이나 다가 1543 / 고밋 1445 / 전성기의 에티오피아 제국 / 카넴 / 콩고 제국 14~20세기 / 스와힐리 해안 / 모노모타파 제국 또는 무타파 제국 (대짐바브웨, 15~18세기)

■ 무슬림 국가
■ 기독교 국가
■ 전통 종교
⚑ 주요 전투지

참고문헌
Ayenachew (D), 『중세 에티오피아: 츠와 군사 연대의 발전과 조직Evolution and Organisation of the Çäwa Military Regiments in Medieval Ethiopia, in Annales d'Éthiopie』, La Table Ronde, 2014.
Diallo (B), 『서부 수단 제국의 군대와 무기Armées et Armes dans les empires du Soudan Occidental』, 바마코Bamaco 대학교 석사논문, 2007.
Pankhurst (R), 『에티오피아 변경지역 역사: 고대부터 18세기 말까지The Ethiopian Borderlands: Essays in Regional History from Ancient Times to the End of the 18th Century』, Red Sea, 1997.
Shaw (J), 『에티오피아-아달 전쟁(1529~1543년): 아비시니아 정복The Ethiopian-Adal War (1529-1543): The Conquest of Abyssinia』, Hellion company, 2021.
Stamm (A), 『식민지 시대 이전의 아프리카 역사Histoire de l'Afrique précoloniale』, PUF, 1997.
Thornton (J), 『대서양 아프리카 전쟁사 1500~1800년Warfare in Atlantic Africa 1500-1800』, Routledge, 1999.

콜럼버스 방문 이전 아메리카 전사 문화

서양인이 상상하는 북미 원주민의 특징은 대체로 할리우드 영화가 전파한 신화 속에서 형성되었다. 사람들은 중앙아시아의 초원을 연상시키는 대평원에서 티피(천막)를 치고 살며, 야생마를 타고 들소를 사냥하는 문화를 떠올린다. 실제로 이것은 유럽에서 온 말이 수 세기 동안 널리 확산된 결과로 18세기에야 나타난 모습이며, 지리적으로는 와이오밍에서 텍사스에 이르는 대평원에 국한된 현실이었다. 이는 다채로운 문화·언어·생활방식, 매우 다양한 수준의 기술과 조직력을 설명하기에는 턱없이 부족하다. 마찬가지로 '백인' 정착민이 등장하기 전까지 '인디언'이 자연과 평화롭게 조화를 이루며 살았다는 이야기는 현대인이 순진하게 재구성한 신화일 뿐이다.

실제로 그들은 훨씬 더 폭력적인 풍습을 유지하는 경우가 많았다. 비록 그 빈도와 강도는 논쟁거리지만, 전쟁과 함께 일어나는 강간·고문·희생, 심지어 식인과 같은 다양한 형태의 폭력은 북미와 남미 대륙의 많은 아메리카 원주민 사회에서 고유한 현실이었으며, 종종 매우 의례화되어 있었다. 16세기부터 유럽인과 접촉하면서 전염병과 전쟁 때문에 원주민의 인구가 극적으로 감소했지만, 그전에도 심각한 변동이 있었다. 최근 콜로라도 남부의 메사 베르데 지역을 발굴한 고고학자들은 13세기 중반에 약 4만 명에 달하는 인구가 몰살당했으며, 유골의 90퍼센트에서 팔이나 머리에 전쟁 폭력을 나타내는 상흔이 발견되었다는 사실을 밝혀냈다.

샤이엔족의 전사 사회
무장한 부족국가의 사례

19세기에 북서부 평원의 부족으로 알려진 샤이엔족은 원래 미시시피 강과 오대호 사이의 숲에서 정착생활을 하던 두 부족, 즉 '시치스타스Tsitsistas'와 '수타에오Sootae'o'의 연합에서 유래했다. 이들은 16세기부터 평원으로 이동할 수밖에 없었으며, 종종 '수족 라코타Sioux Lakotas'와 '아라파호족 Arapahos'과 동맹을 맺었다. 샤이엔족은 10개의 무리로 구성되었으며, 19세기에는 북샤이엔족과 남샤이엔족으로 나뉘었다. 북샤이엔족은 플랫 강 근처에, 남샤이엔족은 블랙 힐스 근처에 정착했다.

사냥꾼
채집꾼
어부
농부
지도자

샤이엔족의 이주

아스텍 제국의 확장
- 아스텍 왕국
- 아스텍 전성기의 삼중 동맹
- 중앙아메리카

600만 명
테노치티틀란

잉카 제국의 팽창
- 잉카 왕국
- 1438~1463년
- 1463~1470년
- 1471~1493년
- 1493~1525년

1,200만 명
그중 잉카인 10만 명
쿠스코
잉카

16세기 25,000?
1879 2,000
2013 23,000

샤이엔족의 인구 변화

부족의 조직
- 지도자
- 동맹
- 적

44회의
(우두머리 4+ 10부족 우두머리 40)

6개 군사집단

450

개
(전사)

활시위

여우

붉은 방패

샤이엔 부족들
10개 무리
북샤이엔족과 남샤이엔족

코만치족
키오와족
아파치족

엘크 전사
(푸른 전사)
반대 전사
코요테 전사
부싯돌 전사
아라파호족
여우 새끼
(수족 라코타)

남편을 따라야 하는 **여성** 또는 과부?

아스텍 재규어 전사

참고문헌
Duverger (C), 『중앙아메리카La Méso-Amérique』, Flammarion, 1999.
Grinnell (G), 『샤이엔 인디언: 그 역사와 생활방식The Cheyenne Indians: Their History and Lifeways』, 2 vol., World Wisdom, 2008.
Hassig (R), 『고대 중앙아메리카의 전쟁과 사회War and Society in Ancient Mesoamerica』, Berkeley, University of California Press, 1992.
Keeley (L), 『문명 이전의 전쟁: 평화로운 야만인의 신화War Before Civilization: the Myth of the Peaceful Savage』, Oxford University Press, 1996.
Obregón (M), 『아스텍 전사들Guerreros aztecas』, Madrid, Nowtilus, coll. Historia incógnita, 2011.
Pinker (S), 『우리 본성의 선한 천사들: 폭력은 왜 줄어들었는가? The Better Angels of Our Nature: Why Violence Has Declined?』, Viking Books, 2011.

15 나무칼과 창날에 흑요석을 붙여 베고 찌르기에 적합한 무기를 만들었다.
후이차우퀴huitzauhqui는 매 발톱 모양의 투척용 무기로 추정한다.

철에서 화약으로 | 47

아메리카 원주민 제국들

잉카

부족에서 제국으로

16세기 초, 잉카는 광대한 안데스 제국을 통치했으며, 선발 징집으로 구성된 전문적이고 규율 있는 군대를 보유하고 있었다. 이동성과 군수품 공급은 도로망과 무기고(콜카), 요새(푸카라)를 통해 철저히 조직되었다.

잉카의 전문 장교들

잉카 황실 근위대

파미틀
등 깃발

**전사
100,000~200,000**
'민족별' 징집 대대
(25세에서 50세 사이의 남성 50명 중 1명)

치말리
깃털로 장식된 나무 또는 고리버들로 만든 둥근 방패

정예 전사계급
재규어 전사, 독수리 전사, 오토미스, 쿠아치케

마쿠아훗틀(검),
테포스토필리(창)
흑요석 칼날이 박힌
후이차우퀴,
모두 두 재료 결합형
(히브리드) 무기[15]

피필틴
귀족 가문의 자제로 구성된 장교

이츠카우이필리
솜을 넣거나 덧댄 갑옷

틀라위즈틀리
의례용 겉옷, 귀족 옷

테키후아
노련한 전사

틀라마니
부사관

틀라메메
짐꾼과 보조병

야오키츠케
일반 병사

마세우알틴
평민

잉카 군대의 **편성과 전투 대형**

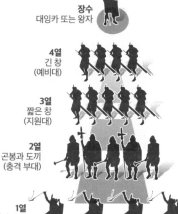

장수
대잉카 또는 왕자

대잉카
(사파 잉카) 또는 대표(왕자)

4열
긴 창
(예비대)

3열
짧은 창
(지원대)

2열
곤봉과 도끼
(충격 부대)

1열
투석병과 궁수
(견제 부대)

1438
야우아르 팜파 ['피의 평원']

반전설적인 전쟁에서 잉카 부족이 찬카스 부족을 제압하고 안데스 고원 전체를 지배하게 되었을 것이라고 추정한다. 찬카스 침략자들이 쿠스코를 포위하자 당시 군주가 도망가는 바람에 파차쿠텍이 자유롭게 나서서 방어에 성공했다. 그는 야우아르 팜파 전투에서 찬카스를 추격해 격파했다. 그 여세를 몰아 파차쿠텍이 지역의 다른 부족들을 하나씩 정복해나가면서 약 한 세기 동안 지속된 중앙집권적 제국을 세웠다.

아스텍 군대의 **편성**

포로(포로의 수가 계급을 결정)

아스텍 제국

중남미에 이어진 수많은 문명 중에서 아스텍 제국 혹은 멕시카 제국(1428~1521년)은 에스파냐인의 등장과 맞물려 빠르게 멸망했고, 그에 관한 직접적인 기록이 남아 있어 가장 잘 알려진 문명 중 하나다.

만코 카팍
만코 카팍과 잉카 부족이 쿠스코 왕국 건국

'붉은 요새' 푸카 푸카라
제국의 도로를 따라 자리 잡은 수많은 요새 가운데 하나로서 쿠스코 북쪽에 있다.

1300

아카마피칠리 1376
아스텍의 틀라토아니(통치자) 왕조 창시

1400

이츠코아틀 1428
(1380-1440)
4대 틀라토아니였던 그는 테노치티틀란(훗날 멕시코시티), 텍스코코, 틀라코판의 도시들을 자신의 지배 아래 결합하는 '삼중 동맹'을 형성했다. 첫 번째 도시는 38개 주를 포함하는 제국의 수도가 되었다.

1438 **쿠시 유판키**
찬카스에게 승리한 후 파차쿠텍이라는 이름으로 9대 잉카 황제에 즉위, 이후 잉카 제국 건국

1500

쿠아우테목 1521
(1497-1525)
11대이자 마지막 틀라토아니였던 그는 두 해 전에 상륙한 코르테스가 이끄는 에스파냐인들에게 포로로 잡혀 고문당했다. 아스텍 제국은 에스파냐 왕국에 병합되었다.

1533 **아타우알파**
피사로의 부하들에게 암살당함, 잉카 제국 몰락

1572 **투팍 아마루**
마지막 사파 잉카(대잉카)였으나 포로로 잡혀 처형됨, 빌카밤바 신新잉카 국가의 저항의 종말

화살에서 총알로

화약은 8세기 또는 9세기경에 중국에서 처음 등장했으며, 처음에는 폭약으로 쓰였다. 화약 폭탄을 발사하는 투석기가 아시아에서 사용되었고, 1232년 카이펑 전투에서 중국인들은 몽골군에게 '천둥 폭탄'을 발사했다. 서아시아도 마침내 화약의 사용법을 알게 되었다. 1260년 아인잘루트 전투에서 이슬람군은 몽골군을 상대로 화약 '대포'를 쏘았다. 유럽은 화약을 13세기부터 서서히 이용하기 시작했다. 1346년 크레시 전투에서 대포가 쓰인 것으로 추정된다. 그러나 화약은 16세기부터 본격적으로 사용되었으며, 비록 비쌌지만 점차 값싼 신무기가 등장했다. 1383년부터 폴란드는 휴대용 포를 확보해서 튜턴 기사단에 맞섰다. 중국에서 화약 사용 기술은 상업 교류를 통해 빠르게 페르시아에 전파된 것으로 추정되며, 그곳에서 처음 사용한 기록은 13세기로 거슬러 올라간다. 이는 원나라의 중국-몽골 세력과 그들의 이웃이자 무슬림 친척들 간의 충돌에서 화약을 이용했다는 뜻이다. 이렇게 화약은 점진적으로 전쟁기술에 혁명을 일으켰다.

유럽에서 화약을 '발명'한 사람은 누구인가?

화기나 대포에 관한 기록 가운데 가장 신뢰할 수 있는 것은 1326년 피렌체의 도시 방어에 쓸 철탄 주문서다. 독일인 베르톨트 슈바르츠가 화약을 '발명'했다는 생각은 오늘날 완전히 허황된 것으로 여겨진다. 로저 베이컨이 화약 제조법을 가지고 이바지했다는 설이 더 그럴듯하다. 어쨌든 유럽이 화약을 처음 사용한 시기를 놓고 여전히 뜨거운 논쟁이 벌어지고 있다. 레콩키스타 시기에 에스파냐의 아랍인을 통해 알려졌는가, 비잔틴 제국을 통해 전해졌는가? 아니면 외부의 도움 없이 알려졌는가?

질레텐

긴밀하게 조율된 밀집 대형으로 기병대 공격에 맞서는 위력적인 전술을 가리킨다. 샤를은 [스위스] 모라 전투에서 기병대를 신중하게 배치했지만, 질레텐 전술에 무력해졌다. 스위스군의 궁수, 석궁병, 수제 대포 사수들은 보병 대형의 양옆에서 흩어져 작전을 수행했다. 필요 시 그들은 백병전도 치렀다.

스위스
창병

➕

최고 수준의
기강

➕

용맹

➕

동질성
스위스, 알자스,
로렌 기병,
오스트리아인으로
구성된 연합군이
통일성을 가지고
싸웠다.

'휴대용 포'에서
아르케부스까지

❶ 최초의 **휴대용 포**는 12세기에 등장했다. 유럽에서는 특히 후스 전쟁(1419~1436년) 동안 인기를 끌었다.

❷ **세르팡틴**은 1411년에 유럽에서 등장했다.[16] 현대적인 군대를 갖추고자 했던 샤를 르 테메레르[49쪽 설명 참조]는 그의 군대에 세르팡틴을 지급해 모라 전투에서 쓰도록 했다.

❸ **'프로토 아르케부스'**[원시 화승총]는 1408년 러시아에 조용히 등장한 후 1470년경에 더욱 보편화되었다. 아주 점진적으로 이 무기는 휴대용 포를 대체하게 되었으나, 휴대용 포는 16세기에도 여전히 사용되었다.

16 세르팡틴serpentine은 화약에 점화하는 역할을 하는 금속 부품으로 뱀처럼 생겼다. 이 부품은 초기 화기의 이름이 되었다.

철에서 화약으로 | 49

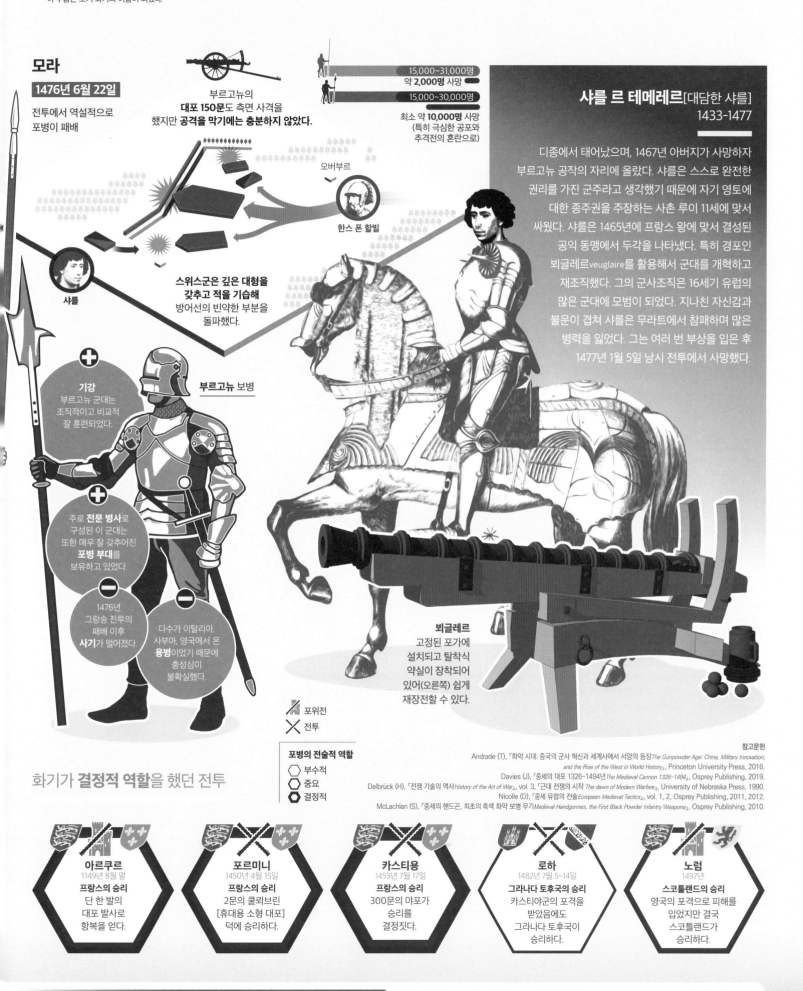

모라

1476년 6월 22일

전투에서 역설적으로
포병이 패배

15,000~31,000명
약 2,000명 사망
15,000~30,000명

최소 약 10,000명 사망
(특히 극심한 공포와
추격전의 혼란으로)

부르고뉴의
대포 150문도 측면 사격을
했지만 공격을 막기에는 충분하지 않았다.

오버부르

한스 폰 할빌

샤를

스위스군은 깊은 대형을
갖추고 적을 기습해
방어선의 빈약한 부분을
돌파했다.

기강
부르고뉴 군대는
조직적이고 비교적
잘 훈련되었다.

부르고뉴 보병

주로 **전문 병사**로
구성된 이 군대는
또한 매우 잘 갖추어진
포병 부대를
보유하고 있었다.

1476년
그랑송 전투의
패배 이후
사기가 떨어졌다.

다수가 이탈리아,
사부아, 영국에서 온
용병이었기 때문에
충성심이
불확실했다.

포위전
전투

포병의 전술적 역할
◇ 부수적
◇ 중요
⬡ 결정적

샤를 르 테메레르[대담한 샤를]
1433-1477

디종에서 태어났으며, 1467년 아버지가 사망하자
부르고뉴 공작의 자리에 올랐다. 샤를은 스스로 완전한
권리를 가진 군주라고 생각했기 때문에 자기 영토에
대한 종주권을 주장하는 사촌 루이 11세에 맞서
싸웠다. 샤를은 1465년에 프랑스 왕에 맞서 결성된
공익 동맹에서 두각을 나타냈다. 특히 경포인
뵈글레르veuglaire를 활용해서 군대를 개혁하고
재조직했다. 그의 군사조직은 16세기 유럽의
많은 군대에 모범이 되었다. 지나친 자신감과
불운이 겹쳐 샤를은 무라트에서 참패하며 많은
병력을 잃었다. 그는 여러 번 부상을 입은 후
1477년 1월 5일 낭시 전투에서 사망했다.

뵈글레르
고정된 포가에
설치되고 탈착식
약실이 장착되어
있어(오른쪽) 쉽게
재장전할 수 있다.

참고문헌
Andrade (T), 「화약 시대: 중국의 군사 혁신과 세계사에서 서양의 등장The Gunpowder Age: China, Military Innovation, and the Rise of the West in World History」, Princeton University Press, 2016.
Davies (J), 「중세의 대포 1326~1494년 The Medieval Cannon 1326-1494」, Osprey Publishing, 2019.
Delbrück (H), 「전쟁 기술의 역사History of the Art of War」, vol. 3, 「근대 전쟁의 시작 The dawn of Modern Warfare」, University of Nebraska Press, 1990.
Nicolle (D), 「중세 유럽의 전술European Medieval Tactics」, vol. 1, 2, Osprey Publishing, 2011, 2012.
McLachlan (S), 「중세의 핸드곤, 최초의 흑색 화약 보병 무기Medieval Handgonnes, the First Black Powder Infantry Weapons」, Osprey Publishing, 2010.

화기가 **결정적 역할**을 했던 전투

아르쿠르
1149년 8월 말
프랑스의 승리
단 한 발의
대포 발사로
항복을 얻다.

포르미니
1450년 4월 15일
프랑스의 승리
2문의 쿨리브린
[휴대용 소형 대포]
덕에 승리하다.

카스티용
1453년 7월 17일
프랑스의 승리
300문의 야포가
승리를
결정짓다.

로하
1482년 7월 5~14일
그라나다 토후국의 승리
카스티야군의 포격을
받았음에도
그라나다 토후국이
승리하다.

노럼
1497년
스코틀랜드의 승리
영국의 포격으로 피해를
입었지만 결국
스코틀랜드가
승리하다.

3부

15세기부터 19세기까지
화약에서 강철로

화약의 제국들

오스만 제국은 1299년에 건국되어 15세기에서 17세기 사이에 크게
확장되었다. 이 제국의 군대는 1453년에 콘스탄티노플을 점령해서
비잔틴 제국의 몰락을 초래했듯이, 확장 과정에서 중요한 역할을 했다.
술탄 메흐메드 2세의 통치 아래 번영과 군사적 안정기를 맞이했으며,
지트바토로크 조약으로 절정에 이르렀다. 1606년 11월 11일에
이 평화 조약으로 합스부르크와 13년간의 전쟁을 끝냈다.
모굴 제국은 1526년 바부르Bâbur가 세운 나라다. 이 제국도 오스만
제국처럼 튀르크 몽골 왕조가 쇠퇴한 덕을 보았고, 뛰어난 군사력으로
세력을 빠르게 확장했다. 1556년에 즉위한 아크바르는 북인도 전역을
지배하고 근대적 행정체제를 발전시켰다. 그의 아들 자한기르는 모굴 제국의
황금기를 지속시켰고, 화려한 궁중생활과 타지마할 같은 훌륭한 건축물을
남겼다. 사파비 왕조는 오스만 제국의 경쟁자들에 비해 더 작은 군대를 보유하고
있었다. 그러나 사파비 왕조는 효율적인 군사전략 덕분에 독립을 유지할
수 있었다. 1590년 압바스 1세는 콘스탄티노플 조약을 체결함으로써
사파비 제국이 오스만 제국의 팽창에 맞서 영토를 유지할 수 있게 했다.
이 세 제국은 15세기에서 17세기 사이의 무슬림 세계 역사에서 특별한
지위를 차지했다. 그들은 화기와 대포를 중시했기 때문에
'화약의 제국들'이라는 별명을 얻었다.

오스만 제국의 군대조직

**오스만 제국의 군대는 14세기부터 17세기 사이에 진화하며, 일부 부대는
사라지거나 변화했다.** 14세기 초에 존재했던 '야야'와 '피야데'[17] 유형의
보병처럼 '아자프Azaps'의 역할도 바뀌었다. 아자프는 예니체리의 경쟁자에서
예니체리를 위한 짐꾼으로, 나중에는 국경 보병대로 변화했다. 그러나
16세기 무렵 오스만 제국의 군대조직에 대한 개략적인 그림을 그릴 수 있다.
당시 오스만 제국 군대는 고대 이래로 몇 안 되는 진정한 상비군을
보유한 군대 중 하나였다.

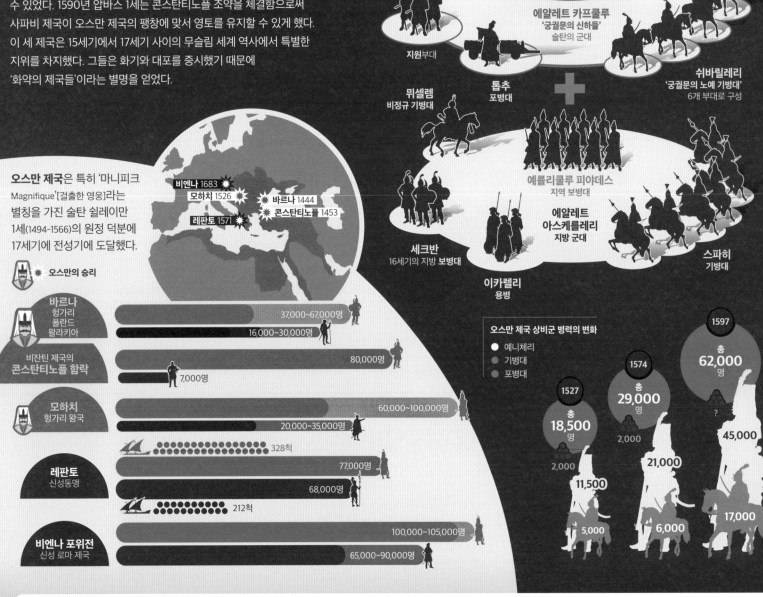

오자크
정예 보병인 예니체리의 부대
부대의 수가 늘어나면서 군사적 가치는
하락했지만, 여전히 정예부대로
간주되었다.

술탄
군통수권자

에얄레트 카프쿨루
'궁궐문의 신하들'
술탄의 군대

지원부대

뮈셀렘
비정규 기병대

톱추
포병대

쉬바릴레리
'궁궐문의 노예 기병대'
6개 부대로 구성

예를리쿨루 피야데스
지역 보병대

에얄레트 아스케를레리
지방 군대

세크반
16세기의 지방 보병대

이카렐리
용병

스파히
기병대

오스만 제국은 특히 '마니피크
Magnifique'[걸출한 영웅]라는
별칭을 가진 술탄 쉴레이만
1세(1494-1566)의 원정 덕분에
17세기에 전성기에 도달했다.

★ 오스만의 승리

비엔나 1683
모하치 1526
바르나 1444
콘스탄티노플 1453
레판토 1571

바르나
헝가리
폴란드
왈라키아
37,000~67,000명
16,000~30,000명

비잔틴 제국의
콘스탄티노플 함락
80,000명
7,000명

모하치
헝가리 왕국
60,000~100,000명
20,000~35,000명

328척

레판토
신성동맹
77,000명
68,000명
212척

비엔나 포위전
신성 로마 제국
100,000~105,000명
65,000~90,000명

오스만 제국 상비군 병력의 변화
○ 예니체리
● 기병대
● 포병대

1527
총 **18,500**명
11,500
5,000
2,000

1574
총 **29,000**명
21,000
6,000
2,000

1597
총 **62,000**명
45,000
17,000
?

17 야야Yaya는 아프리카의 사하라 사막 지역과 서아프리카의 경보병으로 빠른 기동성과 뛰어난 전투기술을 가지고 부족 간 전투에서 중요한 역할을 했다. 피야데Piyade는 오스만 제국 정규군의 일부로 보병 전투에서 중요한 역할을 맡았다.

구리로 장식한 양모 모자는 독특한 상징이다.

사파비 제국

☀ **파니파트** 1526
무굴 제국

무굴 제국과 사파비 제국의 전성기 영토

무굴 제국과 사파비 제국의 군대
포병을 위한 동물 부대

효율적인 행정체제를 갖춘 무굴 제국은 강력한 군대를 조직할 수 있었다.
1526년 1차 파니파트 전투에서 바부르는 헝가리 후스파의 전술과 유사한 '장갑 전차', 전투용 코끼리, 포병을 함께 동원해서 델리의 마지막 술탄인 이브라힘 로디Ibrahim Lodi를 물리쳤다.

전통 무기
도끼, 곡선형 군도, 도끼와 창날을 함께 달고 있는 창 같은 전통 무기와 화승총, 나중에는 권총까지 함께 사용되었다.

16세기의 **예니체리**

카프탄
단순한 제복 이상의 의미를 가지며, 예니체리의 화려한 복장은 그들이 엘리트 부대에 속해 있음을 과시하고 강조하려는 목적이 있다.

위에는 **무굴 제국 군대의 야포와 전투용 코끼리**가 있다. 오른쪽에는 사파비 왕조 군대에서 사용된 **잠부락zamburak**, 즉 낙타에 장착된 소형 대포가 있다. 낙타가 무릎을 꿇어 안정성을 확보한 뒤 사격을 했다.

사파비 제국의 군대는 규모는 작지만 두려움을 불러일으켰다. 1514년 찰디란 전투에서 대포와 총기의 부족으로 참패한 후, 사파비 군대는 무기고를 확충하고 대포와 소형 화기를 결합한 전문 부대를 창설했다. 사파비 제국은 화약 무기의 우세함 덕분에 병력의 열세를 만회할 수 있었다. 이렇게 해서 사파비 제국은 '화약의 제국들'의 일원이 되었다.

'바실리스크'
콘스탄티노플의 재앙

오스만 제국은 15세기에서 17세기 사이의 군사작전에서 매우 구경이 큰 대포를 사용한 것으로 유명하다.
1453년 콘스탄티노플 공성전 당시, 오스만 군대는 헝가리 엔지니어 우르반이 설계한 '바실리스크'라는 거대한 대포로 성벽을 포격했으며, 이 대포는 1킬로미터 이상 떨어진 곳에 돌 포탄을 발사했다.

1609
총 76,000 명

1670
총 70,000 명

8,000
8,000
47,000
48,000
21,000
14,000

황소 60마리 · 400명
장비를 콘스탄티노플까지 끌고 가는 데 동원

7.3m
18톤
600kg

참고문헌
Kar (H C), 「인도 군사사Military History of India」, Firma KLM Private Ltd., 1980.
Murphey (R), 「오스만 제국의 전쟁 1500~1700년Ottoman Warfare 1500-1700」, Rutgers University Press, 1999.
Nicolle (D), 「오스만 튀르크 군대 1300~1774Armies of the Ottoman Turks 1300-1774」, Osprey Publishing, 1983.
Nicolle (D), 「정예 보병 예니체리The Janissaries」, Osprey Publishing, 1995.
Streusand (D E), 「이슬람 화약 제국: 오스만 제국, 사파비 왕조, 무굴 제국Islamic Gunpowder Empires: Ottomans, Safavids and Mughals」, Westview Press, 2011.

세계 정복에 나선 **유럽**

15세기 후반에 유럽의 탐험대, 특히 포르투갈 탐험대가 오스만 제국을 우회하는 아시아 무역로를 찾기 위해 서아프리카 해안을 탐험하기 시작했다. 그와 동시에 중국은 1433년 위대한 탐험가 정화鄭和(정허) 제독의 사망 이후 모든 해양 확장을 포기했다. 세기말에 크리스토퍼 콜럼버스는 서쪽으로 항해해서 곧 아메리카라는 이름이 붙여진 새로운 대륙으로 가는 길을 열었다. 에스파냐와 포르투갈은 16세기 최초의 '세계화'의 주요 수혜자가 되었고, 곧이어 프랑스·영국·네덜란드도 '정복자들'과 동서양 인도회사 같은 대형 무역회사를 통해 혜택을 누리게 되었다. 상대보다 우월한 기술(화기, 포병, 전술 훈련, 갑옷, 기병 등)을 이용했던 유럽은 때때로 강력한 제국의 원주민을 군사적으로 정복하고 아프리카와 아시아에 수많은 교역소를 설치했으며, 아메리카 대륙에서 광대한 영토를 차지할 수 있었다. 아메리카 원주민은 특히 전염병에 시달리며 인구가 급격히 감소했다. 16세기 중반 유럽의 대부분과 새로운 에스파냐 정복지를 통합해서 탄생한 카를로스 5세의 제국은 견줄 데 없는 강력한 제국이었으며 "해가 지지 않는 제국"이라고 불렸다. 하지만 이는 일시적인 제국이었다.

오툼바 | 1520년 7월 7일
역사의 갈림길에 선 코르테스

노체 트리스테의 반란 이후 아스텍 대군에게 쫓기며 도주하던 코르테스와 몇몇 틀락스칼테카(틀락스칼테카Tlaxcalteca) 동맹군은 '유럽식' 무기인 석궁, 조총, 기병대를 최대한 활용했다. 동맹군 소속의 기병대가 특정 목표로 돌격한 후 아스텍의 지도자 마틀라친카틀을 기습해 죽이면서 아스텍군을 무찔렀다. 이 예기치 못한 승리를 통해 에스파냐군은 후퇴한 뒤 병력과 동맹군을 재정비할 수 있었다. 1521년 코르테스는 반격을 시작해서 격렬한 포위 끝에 테노치티틀란Tenochtitlan을 함락시켜 아스텍 제국을 멸망시켰다.

아스텍 전사 10,000~20,000명
(테노치티틀란, 타쿠바, 테스코코)

카스티야인과 동맹군 전사 **수백 명**, 그중 20명은 석궁병과 조총병

에스파냐군 60명
동맹군 손실 미상 **막중한 손실**

카하마르카 | 1532년 11월 16일
피사로가 잉카 황제를 생포하다

1532년에 프란시스코 피사로Francisco Pizarro[1478-1541]는 내전으로 쇠약해진 잉카 제국을 발견했다. 카하마르카에서 새로운 황제 아타우알파Atahualpa와 만날 약속을 잡았으나, 소수 에스파냐군이 매복했다가 기습공격을 감행했다. 그들은 인디언의 경호원과 민간인을 공격하고, 모든 장교를 살해한 후 아타우알파를 생포했다. 아타우알파는 막대한 몸값을 지불했지만, 이듬해 처형되었다. 얼마 지나지 않아 마지막 거대 아메리카 원주민 제국의 저항이 모두 무너졌다.

에사파냐군 168명
인디언 보조병 수 미상
조총 12정과 대포 4문

수천 명의 무장 경비병과 비무장 민간인

거의 없는 손실   **막대한 손실**
                        포로 생존자

로델레로[보병]
이베리아 정복의 주축

부르귀뇨트
이 투구는 카바셋보다 뛰어난 보호력을 제공한다.

소형 검
육상·해상 전투가 가능하다.

롱다쉬
원형 또는 이중 타원형 방패로 매우 다루기 쉽다.

코로나도
1540
1542

40 10 30 60

◆ 테노치티틀란
오툼바 1520
솜
아스텍 제국
마야 제국
사탕수수
신세계
카르티에
1534
1542
콜럼버스
1492
1494
잉카 제국
◆ 쿠스코
카하마르카 1532
귀금속
귀한 목재[18]
카브
150
마젤란
1519
1521
마젤란 해협

18세기

15   16   17

70 - 90 - 120 - 200 × 100만

대륙별 인구 변동

⬤ 전투
🚢 원정 군함의 수와 종류
수출품
1490년까지 유럽인이 다녀온 지역
1580년 에스파냐 영토
1580년 포르투갈 영토

18 예를 들어 브라질 나무는 유럽에서 귀한 붉은색 염료의 원료인 동시에 바이올린 활을 만들 수 있는 나무다. 또한 마호가니, 로즈우드 따위도 훌륭한 목재다.
19 포르투갈의 세바스티앙 1세, 모로코의 아부 압달라 무함마드 2세, 그리고 아부 압달라의 숙부인 아흐마드 알만수르가 참여한 전투.

위험이 도사린 대서양 횡단 항로

11,000회 1540~1650년 에스파냐 선박의 횡단 항해
519척 손실 중 107척은 적대 행위에 따른 손실

포르투갈 함대는 지원군의 도착을 막기 위해 대형 선박으로 해협 입구를 봉쇄한 후, **오스만과 맘루크 함대**의 측면을 기습해서 거의 전부를 격파하고 포획하거나 흩어지게 만들었다.

오스만 제국 맘루크 술탄국 칼리컷 왕국

디우 1509년 2월 3일
포르투갈이 인도양의 지배권 확립

총 46척의 선박: 10척의 카락[대형 범선], 36척의 갤리선, 수십 척의 경량 선박

포르투갈 총 18척의 선박: 9척의 카락선, 6척의 카라벨선[쾌속범선], 2척의 갤리선, 1척의 브리간틴[돛 2개의 범선]

칸발리크[베이징]
명나라
250 350 600 800
비단
비단
정화 1405 1433
디우 해전 1509
향신료
몰루카 제도

카봇 1497
영국
70 90 120 200
그라블린 1588
프랑스
포르투갈
에스파냐
카보 베르데
알카사르 케비르 1578 세 왕의 전투[19]
60 70 80 100
노예
노예
바스코 다 가마 1498
엘카노 1521 1522
디아스 1487 1488
희망봉

탐험과 정복의 도구, 카락선과 카라벨선

유럽의 경쟁국, 사략선, 해적에 맞서기 위해 대양 항해, 대량 화물 운반, 강력한 전투능력을 모두 갖춘 선박이 필요해지면서 조선기술이 발전했다. 삼각 돛에서 사각 돛으로 전환되었고, 측면 포문의 대포는 수가 늘어나지 않더라도 구경이 더 커졌으며, 선수와 선미 갑판이 변화했다. 16세기에 높은 선수 갑판을 가진 카락선과 가벼운 쾌속범선은 초기 탐험의 주요 도구였으나, 이후 무겁고 강력하며 안정적인 에스파냐 갤리온선이 그 자리를 차지했다 (아메리카나 필리핀에서 재화를 가져오는 대형 '마닐라 갤리온선'은 2,000톤에 달했다). 또한 견고하고 빠른 네덜란드 플루트선[기동성이 뛰어난 상업용 선박]도 사용되었다. 오랫동안 상업에 이용되었던 이 선박들은 전쟁에서도 활용되었지만, 17세기부터는 해전에 더 적합한 프리깃함과 '삼층 갑판' 전함이 등장하면서 전쟁 임무를 넘겨주고, 이후 대부분 상업용으로 쓰였다. 프랑스에서는 '플루트식으로 무장한' 선박이 병력 수송선으로 불리게 되었다.

참고문헌
Cervantes (F), 『정복자들Les Conquistadors』, Perrin, 2022.
Diaz del Castillo (B), 『신에스파냐 정복의 진정한 역사Historia verdadera de la conquista de la Nueva España』, Madrid, 1632.
Favier (J), 『위대한 발견: 알렉산더로부터 마젤란까지Les grandes découvertes, d'Alexandre à Magellan』, Fayard 1991.
Thornton, 『대서양 아프리카의 전쟁, 1500~1800년Warfare in Atlantic Africa, 1500-1800』, Routledge, 1999.
Vergé-Franceschi (M, dir.), 『해양사 사전Dictionnaire d'Histoire maritime』, «Bouquins», Robert Laffont, 2002.

카락선 14세기
포르투갈 카라벨선 15세기
에스파냐 갤리온선 16세기
네덜란드 플루트선 17세기
영국 전함 17세기

균형을 이루는 아시아

척계광[치지광]
1528-1588
명나라의 위대한 군사개혁가

중국의 지방 군사지휘관이었으며, 명나라 황실 군대의 부패와 일본에서 오는 왜구(일본어로 '와코')의 습격에 대한 열세를 빠르게 파악한 인물이다. 자기 휘하의 군대를 재편하고 개혁해서 무기의 질과 유지 관리를 개선하고, 훈련을 강화하며 새로운 보병 전술을 개발했다. 그의 개혁은 임진왜란 시기에 이르러 군대를 훨씬 더 전문적이고 용병화된 집단으로 만드는 데 크게 기여했다.

평양 1592
한성(서울) 1592
노량 1598

16세기 동아시아는 군사적으로 당시에 이 지역을 탐험하던 유럽인에게 전혀 뒤지지 않았다. 거대한 중국 제국은 다양한 왕조의 변천 속에서, 즉 원나라의 몽골 제국, 한족의 명나라, 만주족의 청나라 대에 걸쳐 이 지역을 지배했으며, 비록 약점은 있었지만 사실상 세계 최대의 군사 강국을 형성했다.

일본은 섬나라라는 지리적 특성 덕분에 13세기 몽골의 침략을 피했지만, 봉건적 분열과 내전을 겪고 있었다. 중국과 일본 사이에 있는 조선 왕국은 강력한 중국의 영향과 지속적인 위협을 받았고, 왜구의 해적 활동의 피해를 입었지만, 독자성과 독립을 유지했다. 16세기 말, 이 세 강대국은 임진왜란에 연루되었는데, 한 영국 역사가는 임진왜란을 아시아 규모의 '1차 세계대전'이라고 불렀다.[20]

일본의 '3대 영웅' 중 두 번째인 도요토미 히데요시는 내부의 긴장을 해소할 방안을 찾기 위해 조선을 경유해서 중국을 정복하려 했으나, 군사기술 가운데 특히 해상기술이 중요한 역할을 한 긴 전쟁 끝에 결국 패배했다. 그의 후계자인 도쿠가와 이에야스는 1600년 세키가하라 전투를 승리로 이끌어 전국을 장악했다. 그리하여 고립 상태에서 250년 동안 이어지는 평화의 시대를 열었다.

중국
송
한국
고려
몽골(원 간섭기)
일본
헤이안
가마쿠라

크메르 제국

1000 · 1100 · 1200

1192
겐페이 전쟁 이후
첫 번째 막부 체제의 등장과
무사 정권의 성립

1215
칭기즈칸이
중도(베이징)를 점령

1279
아문 전투
쿠빌라이칸이 송나라의
마지막 지지자들을 격파

명나라 군대
대군이었지만 오랫동안 비효율적이었다

치지광은 『기효신서』에서 해적을 퇴치하는 병법으로 '원앙진'을 제시했다. 이 교묘한 전술은 삼지창, 봉, 창, 검이 서로 약점을 보완하는 합동전술이었다.

위소衛所 제도는 세습된 군사가문들이 병사를 현지에서 모집하는 제도였다. 그러나 시간이 지남에 따라 징집병, 용병, 심지어 죄수까지 동원하는 경향이 있었다. 병력은 수비대와 둔전에 번갈아 배치되었고, 수도에서 훈련을 받아야 했다.

황실 행정
지역 사령부

위衞 방위대 **5,600**
천호(치엔후) 지방 대대 =5
백호(바이후) 중대 **112**
위 해군 방위대 **50**

총병력 850,000 명
잠재적 병력 **300만**
그중 기병 **30,000**

1,120
=10
백호(바이후) 중대 **112**
=2
종기 소대 **56**
=5
소기 분대 **11**

둔전(군사농장)으로 보급 확보

참고문헌
Hawley (S), 『임진왜란 The Imjin War』, UC Berkeley Press, 2005.
Peltier (J), 『사무라이의 또 다른 이야기: 그림자와 빛 사이의 일본 전사 Une autre histoire des samourais: le guerrier japonais entre ombre et lumière』, Perrin, 2023.
Swope (K), 『웅크린 호랑이, 비밀 무기: 임진왜란, 1592~1598년 동안 사용된 군사기술 Crouching Tigers, Secret Weapons: Military Technology Employed During the Sino-Japanese-Korean War, 1592-1598』, in Journal of Military History, 2005.
Turnbull (S), 『사무라이의 침략: 임진왜란 1592~98년 Samurai Invasion: Japan's Korean War 1592-96』, Cassell & Co, 2002.
Twitttchett (D) et Mote (F) (dir.), 『케임브리지 중국사 7권: 명나라 1368~1644년 The Cambridge History of China: Volume 7, The Ming Dynasty, 1368-1644』, Cambridge University Press, 1988.

-2000 · -1000 · 1 · 1000

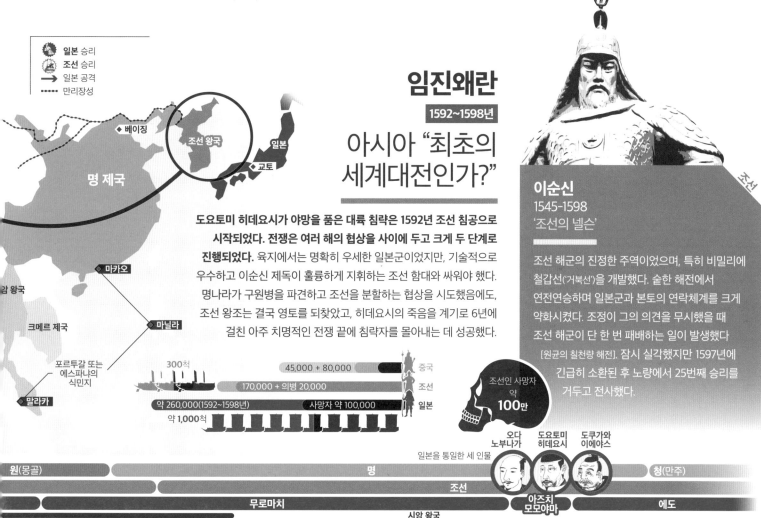

일본 승리
조선 승리
일본 공격
만리장성

베이징

조선 왕국

일본

교토

명 제국

마카오

마닐라

크메르 제국

포르투갈 또는
에스파냐의
식민지

말라카

임진왜란
1592~1598년
아시아 "최초의 세계대전인가?"

도요토미 히데요시가 야망을 품은 대륙 침략은 1592년 조선 침공으로 시작되었다. 전쟁은 여러 해의 협상을 사이에 두고 크게 두 단계로 진행되었다. 육지에서는 명확히 우세한 일본군이었지만, 기술적으로 우수하고 이순신 제독이 훌륭하게 지휘하는 조선 함대와 싸워야 했다. 명나라가 구원병을 파견하고 조선을 분할하는 협상을 시도했음에도, 조선 왕조는 결국 영토를 되찾았고, 히데요시의 죽음을 계기로 6년에 걸친 아주 치명적인 전쟁 끝에 침략자를 몰아내는 데 성공했다.

이순신
1545-1598
'조선의 넬슨'

조선 해군의 진정한 주역이었으며, 특히 비밀리에 철갑선('거북선')을 개발했다. 숱한 해전에서 연전연승하며 일본군과 본토의 연락체계를 크게 약화시켰다. 조정이 그의 의견을 무시했을 때 조선 해군이 단 한 번 패배하는 일이 발생했다 [원균의 칠천량 해전]. 잠시 실각했지만 1597년에 긴급히 소환된 후 노량에서 25번째 승리를 거두고 전사했다.

조선

300척

45,000 + 80,000   중국
170,000 + 의병 20,000   조선
약 260,000(1592~1598년)   사망자 약 100,000   일본
약 1,000척

조선인 사망자
약
100만

오다
노부나가

도요토미
히데요시

도쿠가와
이에야스

일본을 통일한 세 인물

원(몽골)   명   청(만주)

조선

무로마치   아즈치 모모야마   에도

시암 왕국

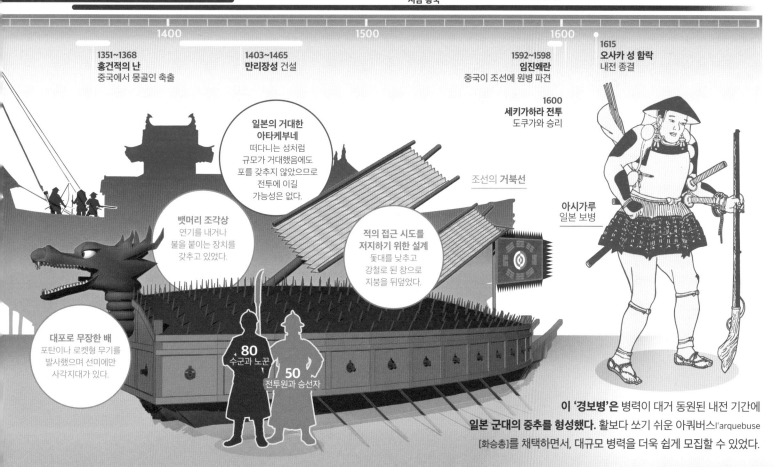

1400   1500   1600

1351~1368
홍건적의 난
중국에서 몽골인 축출

1403~1465
만리장성 건설

1592~1598
임진왜란
중국이 조선에 원병 파견

1615
오사카 성 함락
내전 종결

1600
세키가하라 전투
도쿠가와 승리

일본의 거대한
아타케부네
떠다니는 성처럼 규모가 거대했음에도 포를 갖추지 않았으므로 전투에 이길 가능성은 없다.

조선의 거북선

뱃머리 조각상
연기를 내거나 불을 붙이는 장치를 갖추고 있었다.

적의 접근 시도를 저지하기 위한 설계
돛대를 낮추고 강철로 된 창으로 지붕을 뒤덮었다.

아시가루
일본 보병

대포로 무장한 배
포탄이나 로켓형 무기를 발사했으며 선미에만 사각지대가 있다.

80
수군과 노꾼

50
전투원과 승선자

이 '경보병'은 병력이 대거 동원된 내전 기간에 일본 군대의 중추를 형성했다. 활보다 쏘기 쉬운 아쿼버스l'arquebuse [화승총]를 채택하면서, 대규모 병력을 더욱 쉽게 모집할 수 있었다.

열강들의 대결

중세 말기에 인구가 많고 부유하며 중앙집권화된 유럽 국가들의 등장은 전쟁의 규모 자체를 빠르게 변화시켰다.
16세기 중반, 카를로스 5세 치세에 합스부르크 절대군주정은 에스파냐와 오스트리아의 유산을 가지고 신성
로마 제국의 황제로 선출되면서 "해가 지지 않는 제국"으로서 지배적인 세력으로 등장했지만, 곧 분열되기
시작했다. 전통적으로 전쟁을 일으키는 요인은 정치·상업·영토 문제였지만, 이제는 종교 문제도 한몫했다.
대규모 종교개혁은 기독교 세계를 분열시켰고, 지중해에서 오스만 제국이 세력을 확장했기 때문이다.
대규모 전쟁이든 지역 전쟁이든 잇따라 일어났으며, 끔찍한 30년 전쟁(1618~1648년)으로 절정에 이르렀다.
주요 군주국 대부분이 이 전쟁에 참여하고 유럽 중부 전역을 장기간 황폐화시켰다. 18세기 중반,
세력 판도가 크게 재편되었다. 러시아와 프로이센이 부상했고, 에스파냐와 오스만 제국이
정치적·군사적으로 쇠퇴했으며, 프랑스와 영국이 대륙 내외에서 강대국으로 자리매김했다.

유럽의 종교전쟁

- 가톨릭교도
- 후스파
- 정교회파
- 이슬람교도
- 개신교도
- 칼뱅파
- 루터파
- 영국국교회파
- □ 합스부르크 제국의 영토

참고문헌
Aranda (O), Guinand (J) et Le Mao (C), 『전쟁지록: 근대 시대 16~17~18세기 Atlas des guerres: Epoque moderne XVIᵉ-XVIIᵉ-XVIIIᵉ siècles』, Autrement, 2023.
Bély (L), 『유럽의 전쟁과 정치 지형(16~18세기) La guerre et la carte politique de l'Europe (XVIᵉ-XVIIIᵉ siècle)』, in Guerre et Histoire, 2019.
Drévillon (H. dir.), 『전쟁 중의 세계, 2권: 고전 시대 15~19세기 Mondes en Guerre, tome 2: L'Âge classique XVᵉ-XIXᵉ siècle』, Passés Composés, 2019.
El Hage (F), 『오스트리아 황위 계승 전쟁(1740~1748년) La Guerre de Succession d'Autriche (1740-1748)』, Économica, Campagnes & Stratégies, 2017.
Lynn (J), 『왕의 군대 발전 1659~1672년 L'évolution de l'armée du roi, 1659-1672』, in Histoire, économie & société, 19/4, 2000.
Tallett (F) et Trim (D, dir.), 『유럽 전쟁사 1350~1750년 European Warfare, 1350-1750』, Cambridge University Press, 2010.

앙시앵레짐 시대 프랑스 군대의 발전

병력 ── 평시 ── 전시 ＝ 10,000명

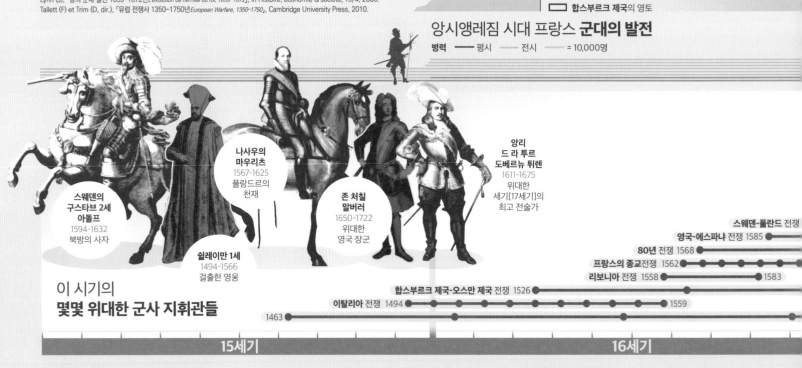

이 시기의 몇몇 위대한 군사 지휘관들

- 스웨덴의 구스타브 2세 아돌프
1594-1632
북방의 사자

- 쉴레이만 1세
1494-1566
걸출한 영웅

- 나사우의 마우리츠
1567-1625
플랑드르의 천재

- 존 처칠 말버러
1650-1722
위대한 영국 장군

- 앙리 드 라 투르 도베르뉴 튀렌
1611-1675
위대한 세기[17세기]의 최고 전술가

스웨덴-폴란드 전쟁
영국-에스파냐 전쟁 1585
80년 전쟁 1568
프랑스의 종교전쟁 1562
리보니아 전쟁 1558 ──── 1583
합스부르크 제국-오스만 제국 전쟁 1526
이탈리아 전쟁 1494 ──── 1559
1463

15세기   **16세기**

강화되는 군사력

17세기 중반부터 유럽 군사체제는 급속히 전환하기 시작했다.
봉건 영주들의 서열구조에 의존하던 군대의 논리에서 벗어나 국가의 중앙집권화와
근대화(조세제도, 병영 등), 인구 증가(민병대의 점진적인 참여 확대와 19세기에 도입될 전국적
징병제도의 징후), 물류제도의 개선(군사창고 체제, 보급부대 등)에 따라
점점 더 전문화되고 대규모화된 군대로 탈바꿈했다.

1650년경의 유럽
전체 인구
군대의 평균 규모
(모든 병과를 포함하며,
상황과 시대에 따라 큰 변동이 있음)
사회에서 군인이 차지하는 비율

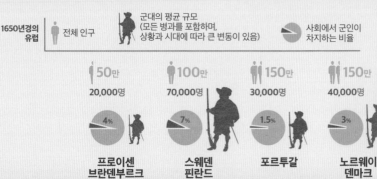

50만	100만	150만	150만
20,000명	70,000명	30,000명	40,000명
4%	7%	1.5%	3%
프로이센 브란덴부르크	스웨덴 핀란드	포르투갈	노르웨이 덴마크

러시아

폴란드
리투아니아

크림칸국

오스만 제국

세 대륙에서 전쟁을 치른
오스만 제국

튀르크족이 오스만 제국으로 발전한 역사(1299~
1922년)에서 유럽·아시아·아프리카에 걸쳐 짧은
전쟁부터 장기전까지, 육지와 바다에서 동시에
또는 육지나 바다에서 적어도 80번 이상의
전쟁이 있었다. 약 50번의 전쟁은 15세기에서
18세기 사이에 집중되어 있었으며, 이 시기에
'높은 문la Sublime Porte'[오스만 제국]은 비잔틴
제국의 잔존 세력, 페르시아, 주요 유럽 군주국들과
싸웠다. 특히 합스부르크 가문과 헝가리를 놓고 싸웠다.
프랑스는 1536년에 콘스탄티노플에서 체결된 동맹
덕에 전반적으로 이 분쟁들에서 벗어나 있었으며,
이 동맹은 1798년에 공식적으로 종료되었다.

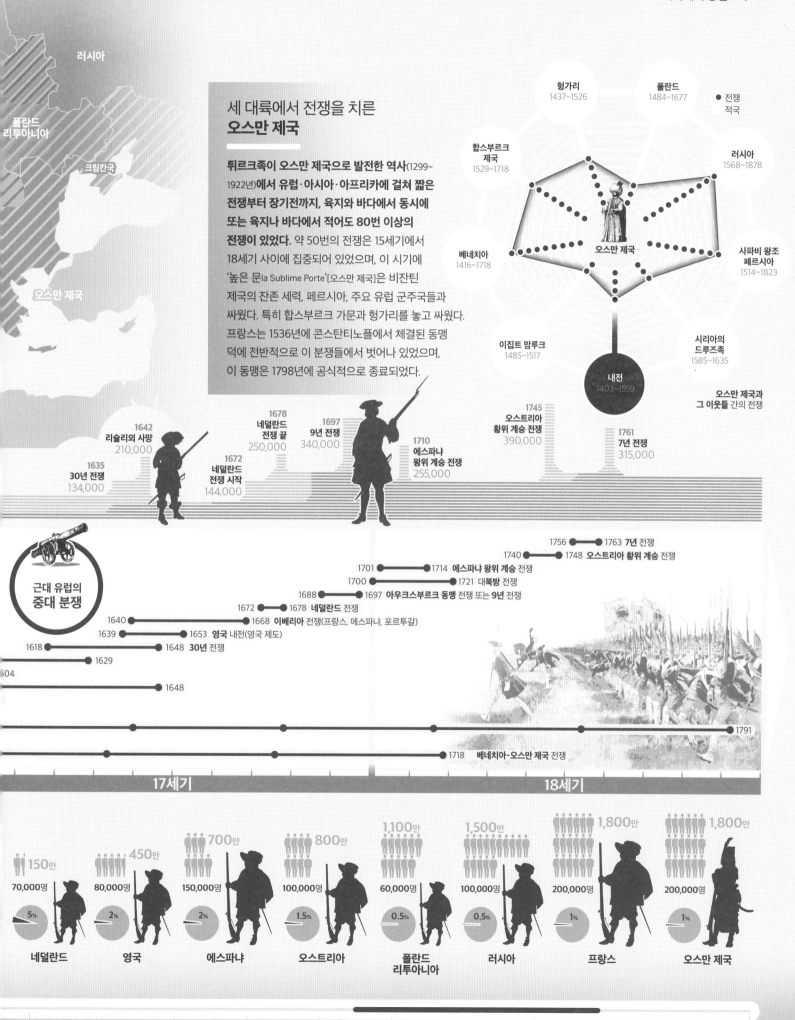

헝가리
1437~1526

폴란드
1484~1677

● 전쟁
적국

합스부르크
제국
1529~1718

러시아
1568~1878

베네치아
1416~1718

오스만 제국

사파비 왕조
페르시아
1514~1823

이집트 맘루크
1485~1517

시리아의
드루즈족
1585~1635

내전
1403~1559

오스만 제국과
그 이웃들 간의 전쟁

1642
리슐리외 사망
210,000

1678
네덜란드
전쟁 끝
250,000

1697
9년 전쟁
340,000

1745
오스트리아
황위 계승 전쟁
390,000

1761
7년 전쟁
315,000

1635
30년 전쟁
134,000

1672
네덜란드
전쟁 시작
144,000

1710
에스파냐
왕위 계승 전쟁
255,000

근대 유럽의
중대 분쟁

1756 ●━━━● 1763 **7년** 전쟁

1740 ●━━━● 1748 **오스트리아 황위 계승** 전쟁

1701 ●━━━● 1714 **에스파냐 왕위 계승** 전쟁

1700 ●━━━● 1721 **대북방** 전쟁

1688 ●━━━● 1697 **아우크스부르크 동맹** 전쟁 또는 9년 전쟁

1672 ●━━● 1678 **네덜란드** 전쟁

1640 ●━━━● 1668 **이베리아** 전쟁(프랑스, 에스파냐, 포르투갈)

1639 ●━━━● 1653 **영국** 내전(영국 제도)

1618 ●━━━━━● 1648 **30년** 전쟁

604 ●━● 1629

●━━━● 1648

●━━━━━━━━● 1791

●━━━━━━━━● 1718 **베네치아-오스만 제국** 전쟁

17세기 | **18세기**

150만
70,000명
5%
네덜란드

450만
80,000명
2%
영국

700만
150,000명
2%
에스파냐

800만
100,000명
1.5%
오스트리아

1,100만
60,000명
0.5%
폴란드
리투아니아

1,500만
100,000명
0.5%
러시아

1,800만
200,000명
1%
프랑스

1,800만
200,000명
1%
오스만 제국

1000 | 1500 | 2000

군사적 진화인가, 군사적 혁명인가?

중세 말부터 18세기 중반까지 유럽은 전쟁을 포함한 모든 분야에서 상당한 변화를 겪었으며, 일부 역사학자들 (제프리 파커Geoffrey Parker)은 논란의 여지가 있는 '군사 혁명'이라는 개념을 제시하기에 이르렀다. 화기를 개선하고 총검(프랑스, 1703년)을 보편적으로 사용하면서 더욱 균일하고 규율 잡힌 보병이 등장하는 대신, 창병·도끼병·궁수·석궁병은 점차 사라지게 되었다. 이 보병들은 점점 더 복잡하고 정교하며 정확한 전술과 기동력을 바탕으로 넓은 대형을 이루어 싸우게 되었다. "그들은 정조준보다는 빠르게 쏘는 것을 중시했다. 프랑스·프로이센·영국 모두에서 정확하게 쏘기보다는 전장에 거의 끊임없이 탄환을 퍼붓기를 원했다. 그들이 추구한 것은 빠른 속도로 연속 발포하는 것이었다."(콜랭Colin 장군) 전쟁은 병력, 비용, 물류 요구가 끊임없이 증가하는 대규모 현상이 되었다.

세바스티엥 르 프레스트르 드 보방
1633-1707

루이 14세 군대의 원수로, 요새화 기술을 혁신하고 프랑스 왕국에 '철의 방어선'을 구축했다. 그 덕에 1708년 영국의 말버러가 릴을 점령한 경우를 제외하고는 18세기 말까지 거의 모든 침범을 막았다.

17세기

부싯돌 머스킷

무기는 경량화되고 더 다루기 쉽고 이전보다 더 신뢰할 수 있게 되었지만, 여전히 활강포로 유지되었다(물론 더 복잡한 강선총도 소수 존재했다). 다양한 형식의 점화장치(플래틴platine)가 존재하지만, 이제는 공이가 부싯돌과 마찰하면서 불꽃을 일으켜 화약을 점화하는 방식이다.

다양한 병과의 합동전투 시작

보병·기병·포병이 함께 싸우는 '병과 통합전술'이 개선되고 부대의 조직도 강화되었다. 이 부대들은 서로를 보호하며 유기적으로 함께 움직일 수 있도록 견고하면서도 유연하게 운영되었다.

16세기

화승총

아쿼버스와 머스킷은 기본적으로 동일한 무기로, 매끄러운 강철관에 철 또는 납으로 된 탄환과 압축된 흑색 화약을 넣어 사용했다. 이 무기들은 크기와 무게 (1650년경까지 지면에 고정하는 포크형 받침대인 '푸르퀸fourquine'의 사용 여부), 발화 메커니즘(일반적으로 '부트푀boutefeux'라 불리는 도화선 방식이지만, 때로는 더 복잡하고 비용이 많이 드는 루에rouet 방식이 사용되었다. 이 방식은 방아쇠를 당기면 바퀴 모양의 장치가 황철석과 부딪쳐서 불꽃을 일으켜 화약에 점화했다), 그리고 형태에 따라 차이가 있을 수 있다. 이 무기들은 원래 손으로 잡고 쏘거나 손잡이(페트리날 Pétrinal)가 길어져 어깨에 고정해서 쏘는 방식으로 진화했고, 결국 근대식 부싯돌 소총으로 발전했다.

에스파냐 테르시오

방진 보병은 16세기까지 발전을 거듭해 약 3,000명으로 이루어진 혼성부대인 테르시오tercio로 완성되어 약 한 세기 동안 전장을 지배했다. 그러나 화력의 중요성이 빠르게 커지면서 부대의 '대대'는 점차 얇아져 깊이가 20열 정도였던 것이 2~3열로 줄어들고, 그 앞에는 전위 사격수, 일명 '잃어버린 아이들'이 배치되었다.

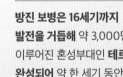

심지[화승]형 점화장치
15~16세기

바퀴형 점화장치
16~17세기

부싯돌 점화장치
17~18세기

실제 사거리 (집중 사격)　　최대 사거리

탄환의 초기 속도

화승총 16세기

머스킷 소총 18세기

1분에 2~3발

사거리　200m　50m　　14~20mm　15~18mm　　150m　300m

속도　　　　　300m　　　　　　　　450m

탄환 직경

18세기

총검을 부착한 소총

'머스킷 소총' 또는 부싯돌 소총은 이제
표준화되어 총검이 장착되었으며, 그 결과
창병들이 빠르게 사라지고 균일한 보병부대가 형성되었다.

줄 사격과 밀집 대형

부대는 점점 더 훈련되고, 움직임과 사격(줄 사격)이
세심하게 조정된다. 밀집 대형과 보조를 맞춘
행진이 등장한다. 사격수들은 종종
부대의 앞에서 전열을
이루며 싸운다.

마개식 총검과 소켓식 총검
마개식 총검은 소총의 총구에 꽂아 사용했다.
프랑스에서 발명된 소켓식 총검은
18세기 초에 채택되었으며,
사격 후에 백병전이 가능했다.

새로운
전술
무기

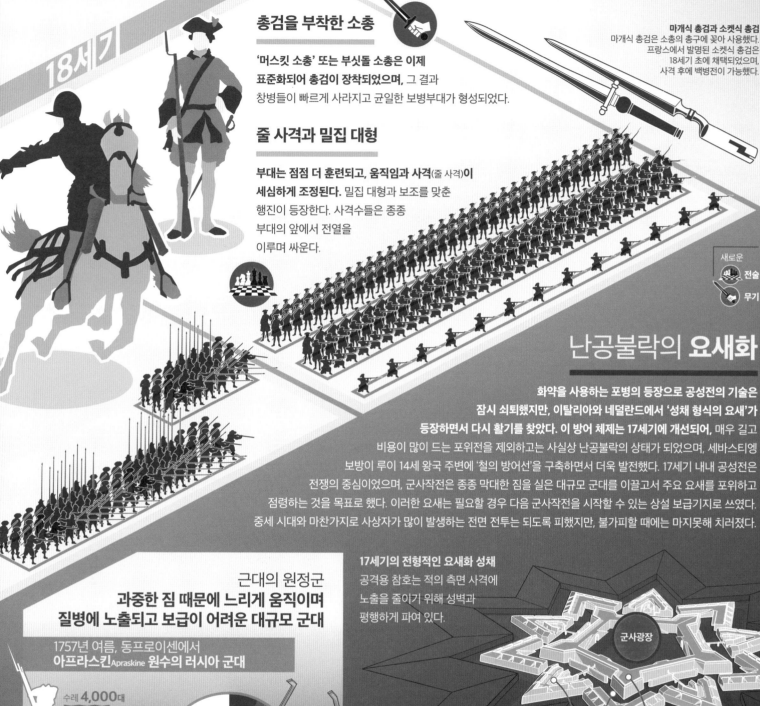

난공불락의 **요새화**

화약을 사용하는 포병의 등장으로 공성전의 기술은
잠시 쇠퇴했지만, 이탈리아와 네덜란드에서 '성채 형식의 요새'가
등장하면서 다시 활기를 찾았다. 이 방어 체제는 17세기에 개선되어, 매우 길고
비용이 많이 드는 포위전을 제외하고는 사실상 난공불락의 상태가 되었으며, 세바스티엥
보방이 루이 14세 왕국 주변에 '철의 방어선'을 구축하면서 더욱 발전했다. 17세기 내내 공성전은
전쟁의 중심이었으며, 군사작전은 종종 막대한 짐을 실은 대규모 군대를 이끌고서 주요 요새를 포위하고
점령하는 것을 목표로 했다. 이러한 요새는 필요할 경우 다음 군사작전을 시작할 수 있는 상설 보급기지로 쓰였다.
중세 시대와 마찬가지로 사상자가 많이 발생하는 전면 전투는 되도록 피했지만, 불가피할 때에는 마지못해 치러졌다.

근대의 원정군
과중한 짐 때문에 느리게 움직이며
질병에 노출되고 보급이 어려운 대규모 군대

**1757년 여름, 동프로이센에서
아프라스킨**Apraskine **원수의 러시아 군대**

수레 **4,000**대

경보병 **73,000**명

기병 **7,000**명

대포 **250**문

전사자 **5,400~7,000**명

질병 사망자 **10,000~17,000**명

행진 속도
하루 30km

3일에
하루씩 휴식

강행군 **하루 40km**

17세기의 전형적인 요새화 성채
공격용 참호는 적의 측면 사격에
노출을 줄이기 위해 성벽과
평행하게 파여 있다.

군사광장

반월보

보루

역경사

완만한
경사면

기병

평행참호

참고문헌
Black (J, éd.), 『유럽의 전쟁, 1650~1792년 *Warfare in Europe, 1650~1792*』, Routledge, 2005.
Colin (J), 『18세기 보병 전술*L'Infanterie au XVIIIe siècle: la tactique*』, Berger-Levrault, 1907.
Collectif, 『테르시오스 병사들*Soldados de los tercios*』, Desperta Ferro, 2020.
Le Brun (D), 『보방: 근대 프랑스의 발명가 *Vauban: l'inventeur de la France moderne*』, Vuibert, 2016.
Parker (G), 『군사 혁명: 전쟁과 서구의 부상, 1500~1800년*La Révolution militaire: la guerre et l'essor de l'Occident, 1500~1800*』, Gallimard, «Folio Histoire», 2013.
Wolke (L), 『구스타부스 아돌푸스, 스웨덴과 30년 전쟁, 1630~1632년*Gustavus Adolphus, Sweden and the Thirty Years War, 1630~1632*』, Pen and Sword, 2022.

7년 전쟁
최초의 세계대전

17세기와 18세기 동안 유럽은 끊임없이 경쟁과 전쟁을 이어갔고, 1750년대에 이르러 전 세계적 규모의
첫 번째 전쟁이 일어났다. 이 전쟁은 세 대륙에 걸쳐 벌어졌으며, 거의 모든 강대국이 자국의 식민 제국과 함께
참여했다. 인도에서는 무굴 제국이 연루되었고, 아메리카에서는 많은 원주민이 양측 중 하나를 지지하며 전쟁에 참여했다.
적대 행위는 주로 프랑스와 영국 간의 경쟁을 중심으로 발생했다. 유럽에서는 이전 전쟁(1740~1748년 오스트리아 황위 계승 전쟁)의
동맹관계가 뒤바뀌면서, 프랑스는 오스트리아·러시아와 동맹을 맺고, 영국은 프리드리히 2세가 이끄는 프로이센과 손잡았다.
프로이센은 작은 나라였지만 가장 준비가 잘 되어 있고 효율적인 군대를 보유하고 있었다. 전통적으로 7년 전쟁은 1756년에 시작해서
1763년에 끝났다고 하지만, 실제로는 1754년에 미국에서 '프렌치-인디언 전쟁'이라고 불리는 식민지 갈등으로 시작되었다. 영국은
강력한 해군과 미국의 식민지 주민, 유럽에서 프로이센이 거둔 승리, 1761년에 예상치 못한 러시아의 이탈 덕분에 명백한 전력의 열세를
극복하고 주요 승자로 떠오르게 되었다. 이 갈등은 유럽과 세계의 균형을 근본적으로 변화시켰으며, 프로이센이 오스트리아에 맞서
독일의 강대국으로 부상하는 것을 가능하게 해주었고, 프랑스는 미국과 인도에서 대부분의 '첫 번째 식민 제국'을 영국에 넘기게 되었다.

로이텐 1757년 12월 5일
프리드리히 2세의 걸출한 작전

프로이센의 왕은 수적으로 훨씬 우세한 상대를 측면 기동으로 속이는 데 성공해서
오스트리아 군대를 기습하고 섬멸할 수 있었다. 그는 로스바흐 전투(1757년 11월 5일) 같은 눈부신
승리들을 거두었지만, 호크키르히 전투(1758년 10월 14일), 쿠네르스도르프 전투(1759년 8월 12일)의
참패도 겪으면서, 프로이센을 몰락과 붕괴 직전까지 몰아넣었다.

손실 22,000명 중에 포로 10,000명 — 65,000명
6,000명 — 36,000명

참고문헌

Baugh (D), 『전 세계 7년 전쟁 1754~1763, 영국과 프랑스의 힘겨루기 The Global Seven Years War 1754-1763, Britain and France in a Great Power Contest』, Routledge, 2014.
Dziembowski (E), 『7년 전쟁(1756~1763년) La Guerre de Sept Ans (1756-1763)』, Perrin, 2015.
Saint-Martin (G), 『퀘벡 1759~1760년: 아브라함 평원 Québec 1759-1760: Les Plaines d'Abraham』, Economica, 2007.
Schuman (M) & Schweizer (K), 『7년 전쟁: 대서양을 넘나든 역사 The Seven Years War: A Transatlantic History』, Routledge, 2008.
Vergé-Franceschi (M), 『18세기 프랑스 해군 La Marine française au XVIIIe siècle』, SEDES, 1996.

300,000

러시아

로이텐 1757

오스만 제국

6 | 7 | 1

플라시 1757

무굴 제국

프랑스-오스트리아 동맹
- 프랑스 제국
- 유럽의 동맹국들
- 에스파냐 제국(1762년 이후)

영국-프로이센 동맹
- 영국 제국
- 포르투갈 제국
- 유럽의 동맹국들
- 네덜란드 제국
- 전투
- 가장 중요한 군대와 해당 병력 규모

이로쿼이 전사

프로이센의 프리드리히 2세
1712-1786
전쟁의 천재

선친인 '병사 왕' 프리드리히 빌헬름 1세(1688-1740)가 특히 잘 준비하고 훈련시킨 브란덴부르크 군대를 물려받아 더욱 완벽하게 발전시켰으며, 사선 진형과 측면 우회 전술로써 수적 열세를 극복하고 수많은 승리를 거두었다. 그러나 1760~1761년에 수적 열세로 궁지에 몰렸다가, 그를 존경하는 러시아의 새 황제 표트르 2세가 별도의 평화조약을 제안한 덕택에 왕국을 구할 수 있었다. 그 결과, 그의 왕국은 전쟁에서 '기적적으로' 강화된 상태로 살아남았다.

반

위베르 드 브리엔

우아 섬

벨일 섬   외딕 섬   게랑드

생나자르

키브롱 전투가 끝난 후
크게 패배한 프랑스 함대는 모항으로 돌아가려고 애썼다.

에드워드 호크

프랑수아 가스통 드 레비스

실르리숲

퀘벡

제임스 머레이

시라즈 우드 다울라
벵골의 나와브[통치자]

벵골 기지

세포이
[인도 현지 병사]

영국인

망고 농장

플라시

로버트 클라이브

키브롱 전투　1759년 11월 20일
일종의 '트라팔가르 해전'

영국은 지중해에서 프랑스에 몇 차례 패배했지만 (1756년 5월 20일 미노르카), **호크** 제독이 키브롱 만에서 **확실한 승리를 거두며 해상 지배권을 확립함으로써** 식민지에서도 군사작전을 원활히 수행할 수 있었다.

생트푸아　1760년 4월 28일
퀘벡을 영원히 잃다

1759년 아브라함 평원의 패배로 퀘벡이 함락된 후 레비스 장군은 몬트리올에서 마지막 군사작전을 펼쳐 프랑스령 캐나다의 명예를 지켰고 퀘벡 앞에서 승리를 거두었다. 그러나 도시는 되찾지 못했다.

정규군과 민병대 **5,000~7,000**명

3,800명

플라시　1757년 6월 23일
인도 정복을 시작하다

내분으로 약화된 인도 군대에 신속히 승리하고 비가 내려 화약이 쓸모없게 된 상황에서 동인도회사는 벵골에서 우위를 차지하며 인도 정복을 시작하게 되었다.

5,000~8,000명

영국인 **3,100**명 중 **750**명

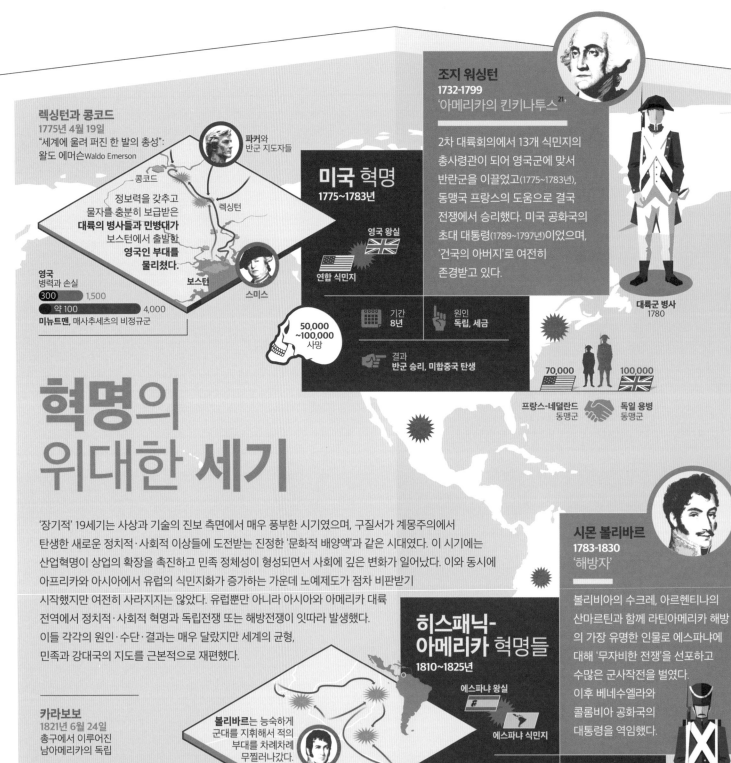

렉싱턴과 콩코드
1775년 4월 19일
"세계에 울려 퍼진 한 발의 총성":
왈도 에머슨Waldo Emerson

파커와
반군 지도자들

콩코드

정보력을 갖추고
물자를 충분히 보급받은
대륙의 병사들과 민병대가
보스턴에서 출발한
**영국인 부대를
물리쳤다.**

렉싱턴

보스턴

스미스

영국
병력과 손실
300 | 1,500
약 100 | 4,000
미뉴트맨, 매사추세츠의 비정규군

미국 혁명
1775~1783년

영국 왕실

연합 식민지

50,000
~100,000
사망

기간
8년

원인
독립, 세금

결과
반군 승리, 미합중국 탄생

70,000 | 100,000

프랑스-네덜란드
동맹군

독일 용병
동맹군

조지 워싱턴
1732-1799
'아메리카의 킨키나투스[21]'

2차 대륙회의에서 13개 식민지의
총사령관이 되어 영국군에 맞서
반란군을 이끌었고(1775~1783년),
동맹국 프랑스의 도움으로 결국
전쟁에서 승리했다. 미국 공화국의
초대 대통령(1789~1797년)이었으며,
'건국의 아버지'로 여전히
존경받고 있다.

대륙군 병사
1780

혁명의
위대한 세기

'장기적' 19세기는 사상과 기술의 진보 측면에서 매우 풍부한 시기였으며, 구질서가 계몽주의에서
탄생한 새로운 정치적·사회적 이상들에 도전받는 진정한 '문화적 배양액'과 같은 시대였다. 이 시기에는
산업혁명이 상업의 확장을 촉진하고 민족 정체성이 형성되면서 사회에 깊은 변화가 일어났다. 이와 동시에
아프리카와 아시아에서 유럽의 식민지화가 증가하는 가운데 노예제도가 점차 비판받기
시작했지만 여전히 사라지지는 않았다. 유럽뿐만 아니라 아시아와 아메리카 대륙
전역에서 정치적·사회적 혁명과 독립전쟁 또는 해방전쟁이 잇따라 발생했다.
이들 각각의 원인·수단·결과는 매우 달랐지만 세계의 균형,
민족과 강대국의 지도를 근본적으로 재편했다.

카라보보
1821년 6월 24일
총구에서 이루어진
남아메리카의 독립

에스파냐의 병력과 손실
3,000 | 6,000
200~300 | 10,000
그리고 **볼리바르** 군대

히스패닉-
아메리카 혁명들
1810~1825년

에스파냐 왕실

에스파냐 식민지

볼리바르는 능숙하게
군대를 지휘해서 적의
부대를 차례차례
무찔러나갔다.

미겔 델라 토레

수만 명
사망

기간
15년

원인
독립

결과
라틴아메리카 나라들의 독립
(아르헨티나, 칠레, 멕시코,
베네수엘라, 페루……)

시몬 볼리바르
1783-1830
'해방자'

볼리비아의 수크레, 아르헨티나의
산마르틴과 함께 라틴아메리카 해방
의 가장 유명한 인물로 에스파냐에
대해 '무자비한 전쟁'을 선포하고
수많은 군사작전을 벌였다.
이후 베네수엘라와
콜롬비아 공화국의
대통령을 역임했다.

애국군 병사
1821

참고문헌
Breunig (C), 『혁명과 반동의 시대, 1789~1850년The Age of Revolution and Reaction, 1789-1850』, Norton, 1977.
Cyr (P) et Muffat (S), 『미국 독립전쟁La guerre d'indépendance américaine』, Passés Composés, 2022.
Ellis (J), 『군대의 혁명Armies in révolution』, Oxford University Press, 1974.
Espinossa-Dassonneville (G), 『제국의 몰락과 라틴아메리카의 독립La chute d'un Empire, l'indépendance de l'Amérique espagnole』, Passés Composés, 2022.
Jansen (M), 『메이지 유신, 케임브리지 일본사 5권: 19세기Chapitre The Meiji Restoration In The Cambridge History of Japan.
Vol. 5: The Nineteenth Century』, Cambridge, 1999.

-2000 | -1000 | 1 | 1000

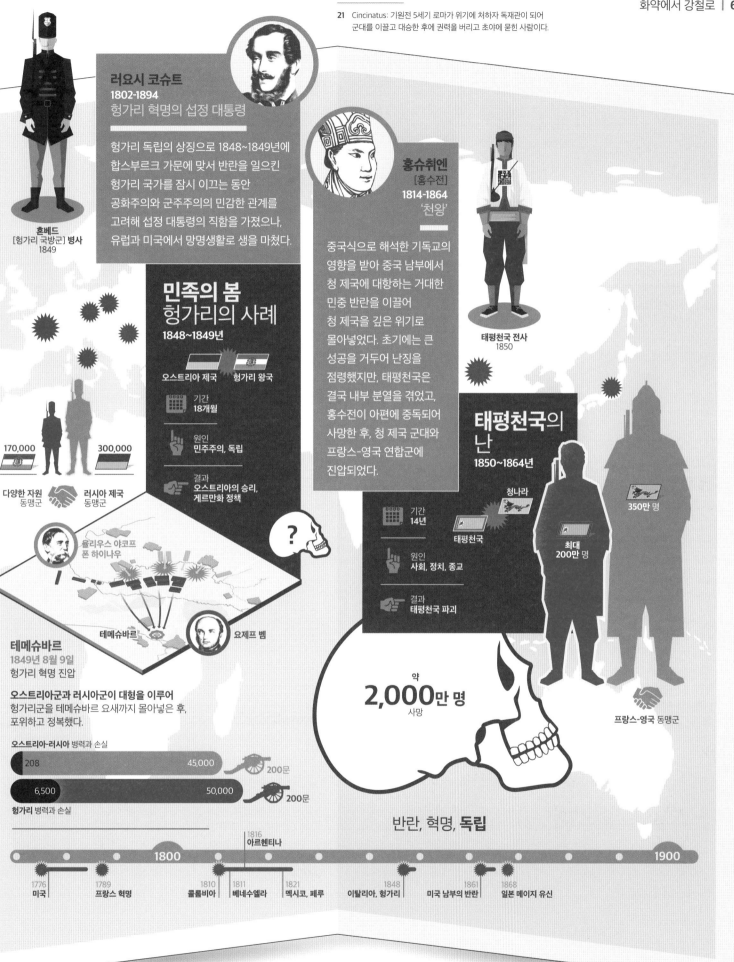

21 Cincinatus: 기원전 5세기 로마가 위기에 처하자 독재관이 되어 군대를 이끌고 대승한 후에 권력을 버리고 초야에 묻힌 사람이다.

러요시 코슈트
1802-1894
헝가리 혁명의 섭정 대통령

헝가리 독립의 상징으로 1848~1849년에 합스부르크 가문에 맞서 반란을 일으킨 헝가리 국가를 잠시 이끄는 동안 공화주의와 군주주의의 민감한 관계를 고려해 섭정 대통령의 직함을 가졌으나, 유럽과 미국에서 망명생활로 생을 마쳤다.

혼베드
[헝가리 국방군] 병사
1849

홍슈취엔
[홍수전]
1814-1864
'천왕'

중국식으로 해석한 기독교의 영향을 받아 중국 남부에서 청 제국에 대항하는 거대한 민중 반란을 이끌어 청 제국을 깊은 위기로 몰아넣었다. 초기에는 큰 성공을 거두어 난징을 점령했지만, 태평천국은 결국 내부 분열을 겪었고, 홍수전이 아편에 중독되어 사망한 후, 청 제국 군대와 프랑스-영국 연합군에 진압되었다.

태평천국 전사
1850

민족의 봄
헝가리의 사례
1848~1849년

오스트리아 제국　헝가리 왕국

기간
18개월

원인
민주주의, 독립

결과
오스트리아의 승리, 게르만화 정책

170,000　300,000

다양한 자원
동맹군

러시아 제국
동맹군

율리우스 야코프 폰 하이나우

테메슈바르

요제프 벰

태평천국의 난
1850~1864년

기간
14년

원인
사회, 정치, 종교

결과
태평천국 파괴

청나라

태평천국

최대
200만 명

350만 명

약
2,000만 명
사망

프랑스-영국 동맹군

테메슈바르
1849년 8월 9일
헝가리 혁명 진압

오스트리아군과 러시아군이 대형을 이루어
헝가리군을 테메슈바르 요새까지 몰아넣은 후, 포위하고 정복했다.

오스트리아-러시아 병력과 손실
| 208 | 45,000 | 200문 |

| 6,500 | 50,000 | 200문 |
헝가리 병력과 손실

반란, 혁명, 독립

1816
아르헨티나

1800　　　**1900**

1776
미국

1789
프랑스 혁명

1810
콜롬비아

1811
베네수엘라

1821
멕시코, 페루

1848
이탈리아, 헝가리

1861
미국 남부의 반란

1868
일본 메이지 유신

1792~1815년
프랑스 혁명, 제국, 그랑다르메

1789년에 일어난 프랑스 혁명은 유럽의 균형에 상당한 영향을 미쳤다. 왕정 개혁을 시도한 후 1792년에 공화국을 선포하자, 유럽의 일부 국가들이 프랑스에 대항해 연합을 결성하면서 큰 갈등을 촉발했다. 그러나 프랑스는 거듭해서 성공을 거두며 점차 그 영향력을 확장해나갔고, 이 과정에서 내부에서도 강한 분열이 일어났다. 공화국 군대는 초기에 '공화력 2년의 자원병'과 옛 왕립군의 통합으로 이루어졌으며, 그 규모 덕에 유럽 군대의 으뜸이 되었다. 혁명의 대규모 동원은 아직 의무 징병제가 아니었으며, 의무 징병제는 1798년에야 도입되어 제국이 몰락할 때까지 프랑스 국민에게 점점 더 큰 부담을 안겼다. 야심 찬 나폴레옹 보나파르트는 전쟁에서 승리한 젊은 장교로 1799년에 권력을 잡고, 1804년에 황제가 되었다. 그는 새로운 것을 창안하지는 않았지만, 군대의 조직, 기동성, 물류, 전술적 효율성을 상당히 개선하고, 독보적인 결속력을 부여했으며, 특히 대규모로 포병을 운용해서 엄청난 성공을 거두었다. 그랑다르메La Grande Armée는 세심히 선별된 황실 근위대와 특히 황제와 직접 유대를 강화하면서 그 시대의 군사적 모범이 되었다. 1810~1811년 절정기에 이른 제국은 유럽을 지배하고 있었으며, 나폴레옹의 군대는 폴란드를 비롯해 많은 외국 부대로 강화되었는데, 그중에서도 폴란드인들이 가장 충성스러웠다. 그러나 제국은 이미 신중하지 못하고 끝이 보이지 않는 이베리아 반도 전쟁에 휩쓸려 서서히 약화되고 있었다. 1812년 러시아 원정은 재앙으로 끝났고, 나폴레옹은 1814년 4월에 퇴위했다. 그는 잠시 복귀했지만, 워털루 전투에서 패배한 후 1815년 6월에 다시 한 번 물러났다. 20년이 넘는 전쟁 끝에 열린 빈 회의에서 유럽은 다시 군주제로 회귀했다.

잡다한 장비를 갖춘
공화력 2년의 병사

1re 2e 5e
6e 7e

포르투갈
마드리
180
◆ 리스본

전쟁의 **황제 나폴레옹**과 측근 인사들

황제는 혁명기에 단순한 포병장교였던 자신과 같은 세대의 인사들, 그리고 소박한 출신 배경을 가진 원수들과 장군들을 주변에 두어 '그랑다르메'를 이끄는 자신을 보좌하게 했다. 예를 들어 네이Ney는 술통 제조공의 아들, 란Lannes은 농부의 아들, 뮈라Murat는 여관 주인의 아들, 수Soult은 공증인의 아들로 태어났으며, 대부분이 공화국 군대에서 차근차근 승진한 사람들이었다. 나폴레옹은 이들 덕분에 많은 승리를 거두었으며, 수많은 작위와 재물로 보답했다. 이들의 충성도는 다양했지만, 네이, 수, 그루시Grouchy와 같은 몇몇은 1815년에도 여전히 그를 따랐으며, 그중 네이는 그 대가로 사형 선고를 받았다.

나폴레옹 보나파르트 1769-1821
제1집정관(1799~1804년),
황제 나폴레옹 1세
(1804~1815년)

제국의 전성기
그랑다르메의 간단한 조직

지휘부

뮈라 1767-1815
1787년 경기병으로 입대,
나폴레옹의 처남,
1808~1815년 나폴리 왕, 폐위, 처형

외젠 드 보아르네 공 1781-1821
나폴레옹의 양아들, 1798년 중위,
1805~1814년 이탈리아 부왕

베르티에 1753-1815
공병 지리학자, 1778년 미국 독립전쟁 동안 대령,
1814년까지 그랑다르메의 대체 불가능한 참모총장, '자살'

중무장 **기병**

기병
4개 군단 예비군
20,000명

황실 근위대
(노병, 신병, 기병 포함)
약 **50,000명**

베르나도트 1763-1844
1780년 병사로 입대,
1810년에 스웨덴 왕세자,
1818~1844년 스웨덴 왕

원수
친족관계
상하관계

란 1769-1809
1792년 상사로 입대,
"그랑다르메의 아이아스[22]",
에슬링 전투에서 전사

수 1769-1851
1785년 병사로 입대,
'유럽의 최고 전략가'

원수
군단

다부 1770-1823
1788년 소위 임관,
'철의 원수'

네이 1769-1815
별명 '최고 용자',
왕정복고 시기
총살형

포니아토프스키 1763-1813
'폴란드의 바이야르[23]',
라이프치히에서 전사

포병

경기병

약 **30,000명**

4개 보병 사단
프랑스군, 속국 군대 또는
동맹군(이탈리아인, 폴란드인,
바이에른인, 작센인, 네덜란드인,
베스트팔렌인, 덴마크인 등)

-2000   -1000   1   1000

22 Aias: 그리스 신화의 용감한 전사.
23 Bayard: 중세 프랑스의 용감하고 고결한 기사.
24 Briguet Sabre: 손잡이에 부시를 달아 불꽃을 내도록 한 실용적인 칼.

스웨덴
노르웨이
덴마크'왕국
모스크바
그레이트 브리튼과
아일랜드 연합 왕국
에일라우 1807
1812
프로이센
바르샤바
러시아
베를린
바르샤바 대공국
런던
네덜란드
워털루 1815
라이프치히 1813
파리
1806
1807
1808
1813
프랑스 제국
라인 연방
바그람 1809
오스테를리츠 1805
1814
스위스
비엔나
1814
1815
오스트리아
일리리아 속주
1800
이탈리아 왕국
1808
1813
1814
1815
바르셀로나
오스만 제국
스페냐
나폴리'왕국
사르데냐

■ 프랑스 제국
■ 프랑스의 피지배국
□ 프랑스 동맹국
■ 프랑스 적국

프랑스에 대항한 연합군
1re 1792년 4월~1797년 10월
2e 1798년 11월~1802년 3월
3e 1804년 4월~1806년 7월
4e 1806년 10월~1807년 7월
5e 1809년 4월~1809년 10월
6e 1813년 3월~1814년 4월
7e 1815년 3월~1815년 7월

주요 군사작전
➡ 나폴레옹
➡ 대동맹
✹ 주요 전투

구리판
장식을 단
곰털 모자

1777년형 소총
공화력 9년에 개조,
베르사유에서 생산

**브리케
사브르**[24]

면 소재
바지와 각반

1798
1801

라이프치히
1813년 10월 16~19일
'민족들의 전투'

북쪽에서
➊ 연합군의 **첫 번째**
공격이 격퇴당했다.

라이프치히
나폴레옹

➋ 스웨덴
원군의 도착

러시아에서
큰 재앙을 겪은 이후,
나폴레옹은 젊은 신병들로
새로운 군대('마리 루이즈')를 편성해
독일에서 싸웠지만, 초기 몇 차례의 성공 후
19세기의 가장 큰 전투에서 패배하고 만다.

슈바르첸베르크

➌ 프랑스군이
총공격에 서쪽으로
물러나야 했다.

정복을 입은
근위대의 수류탄 병사

7차 대동맹 군대(러시아, 오스트리아, 프로이센, 스웨덴)
기병 86,000
경보병 279,000
손실 80,000
1,400문
프랑스 제국과 동맹국(폴란드, 이탈리아, 나폴리, 18일에 이탈한 작센)
36,000
보병 153,000
손실 75,000
800문

영국
'대동맹의 무기고'이자 프랑스 최대의 적

4%
동맹국들에
6,600만
리브르 지원

1793~1815년 전쟁에
16억 5,000만
리브르 지출

부채 증가 형태로
5억 5,000만
리브르

매년
7,700만
리브르

참고문헌
Leggiere (M), 『나폴레옹의 독일 쟁취 투쟁: 1813년의 프랑스-프로이센 전쟁Napoleon and the Struggle for Germany: The Franco-Prussian War of 1813』, Cambridge University Press, 2015.
Lentz (T), 『제1제국, 1804~1815년Le Premier Empire, 1804-1815』, Pluriel, 2023.
Martin (JC), 『새로 쓴 프랑스 혁명사Nouvelle histoire de la Révolution française』, Tempus, 2019.
Mikaberidze (A), 『나폴레옹 전쟁: 전체사The Napoleonic Wars: A Global History』, OUP, 2020.
Nester (W), 『나폴레옹에 맞선 연합군: 영국의 자금, 제조업, 군사력이 어떻게 승리로 이끈 동맹을 형성했는가The Coalitions against Napoleon: How British Money, Manufacturing and Military Power Forged the Alliances that Achieved Victory』, Frontline books, 2023.

1000 1500 2000

브리타니아가 바다를 지배하다

세계 해양 패권을 장악한 대영제국

왕립 해군은 1543년에 창설된 영국 해군이 확장되어 탄생했으며, 영국 왕실의 힘과 세계적 영향력의 진정한 핵심이 되었다. 왕립 해군은 본국을 보호하는 동시에 전 세계에서 영토와 상업적 확장을 이끄는 중요한 역할을 수행했다. 17세기에서 19세기 사이에 이 해군력은 에스파냐·네덜란드·프랑스 같은 주요 경쟁국과 전쟁을 치르면서 성장했으며, 1689년에서 1815년 사이에 일곱 번의 전쟁을 거치며 일시적으로 패권을 위협받기도 했다. 1805년 트라팔가르 해전에서 거둔 승리를 통해 영국은 진정한 최고의 해양 패권국임을 입증했다. 19세기 말, 영국은 자국에 적대적인 두 나라의 해군을 합친 것만큼 강력한 해군력을 유지하려는 '두 강대국 기준' 정책을 공식화했다. 영국은 1차 세계대전 이후에도 이 지배적인 지위를 유지했으나, 1922년 워싱턴 조약에서 영국 해군과 미국 해군 간의 원칙적인 동등성을 인정하게 되었다.

전함의 분류
(장비와 나라별 주요 차이 존재)

1등급 전함 — 승무원 900명, 수병 100 이상, 3, 2,500, 110문

2등급 전함 — 승무원 650명, 수병 100 이상, 3 또는 2, 2,200, 90문

3등급 전함 — 570명, 80 이상, 2, 1,800, 70문

4등급 전함 — 450, 50 이상, 2, 1,200, 50문

5등급 프리깃함 — 260, 40 이상, 1, 900, 40문

6등급 코르벳함 — 170, 30 이상, 1, 500, 30문

- **2** 포대 수(갑판)
- **500** 적재 중량
- 탑승한 **왕립 해병대** 보병

왕립 해군의 병력 변화

- 전열함
- 기타 선박

연도	전열함 수
1650	72
1700	176
1800	285
1810	335
1840	137
	120

프랑스 해군과 비교

왕관의 보석들

1850년경 대영제국은 이미 세계 최대의 제국으로 3,000만 제곱킬로미터가 넘는 영토와 4억 명의 인구를 보유하고 있었다. 이는 주로 영국 왕립 해군 덕분이었다. 왕립 해군은 제국의 첫 번째 방어선이자 교통과 해상 무역로의 원활한 운행을 보장하는 수호자 역할을 했다. 이 제국은 몇십 년 만에 지구의 4분의 1을 차지하게 되었으나, 20세기에 들어서면서 점차 쇠퇴하게 되었다.

캐나다

미국 식민지 (1783년에 상실)

지브롤터

시에라리온

영국령 기아나

인도

버마[현 미얀마]

싱가포르

케이프 식민지 · 나탈

스완 강

뉴사우스웨일스

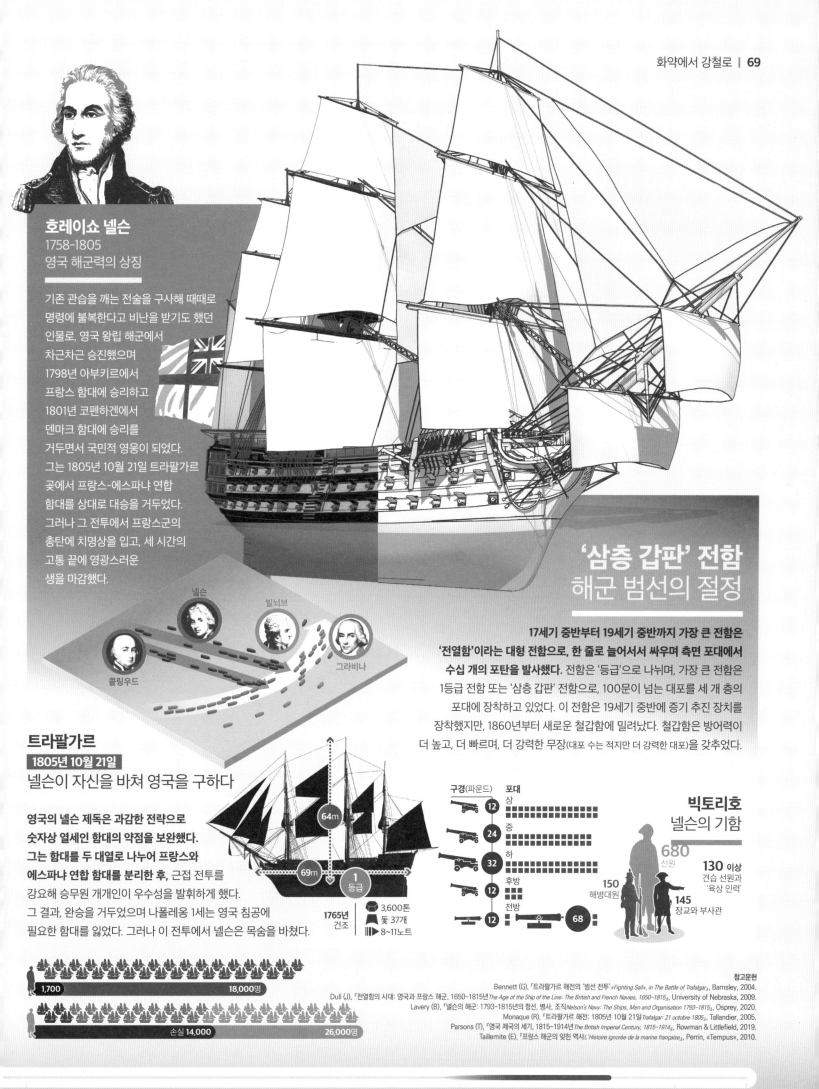

호레이쇼 넬슨
1758-1805
영국 해군력의 상징

기존 관습을 깨는 전술을 구사해 때때로 명령에 불복한다고 비난을 받기도 했던 인물로, 영국 왕립 해군에서 차근차근 승진했으며 1798년 아부키르에서 프랑스 함대에 승리하고 1801년 코펜하겐에서 덴마크 함대에 승리를 거두면서 국민적 영웅이 되었다. 그는 1805년 10월 21일 트라팔가르 곶에서 프랑스-에스파냐 연합 함대를 상대로 대승을 거두었다. 그러나 그 전투에서 프랑스군의 총탄에 치명상을 입고, 세 시간의 고통 끝에 영광스러운 생을 마감했다.

넬슨
빌뇌브
그라비나
콜링우드

'삼층 갑판' 전함
해군 범선의 절정

17세기 중반부터 19세기 중반까지 가장 큰 전함은 '전열함'이라는 대형 전함으로, 한 줄로 늘어서서 싸우며 측면 포대에서 수십 개의 포탄을 발사했다. 전함은 '등급'으로 나뉘며, 가장 큰 전함은 1등급 전함 또는 '삼층 갑판' 전함으로, 100문이 넘는 대포를 세 개 층의 포대에 장착하고 있었다. 이 전함은 19세기 중반에 증기 추진 장치를 장착했지만, 1860년부터 새로운 철갑함에 밀려났다. 철갑함은 방어력이 더 높고, 더 빠르며, 더 강력한 무장(대포 수는 적지만 더 강력한 대포)을 갖추었다.

트라팔가르
1805년 10월 21일
넬슨이 자신을 바쳐 영국을 구하다

영국의 넬슨 제독은 과감한 전략으로 숫자상 열세인 함대의 약점을 보완했다. 그는 함대를 두 대열로 나누어 프랑스와 에스파냐 연합 함대를 분리한 후, 근접 전투를 강요해 승무원 개개인이 우수성을 발휘하게 했다. 그 결과, 완승을 거두었으며 나폴레옹 1세는 영국 침공에 필요한 함대를 잃었다. 그러나 이 전투에서 넬슨은 목숨을 바쳤다.

64m
69m
1 등급
1765년 건조
3,600톤
돛 37개
8~11노트

구경 (파운드) · 포대
상 12
중 24
하 32
후방 12
전방 12
68

빅토리호
넬슨의 기함

680 선원
130 이상 견습 선원과 '육상 인력'
150 해병대원
145 장교와 부사관

1,700 · 18,000명
손실 14,000 · 26,000명

참고문헌
Bennett (G), 『트라팔가르 해전의 '범선 전투' «Fighting Sail», in The Battle of Trafalgar』, Barnsley | 2004.
Dull (J), 『전열함의 시대: 영국과 프랑스 해군, 1650~1815년 The Age of the Ship of the Line: The British and French Navies, 1650~1815』, University of Nebraska, 2009.
Lavery (B), 『넬슨의 해군: 1793~1815년의 함선, 병사, 조직 Nelson's Navy: The Ships, Men and Organisation 1793~1815』, Osprey, 2020.
Monaque (R), 『트라팔가르 해전: 1805년 10월 21일 Trafalgar: 21 octobre 1805』, Tallandier, 2005.
Parsons (T), 『영국 제국의 세기, 1815~1914년 The British Imperial Century, 1815~1914』, Rowman & Littlefield, 2019.
Taillemite (E), 『프랑스 해군의 잊힌 역사 L'Histoire ignorée de la marine française』, Perrin, «Tempus», 2010.

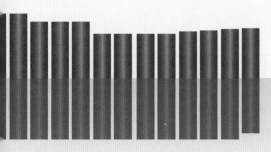

4부

19세기부터 1945년까지

강철에서 원자로

준현대적 전쟁

19세기 초반에도 전쟁은 수 세기 전의 방식과 매우 비슷했다. 이동은 병사들의 발, 동물의 견인력, 바다에서는 바람에 의존했다. 전술은 여전히 나폴레옹의 전쟁방식을 따랐는데, 이는 앙투안 드 조미니Antoine de Jomini 같은 군사 이론가들이 체계화한 것이었다. 척후병들이 전방에서 흩어져 적을 견제하며 선도하고, 그 뒤를 따라 보병들이 밀집 대형으로 전진하며 일제 사격을 가했다. 살상력은 강하지만 정확도가 떨어지는 청동 대포가 그들을 지원하는 한편, 증기병은 전열의 틈을 노려 돌격할 준비를 했다. 또한 경기병은 정찰 임무를 수행하며 전열의 측면을 보호하는 역할을 맡았다.

점차 산업혁명과 관련된 혁신과 생산주의가 이 전쟁 모델을 뒤흔들기 시작했다. 먼저 증기가 도입되면서 육지와 바다의 이동성이 크게 향상되는 동시에 무기의 사거리, 정확도, 전반적인 살상력이 빠르게 증가했다. 그러나 19세기 중반까지 이러한 변화를 여전히 제대로 수용하지 못하고 있었다. 몇 차례의 대규모 전쟁(1854~1856년 크림 전쟁, 1861~1865년 미국 남북전쟁, 1870~1871년 프랑스-독일 전쟁 등)에서도 여전히 구시대 전술이 새로운 무기와 산업혁명의 대량 생산과 결합되어 적용되었고, 그 결과는 참혹했다.

기병대는 충격 무기의 역할을 빠르게 상실했고, 보병은 점점 더 정밀하고 사거리가 긴 강선총으로 무장한 적의 참호를 정면에서 공격하는 것이 불가능해졌다. 19세기 후반, 병력의 증대와 빠른 속도로 발사되는 무기, 특히 수동·자동 기관총의 등장과 포병의 발전은 전술적 교착 상태를 더욱 심화시켰다. 끝으로 1914년 여름에 유럽에서 벌어진 대규모 참사는 전쟁 결과의 예상을 완전히 뒤엎었으며, 이후 교전국들은 철저히 방어된 전선 뒤로 물러나야 했고, 적어도 한동안은 사실상 침범할 수 없는 상황이 되었다.

참고문헌
Bernard (V), 『게티스버그 1863년Gettysburg 1863』, Perrin, 2023.
Bilby (J), 『남북전쟁의 화기: 그 역사적 배경과 전술적 활용Civil War Firearms: Their Historical Background And Tactical Use』, Da Capo, 1997.
(Coll.) 『세계대전의 프랑스 군대Les armées françaises dans la Grande guerre』, Impr. Nationale, 30 vol. 1922-1936.
Flatnes (O), 『머스킷에서 금속 탄환까지: 흑색 화약 화기의 실제 사용 역사From Musket to Metallic Cartridge: A Practical History of Black Powder Firearms』, Crowood Press, 2013.
Howard (M), 『서구 역사에서 본 전쟁La guerre dans l'histoire de l'Occident』, Pluriel, 1990.

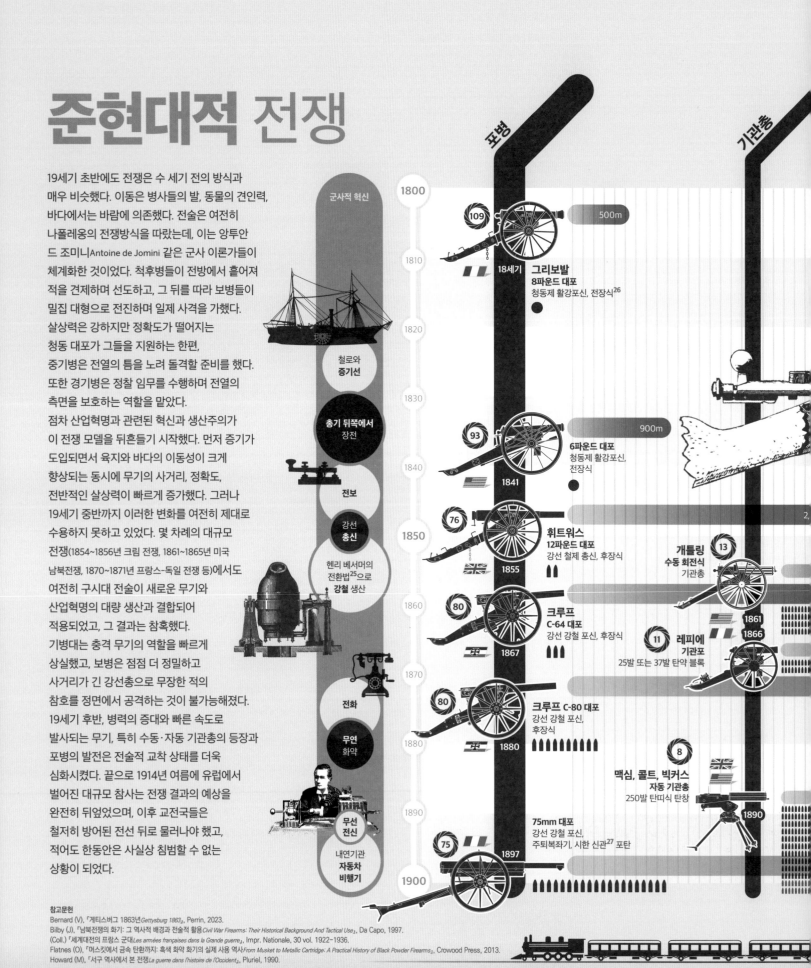

군사적 혁신

철로와 **증기선**

총기 뒤쪽에서 장전

전보

강선 총신

헨리 베서머의 전환법[25]으로 **강철 생산**

전화

무연 화약

무선 전신

내연기관 **자동차 비행기**

포병

1800
1810
1820
1830
1840
1850
1860
1870
1880
1890
1900

109 500m
18세기 **그리보발**
8파운드 대포
청동제 활강포신, 전장식[26]

93 900m
6파운드 대포
청동제 활강포신, 전장식
1841

76 **휘트워스**
12파운드 대포
강선 철제 총신, 후장식
1855

80 **크루프**
C-64 대포
강선 강철 포신, 후장식
1867

80 **크루프 C-80 대포**
강선 강철 포신, 후장식
1880

75 **75mm 대포**
강선 강철 포신, 주퇴복좌기, 시한 신관[27] 포탄
1897

기관총

13 **개틀링**
수동 회전식
기관총

11 **레피에**
기관포
25발 또는 37발 탄약 블록
1861
1866

8 **맥심, 콜트, 빅커스**
자동 기관총
250발 탄띠식 탄창
1890

25 주철에 산소를 불어 넣어 불순물을 제거하고 강철을 만드는 방법.

26 활강포신은 포신 내부에 강선이 없는 형식이며, 전장식은 포구로 포탄을 장전하는 방식이다.

27 주퇴복좌기駐退復座機는 화포가 탄을 쏠 때 포의 일부분만 뒤로 후퇴시켜 충격을 흡수한 후 원래대로 되돌리는 장치를 가리키며,
이를 최초로 장착한 대포가 'Matériel de 75mm Mle'다. 시한 신관은 수류탄처럼 일정 시간이 지난 후에 폭발하는 신관을 말한다.

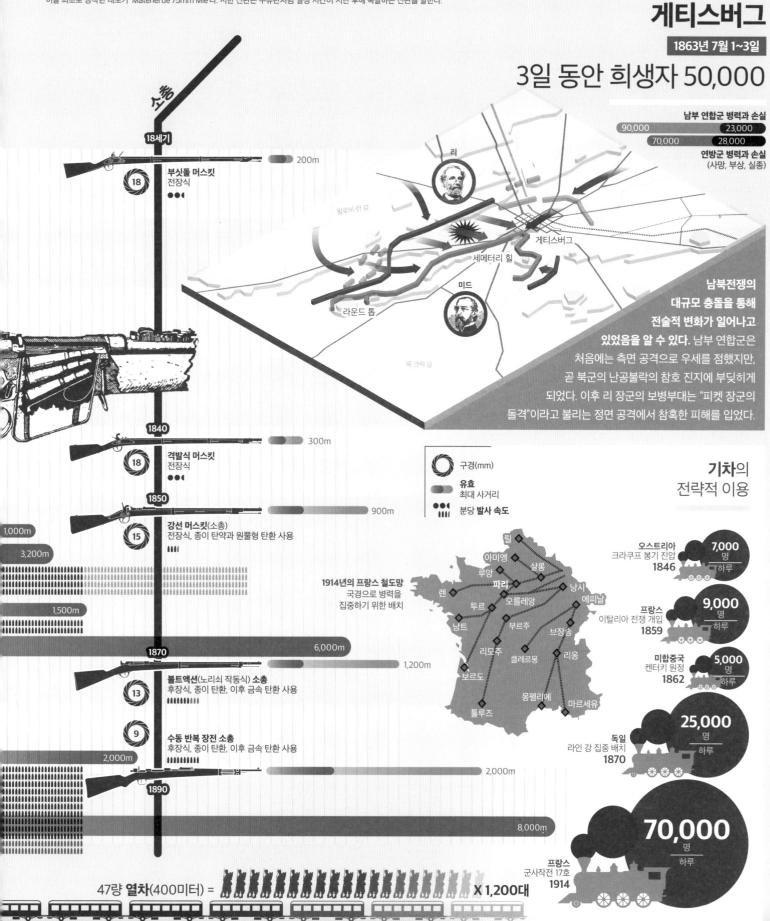

게티스버그

1863년 7월 1~3일

3일 동안 희생자 50,000

남부 연합군 병력과 손실
90,000 — 23,000

연방군 병력과 손실
70,000 — 28,000
(사망, 부상, 실종)

리

윌로비런 강

게티스버그

세메터리 힐

미드

라운드 톱

록 크릭 강

남북전쟁의 대규모 충돌을 통해 전술적 변화가 일어나고 있었음을 알 수 있다. 남부 연합군은 처음에는 측면 공격으로 우세를 점했지만, 곧 북군의 난공불락의 참호 진지에 부딪히게 되었다. 이후 리 장군의 보병부대는 "피켓 장군의 돌격"이라고 불리는 정면 공격에서 참혹한 피해를 입었다.

기차의 전략적 이용

구경(mm)

유효 최대 사거리

분당 발사 속도

18세기

부싯돌 머스킷
전장식
18
200m

격발식 머스킷
전장식
18
1840
300m

강선 머스킷(소총)
전장식, 종이 탄약과 원뿔형 탄환 사용
15
1850
900m

1,000m
3,200m
1,500m

볼트액션(노리쇠 작동식) 소총
후장식, 종이 탄환, 이후 금속 탄환 사용
13
1870
6,000m
1,200m

수동 반복 장전 소총
후장식, 종이 탄환, 이후 금속 탄환 사용
9
2,000m

1890

8,000m
2,000m

1914년의 프랑스 철도망
국경으로 병력을 집중하기 위한 배치

릴
아미엥
샬롱
루앙
렌
파리
낭시
에피날
투르
오를레앙
낭트
부르주
브장송
리모주
클레르몽
리옹
보르도
몽펠리에
마르세유
툴루즈

오스트리아
크라쿠프 봉기 진압
1846
7,000 명/하루

프랑스
이탈리아 전쟁 개입
1859
9,000 명/하루

미합중국
켄터키 원정
1862
5,000 명/하루

독일
라인 강 집중 배치
1870
25,000 명/하루

프랑스
군사작전 17호
1914
70,000 명/하루

47량 **열차**(400미터) = **X 1,200대**

'철제 측면', 아이언클래드와 모니터,
최초의 장갑함들 '프리드레드노트'
[드레드노트 이전의 전함들]

전함의 시대
돛에서 증기로, 나무에서 강철로

19세기에는 증기 추진력과 철을 이용한 선박 건조 기술이라는 두 가지 혁신이 항해를 크게 변화시켰다. 최초의 증기선은 철도와 동시에 1820년대에 등장했다. 혼합 추진 방식과 철로 덧입힌 목조 선체를 가진 '그레이트 웨스턴Great Western'은 1838년에 등장한 최초의 대서양 횡단 여객선이었다. 1845년에는 여섯 개의 돛을 가진 '그레이트 브리튼Great Britain'이 최초로 철제 선체와 프로펠러를 장착한 선박으로 등장했다. 이러한 발전은 곧 해군에도 영향을 미쳐 몇 년 만에 해군에 혁신을 가져왔다. 1853년 매튜 페리 사령관의 증기 프리깃 함대가 일본에 도착했을 때 일본은 큰 충격을 받았고, 이를 계기로 세계에 문호를 개방하고 나라를 완전히 개혁하는 길에 들어섰다. 최초의 장갑함은 1850년대 후반 프랑스와 영국에서 설계되었지만, 전적으로 증기 추진력을 이용하는 '아이언클래드Ironclad' 전함과 최초의 실용적인 잠수함은 미국 남북전쟁(1861~1865년) 중에 등장했다. 1862년, 발명가 존 에릭슨의 소형 전함 '모니터Monitor'는 측면 일제 사격 대신 회전 포탑을 채택함으로써 해군 포병술에 혁신을 가져왔다. 이러한 빠른 혁신은 몇십 년 만에 선박의 완전한 변화를 이끌었으며, 1906년에는 대형 전투함의 표준을 정립한 'HMS 드레드노트'가 등장했다. 이 주력함capital ships인 장갑함은 터빈 추진, 장갑된 선체, 대구경 통일 포탑 등을 갖추고 잠시 '바다의 왕'이라는 지위를 누리다가 2차 세계대전 동안 항공모함에 그 자리를 넘겨주었다.

USS 모니터 `1862`
- 987톤
- 230mm
- 320마력, 6노트
- 280mm 포 2문

55m

HMS 워리어 `1861`
- 9,100톤
- 114mm
- 혼합 5,300마력, 14노트
- 178mm 포 10문

127m

콜베르 `1877`
- 8,750톤
- 200mm
- 혼합, 4,600마력, 14노트
- 275mm 포 8문

101m

USS 텍사스 `1892`
- 6,400톤
- 305mm
- 8,600마력, 17노트
- 305mm 포 2문 + 어뢰 4문

94m

`1860`　`1870`　`1880`　`1890`

모빌 만
1864년 8월 5일
장갑함의 최초 전투 중 하나

1862년 3월 햄프턴 로즈 전투 이후
승리한 북군은 모빌 항구의 봉쇄를 강화했지만, 항구를 점령하지는 못했다.

106 + 철갑함 5 / 3
30 + 철갑함 8 / 24

발트 해에서 출발해 긴 항해 끝에 쓰시마 해협에 도착한 러시아 함대는 공격을 받고 전멸했다.

모빌 만

뷰캐넌
[남군 해군 지휘관]

패러것
[북군 해군 지휘관]

포트모건

모빌포인트

철갑함들은 기뢰 방어망 덕에 테컴세호를 잃고서도 **통과를 강행했다.** 남부 연합 소함대는 상대가 되지 않았다.

114 + 철갑함 37 / 11
78 + 철갑함 21 / 10

쓰시마
1905년 5월 27~28일
일본이 떠오르다

전 세계에 충격을 준 쓰시마 해전은 **아시아 해군 강국이 처음으로 유럽 함대를 격파한 사건**이었다.

동해
조선
황해
부산
쓰시마
일본
혼슈
로제스트벤스키
도고
제주

유틀란트
1916년 5월 31일~6월 1일
영국 해군이 여전히 바다를 지배하다

역사상 가장 큰 해전 중 하나인 유틀란트 해전은 독일의 전략적 실패로 끝났다. 영국 해군을 위협할 예정이었던 독일 함대는 항구에 갇힌 채 움직이지 못했다

스카파 플로우
순양함들의 전투 ①
주요 전투 ②
젤리코
세어
북해
기뢰
빌헬름스하펜
대영제국
독일 제국

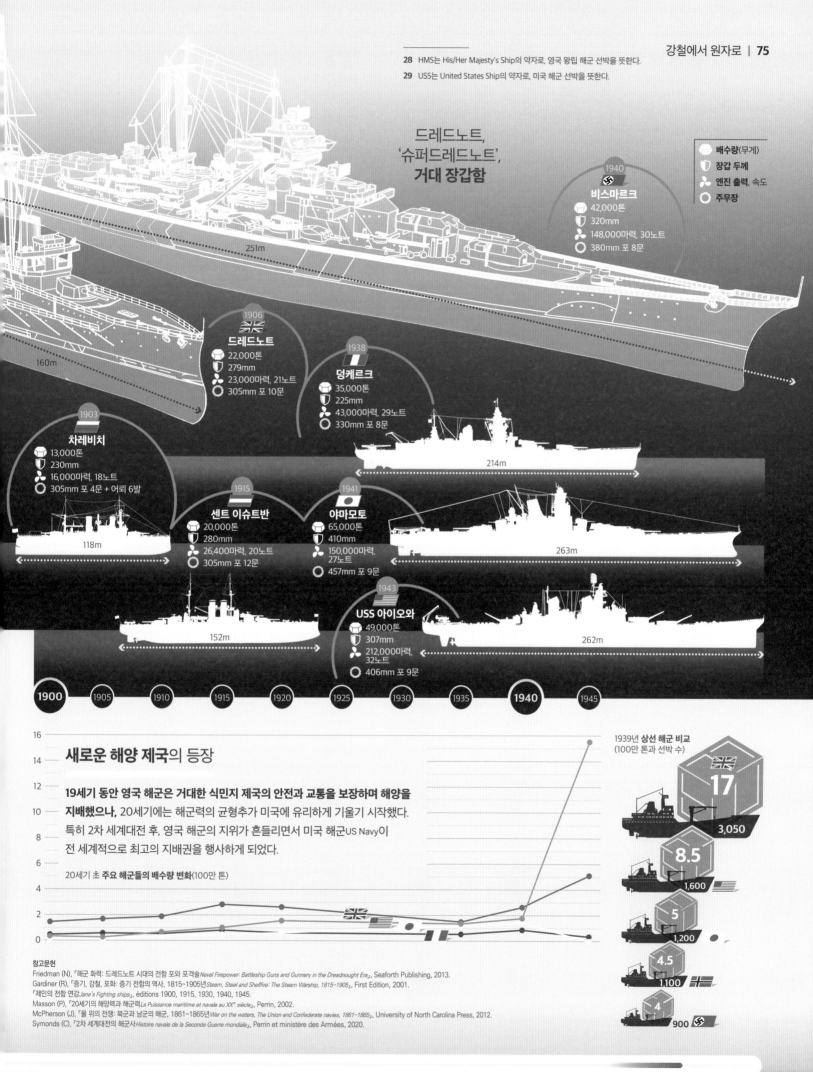

28 HMS는 His/Her Majesty's Ship의 약자로, 영국 왕립 해군 선박을 뜻한다.
29 USS는 United States Ship의 약자로, 미국 해군 선박을 뜻한다.

드레드노트, '슈퍼드레드노트', 거대 장갑함

배수량(무게)
장갑 두께
엔진 출력, 속도
주무장

비스마르크 (1940)
- 42,000톤
- 320mm
- 148,000마력, 30노트
- 380mm 포 8문

드레드노트 (1906)
- 22,000톤
- 279mm
- 23,000마력, 21노트
- 305mm 포 10문

덩케르크 (1938)
- 35,000톤
- 225mm
- 43,000마력, 29노트
- 330mm 포 8문

차레비치 (1903)
- 13,000톤
- 230mm
- 16,000마력, 18노트
- 305mm 포 4문 + 어뢰 6발

센트 이슈트반 (1915)
- 20,000톤
- 280mm
- 26,400마력, 20노트
- 305mm 포 12문

야마토 (1941)
- 65,000톤
- 410mm
- 150,000마력, 27노트
- 457mm 포 9문

USS 아이오와 (1943)
- 49,000톤
- 307mm
- 212,000마력, 32노트
- 406mm 포 9문

251m · 160m · 214m · 263m · 262m · 118m · 152m

1900 · 1905 · 1910 · 1915 · 1920 · 1925 · 1930 · 1935 · 1940 · 1945

새로운 해양 제국의 등장

19세기 동안 영국 해군은 거대한 식민지 제국의 안전과 교통을 보장하며 해양을 지배했으나, 20세기에는 해군력의 균형추가 미국에 유리하게 기울기 시작했다. 특히 2차 세계대전 후, 영국 해군의 지위가 흔들리면서 미국 해군US Navy이 전 세계적으로 최고의 지배권을 행사하게 되었다.

20세기 초 주요 해군들의 배수량 변화(100만 톤)

1939년 상선 해군 비교
(100만 톤과 선박 수)
- 17 / 3,050
- 8.5 / 1,600
- 5 / 1,200
- 4.5 / 1,100
- 4 / 900

참고문헌
Friedman (N), 『해군 화력: 드레드노트 시대의 전함 포와 포격술Naval Firepower: Battleship Guns and Gunnery in the Dreadnought Era』, Seaforth Publishing, 2013.
Gardiner (R), 『증기, 강철, 포화: 증기 전함의 역사, 1815~1905년Steam, Steel and Shellfire: The Steam Warship, 1815~1905』, First Edition, 2001.
『제인의 전함 연감Jane's Fighting ships』, éditions 1900, 1915, 1930, 1940, 1945.
Masson (P), 『20세기의 해양력과 해군력La Puissance maritime et navale au XXᵉ siècle』, Perrin, 2002.
McPherson (J), 『물 위의 전쟁: 북군과 남군의 해군, 1861~1865년War on the waters, The Union and Confederate navies, 1861-1865』, University of North Carolina Press, 2012.
Symonds (C), 『2차 세계대전의 해군사Histoire navale de la Seconde Guerre mondiale』, Perrin et ministère des Armées, 2020.

식민화 열풍

식민지화 현상은 이미 15세기부터 시작되었지만 19세기까지는 여전히 제한적이었다. 식민지를 점령한 군대의 무기가 그다지 우세하지 못했고, 물류와 질병 문제로 대규모 군대를 유지하기도 어려웠으며, 사막, 숲과 밀림, 늪지대 등 대체로 적대적인 지형이 큰 장애물로 작용했기 때문이다. 그러나 19세기에 이르러 식민지화 현상은 가속화되고, 장애물은 사라지거나 크게 완화되었다. 또한 탐나는 영토로 원정대를 파견하는 국가들은 전략적 우위를 갖게 되었다. 이는 재정적 자원, 산업 능력, 다수의 상비군을 확보하고 훈련할 수 있는 능력, 국가적 단결 같은 요인들 덕분이었다. 프랑스는 1830년에 알제리 정복을 시작해서 1847년에는 그 정복에 가장 크게 저항했던 압델카데르d'Abd el-Kader의 완전한 항복을 받아냈다. 1870년대부터 유럽인들은 본격적인 '식민지 쟁탈전'에 돌입했다. 프랑스는 서아프리카와 인도차이나를 점령하고, 영국은 아프리카 남부와 동부의 많은 지역, 인도 제국을 식민지로 만들었다. 1884~1885년 베를린 회의에서 아프리카 분할의 규칙을 정했다. 군인들은 이 정복 과정에서 중요한 역할을 했다. 콩고에서 브라자, 라오스에서 파비 같은 인사들은 현지 지도층 인사들과 협상했다. 반면, 갈리에니 장군 같은 인물들은 통킹Tonkin과 마다가스카르에서 '기름얼룩' 전술을 실행했다. 종종 잊고 있지만, 1775년에서 1864년 사이에 러시아는 캅카스를 식민지화했다. 당시 '문명화된' 세계는 20세기 초까지 영향력을 확장하고 권력을 증대시키고자 노력했다. 1936년 에티오피아 정복이 엄밀히 말해 마지막 '식민지 모험'을 의미하지는 않았다. 2014년 크림반도 합병이나 2022년부터 시작된 우크라이나 주민, 특히 어린이들의 강제 이주는 식민주의의 형태로 볼 수 있으며, 이스라엘과 팔레스타인 간 분쟁 중인 지역에 대한 이스라엘 정착촌 건설 역시 마찬가지다.

대영제국

4억 5,800만
1938년

3,400만 km²
1920년

영국 인구
4,400만

프랑스 제국

1억 1,000만
1936년

1,100만 k
1920년

프랑스 인구
4,150만

기름얼룩 전술

'기름얼룩 전술'은 19세기 말과 20세기 초 식민지 정복 과정에서 널리 활용된 군사전략이다. 프랑스 장군 조제프 갈리에니Joseph Gallieni가 이 전술을 고안했고, 통킹(오늘날의 베트남 북부)과 마다가스카르에서 실천했다. 이 접근법은 영토를 확보한 후 이를 공고히 하고, 점차 확장해나가 반란이나 저항의 위험을 최소화할 수 있게 했다. 갈리에니와 위베르 리오테Hubert Lyautey 같은 프랑스 장교들은 이 전술을 성공적으로 구사했다. 그러나 이 전술은 무력을 동원하고 식민지 주민에게 부정적인 영향을 미친다고 비판받았다.

첫 번째 거점을 세운 후 영토를
점진적으로 정복

식민지 행정 체계 구축
진료소, 학교

분할 지배
지역, 공동체, 민족적 분열을 이용해 보조 군대 모집

군사적 탄압 작전과
다양한 '대민 활동'을 결합해
통제 영토 확장

참고문헌
Abbott (P), 『식민지 군대: 아프리카 1850~1918년Colonial Armies: Africa 1850~1918』, Foundry Publications, 2005.
Collectif, 『1776~1914년 식민지 시대의 전투기술: 장비, 전투기술, 전술Fighting Techniques of the Colonial Era 1776~1914, Equipment, Combat Skills and Tactics』, Amber Bokks Ltd., 2009.
Farwell (B), 『19세기 지상 전쟁 백과사전The Encyclopedia of Nineteenth-Century Land Warfare』, W. W. Norton & Company Inc, 2001.
Kiernan (VG), 『1815~1960년 식민지 제국과 군대Colonial Empires and Armies 1815~1960』, McGill-Queen's University Press, 1998.
Porch (D), 『제국의 전쟁Wars of Empire』, Cassell, 2000.
Spring (C), 『아프리카의 무기와 갑옷African Arms and Armour』, British Museum Press, 1993

가장 중요한 식민지 대국

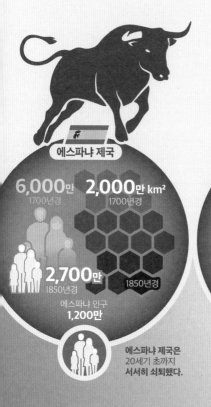

에스파냐 제국

6,000만 1700년경 **2,000만 km²** 1700년경

2,700만 1850년경

에스파냐 인구 **1,200만**

에스파냐 제국은 20세기 초까지 서서히 쇠퇴했다.

네덜란드 제국

6,000만 20세기

네덜란드 인구 **560만**

포르투갈 제국

4,000만 20세기

포르투갈 인구 **560만**

독일 제국

1,300만 20세기

독일 인구 **5,600만**

이탈리아 제국

1,200만 20세기

이탈리아 인구 **4,000만**

차이를 만드는 무기

식민지 점령군이 숙련된 무기를 완벽하게 다룰 때, 탐나는 영토를 방어하는 전사들에게 결정적으로 승리할 수 있었다. 그들의 무기는 훨씬 더 강력한 화력을 제공함으로써 지형에 적합하지 않은 전술을 보완해주었고, 대체로 서구 세력에게 승리를 안겨주었다.

마르티니 엔필드 소총
1889
1,800m

연발 소총

이 소총은 재장전 없이 여러 발을 발사할 수 있어 보병들에게 빠른 발사 속도를 제공했다. 새로 도입된 프랑스의 르벨Lebel 소총은 1892년 다호메이에서 등장했다. 반면, 식민지 군대의 현지 보조병들은 대개 서구 군대의 무기보다 효율이 떨어지는 더 오래된 무기로 무장했다.

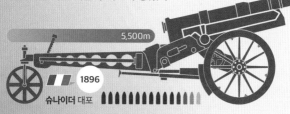

5,500m
1896
슈나이더 대포

■■ 최대 사거리
▮▮▮ 분당 발사 속도

100m

포병

1894년 마다가스카르에서 프랑스는 30문의 산악포, 12문의 야포, 4문의 120밀리미터 중포를 배치했다. 그러나 이 화력은 상대적인 이점에 불과했다. 운송의 어려움을 겪은 프랑스군 부대는 더 가볍고 여러 짐으로 분해할 수 있어서 실용적인 산악포를 주로 이용했다.

개틀링 기관총

기관총

기관총은 식민지 정복 과정에서 널리 쓰였으며, 많은 전술적 승리의 원인이 되었다. 맥심 기관총은 유럽의 여러 군대가 이용했다. 식민지 정복에서 흔히 동원된 다른 모델로는 개틀링Gatling 기관총과 노르덴펠트Nordenfelt 기관총이 있다.

원주민들은 일반적으로 더 전통적이고 덜 발달된 **무기를 사용했다**(독이 묻은 화살을 쏘는 활과 같이 두려움을 주는 무기도 포함되었다). 알제리 정복 당시, 현지 군대는 주로 유럽 무기보다 발사 속도와 사거리가 훨씬 짧은 부싯돌 머스킷을 썼다. 서구 열강이 탐내는 국가들은 종종 현대 무기를 구입했지만, 그 무기를 사용할 수 있는 병력은 거의 없었다(대부분의 경우, 외국인 용병이나 소수의 전문 병력은 예외였다).

식민지화를 거부하는 저항

식민지 정복은 무장 저항 없이 이루어지지 않았으며, 때로는 식민지 개척자들이 패배를 겪기도 했다.
사회 전체가 침략자들에게 힘을 합쳐 대응하기는 어려웠지만, 일부는 여전히 용감하게 맞섰다.
아프리카와 그 외 지역의 지도자들은 군대를 모아서 유럽 세력의 진격을 막아내려고 노력했다.
수단, 소말리아, 에티오피아, 북아프리카, 세네갈, 다호메이, 가나뿐만 아니라 아시아와 아메리카에서도
이러한 시도가 있었다. 이러한 저항은 인도차이나 같은 지역에서 일어난 민족주의 운동과
냉전 기간의 독립 쟁취 투쟁으로 이어졌다.

잘 훈련된 조직과 규율
식민지 군대는
전열을 형성하고
밀집된 대형을 유지하는 전술을
채택해 화력을 극대화함으로써
덜 훈련된 적에 대해
매우 효과적인
전투력을 발휘했다.

기술
포병, 기관총,
볼트액션 소총은
적의 투사 무기보다 우수한
사거리를 자랑했다.
근접 전투에서는
총검을 사용했다.

'붉은 제복', 식민지 병사의 전형

빅토리아 시대의 영국군('붉은 제복')**은 영국의 힘과 식민지 확장의 주요 상징 중 하나였다.** 이들은 정복지에서
자주 반란을 진압했다. 1857년에 그들은 인도의 세포이 반란을 진압하고, 남아프리카에서 줄루족과 싸웠다.
식민지 보병은 또한 남아시아에서 벌어진 영국-미얀마 전쟁(1824~1826년)과 영국-시크 전쟁(1845~1846년)에
참전했다. 그들은 1839년부터 1842년까지 프랑스와 함께 중국 아편전쟁에도 참전했다. '붉은 제복'은
조직적이고 자신감 있는 식민지 군인의 전형이었고, 용감하지만 훈련되지 않은 전사들과 맞섰다.

아도와

1896년 3월 1일

에티오피아는 무력으로 독립을 지켰다

이른 아침, 무질서한 상태로
전진하던 이탈리아 군대는
**네구스의 군대에
격퇴되었다.**

네구스
메넬리크 2세

바라티에리

아도와

라야 산

세마타야 산

1896년
아프리카에서
제국을 건설하려는
이탈리아의 외교적 압박을
받던 에티오피아는 로마와 결별했다.
3월 1일, 에리트레아에서 출발한 바라티에리
장군의 군대는 티그라이 지역의 아도와에서 구식이지만
훨씬 더 많은 에티오피아 군대의 기습을 받고 전멸했다. **이 굴욕적인
패배는 정치적 위기를 초래했고, 10월에 아디스아바바 조약이 체결되어
1935년 침공까지 에티오피아는 완전한 주권을 보장받았다.**

42문
약 15,000
100,000명 중 80,000의 소총부대

10,000 15,000
52문

오만과 과도한 자신감
영국인은 특히 줄루족을
비롯한 적을 과소평가하는
경향이 있었다. 미국에서는
이러한 성향이 1876년 1월 25일에서
26일에 걸쳐 샤이엔족과 수족의
동맹군에 맞서서 벌어진
리틀 빅혼 전투에서 패배한 이유 중
하나로 작용했다.

적응의 어려움
영국인은 '도덕'과 기술에서
적보다 우월하다고 확신했기
때문에 적의 전술에 재빨리
적응하지 못했다.
이러한 경직성은
영국군의 패배와
식민지 군대가 겪은
일시적인 패배의
주요 원인 중 하나였다.

지형과 물류, 위생 문제
지형이 어려운 상황을 만들
가능성을 충분히 고려하지
않았기 때문에 실수하는 때도 있었다
(이탈리아군이 에티오피아에서 저지른
실수가 하나의 사례다).
또한 (프랑스군이 마다가스카르에서
겪은 사례처럼) 많은 인원이
밀집한 지역은 질병이
발생하기 쉬운 환경을
제공했다.

(왼쪽) **에티오피아
민병대원**
(오른쪽) **아스카리:**
식민 강대국의
군대에 복무하는
토착 병사

참고문헌

Collectif, 『식민지 시대의 전투기술 1776~1914년: 장비, 전투기술, 전술 Fighting Techniques of the Colonial Era 1776–1914, Equipment, Combat Skills and Tactics』, Amber Bokks Ltd, 2009.
Collecif, 『빅토리아 여왕의 전쟁: 1857~1902년 영국의 군사원정 Queen Victoria's Wars, British Military Campaigns, 1857–1902』, Cambridge University Press, 2021.
Garcia (L), 『식민 침략에 맞선 다호메 왕국의 투쟁(1875~1894년) Le royaume du Dahomé face à la pénétration coloniale (1875–1894)』, Karthala, 1988.
Knight (I), 『빅토리아 여왕의 적들 Queen's Victoria's Enemies』, Osprey 212, 214, 219, 224, Osprey Publishing 1989 à 1990.

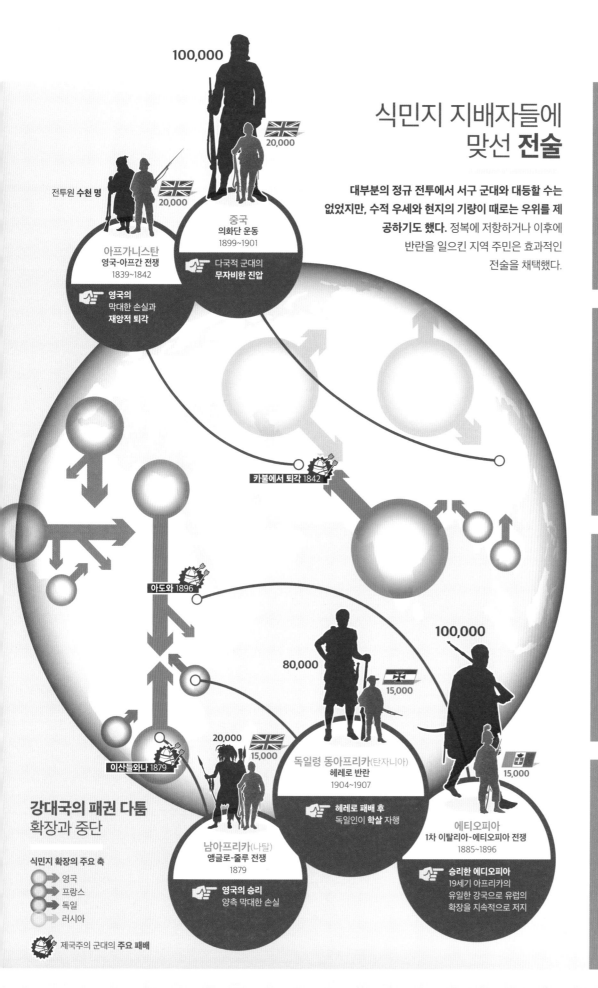

100,000

전투원 수천 명

20,000

20,000

아프가니스탄
영국-아프간 전쟁
1839~1842

👇 **영국의**
막대한 손실과
재앙적 퇴각

중국
의화단 운동
1899~1901

👇 다국적 군대의
무자비한 진압

식민지 지배자들에
맞선 **전술**

**대부분의 정규 전투에서 서구 군대와 대등할 수는
없었지만, 수적 우세와 현지의 기량이 때로는 우위를 제
공하기도 했다.** 정복에 저항하거나 이후에
반란을 일으킨 지역 주민은 효과적인
전술을 채택했다.

카불에서 퇴각 1842

아도와 1896

100,000

80,000

15,000

15,000

15,000

이산들와나 1879

독일령 동아프리카(탄자니아)
헤레로 반란
1904~1907

👇 **헤레로 패배 후**
독일인이 **학살** 자행

에티오피아
1차 이탈리아-에티오피아 전쟁
1885~1896

👇 **승리한 에디오피아**
19세기 아프리카의
유일한 강국으로 유럽의
확장을 지속적으로 저지

강대국의 패권 다툼
확장과 중단

식민지 확장의 주요 축

⊶ 영국
⊶ 프랑스
⊶ 독일
⊶ 러시아

⚙ 제국주의 군대의 **주요 패배**

남아프리카(나탈)
앵글로-줄루 전쟁
1879

👇 **영국의 승리**
양측 막대한 손실

유격전과
매복

헤레로족과 같은 반란 세력들은
독일령 동아프리카에서 게릴라
전술을 구사해 험준한 지역에
숨어 **독일 식민군을 기습했다.**
매복 공격은 적을 약화시키기
위해 흔히 사용되었다.

의도적 방해
(사보타주)**와 파괴**

**반란군은 식민지 기반 시설
운행을 의도적으로 방해하고
철도·다리·시설 등을
파괴함으로써** 식민 지배자들의
물류를 방해했다. 그들은 병력
이동과 보급에 어려움을 겪었다.

포위 전략

**반란군은 요새와
식민지 주둔지를 포위해
통신선을 차단하고** 지원군이
도착하지 못하게 하는 경우도
있었다. 이는 식민지 군대에
상당한 압박을 가했다.

현지 인구의
동원

**반란군은 현지 주민들의
지지를 얻으려고 노력하며**
전사·지도자·민간인을 동원해
식민 지배자들과 싸웠다.
저항은 종종 집단적인 노력으로
이루어졌다.

1880~1914년
무기 경쟁과 전쟁으로 가는 길

유럽의 전쟁 연대기
1850~1913

19세기 중반에 산업화와 함께 전쟁 조건이 바뀌었고, 군대도 질적·양적으로 변화하게 되었다.
1870년 프랑스 제국 군대는 거의 전문적이고 세계에서 가장 뛰어나며 잘 무장된 군대라는 평가를 받았다.
그러나 더 많고 훌륭한 조직을 갖추었으며, 특히 현대적인 포병을 보유한 프로이센 군대에 한 달 만에 궤멸되었다.
이후 몇십 년 동안 유럽 국가들이 적대적인 대연합을 형성하고, (특히 1897년부터 시작된 독일의 세계정책에서 보듯이)
육군과 해군의 무기 경쟁, 아프리카와 동남아시아의 식민지 확장 경쟁에서 긴장이 더욱 고조되었다.
한편, 점차 쇠퇴하는 오스만 제국의 권력에서 벗어난 새로운 민족국가들이 경쟁하는 가운데
발칸반도는 화약고로 변했다. 1914년 유럽의 주요 국가들은 두 개 '진영'으로 나뉘어
서로 대치하게 되었다. 섬나라 영국을 제외하고, 유럽의 모든 나라는 보편적 징병제를
도입하고 군사력을 크게 증강시켰다.

1차 독립전쟁
피에몬테 대 오스트리아

크림 전쟁
프랑스, 영국, 피에몬테,
오스만 제국 대 러시아

2차 독립전쟁
피에몬테와 프랑스 대
오스트리아

공국 전쟁
프로이센 대 덴마크

3차 독립전쟁
이탈리아 대 오스트리아

7주 전쟁
프로이센 대 오스트리아

1870년 전쟁
프로이센과 남부 독일 대
프랑스

10차 러시아-터키 전쟁
러시아 대 터키

세르비아-불가리아 전쟁
세르비아 대 불가리아

30일 전쟁
그리스 대 터키(튀르키예)

1차 발칸 전쟁
세르비아, 그리스,
불가리아 대 터키

2차 발칸 전쟁
세르비아, 그리스,
루마니아 대 불가리아

유럽 강대국들의 군사비 지출 추이
(100만 파운드)

오스트리아-헝가리
x 1.4
13 / 18

이탈리아
x 2.4
10 / 24

프랑스
x 1.7
31 / 52

러시아
x 2.1
30 / 63

독일
x 3.2
20 / 64

영국
x 2.7
25 / 68

1880 / 1910

리엔필드 소총으로
무장한 **영국** 보병
1903

빅커스 기관총
1912

르벨 소총으로
무장한 **프랑스** 보병
1886

생테티엔 기관총
1907

마우저 게베어 98
소총으로 무장한
독일 보병
1898

마쉬넨 게베어 08
기관총
1908

포르투갈
1916

에스파

아일

-2000   -1000   1   1000

스웨덴

덴마크

네덜란드

벨기에

x 0.9
210,000 192,000
31
561
🇬🇧
영국

811,000
470,000
x 1.7
19
307
독일

1,300,000
930,000
x 1.4
168
러시아

850,000
490,000
x 1.7
4
392
프랑스

494,000
262,000
x 1.9
112
오스트리아-헝가리

스위스

루마니아
1916

세르비아
1914

불가리아
1915

몬테네그로
1914

235,000 305,000
3
169
x 1.3
이탈리아

알바니아

삼국 동맹
삼국 협상
전쟁 시작

현대식 전함 또는 순양함   다른 종류의 전함
= 10척

병력 1890   병력 1913

그리스
1917

터키
1914

만리허 소총으로
무장한
오스트리아 보병
1895

슈바르츠로제 MG
M.07/12 기관총
1908

모신나강 소총으로
무장한 러시아 보병
1891

막심 PM1910
기관총
1910

1914년 유럽 열강의 군사력

프랑스는 1870년에 패배하고 비스마르크의 정책으로 유럽에서 고립되었다가 1890년대에 점차 동맹을 재구성해서 중앙 강대국들에 맞서게 되었다. 먼저 러시아 제국과 동맹을 맺고(1892년), 영국과 식민지 분쟁을 해결해 협상을 이끌어냈다(영불 협상, 1904년). 1914년 여름, 오스트리아의 프란츠 페르디난트 대공이 암살되자 유럽에서 긴장이 고조되며 전쟁이 발발했다. 프랑스, 영국, 러시아의 삼국협상국은 독일, 오스트리아-헝가리, 이탈리아의 삼국동맹과 대치하게 되었다. 그러나 이탈리아는 프랑스와 영국보다 오스트리아-헝가리와 더 많은 갈등을 빚고 있었기 때문에 초기에는 중립을 유지했으며, 1915년 봄에 협상국 측에 가담하게 되었다.

참고문헌
Jane (T), 「제인 함정 연감 1914년」Jane's fighting ships 1914」, ARCO, 1969.
Mahnken (T), Maiolo (J), Stevenson (D), 「국제정치에서 군비 경쟁: 19세기부터 21세기까지」Arms Races in International Politics: From Nineteenth to the Twenty-First Century」, Oxford University Press, 2016.
Porte (R), 「1914년, 세계를 뒤바꾼 해: 전체사 시론」1914. Une année qui a fait basculer le monde. Essai d'histoire globale」, Armand Colin, 2014.
Taylor (A), 「유럽 패권을 위한 투쟁, 1848~1918」The Struggle for mastery in Europe, 1848-1918」, Oxford University Press, 1963.

1914~1917년
참호전과
대규모 전투의 시대

"공격자가 일시적으로 압도적인 화력 우위를 가질 때만 공격이 성공할 수 있을 것이다. (중략) 양측 모두, 멈추는 곳이 어디든 도구의 도움을 받아 신속하게 요새화할 수 있다. 그 결과, 쌍방이 평행으로 대치하는 공방전이 벌어지게 될 것이다." 프랑스 장군 루이 드 모드위Louis de Maud'huy(1857-1921)의 말이다. 이 발언은 1914년 8월 당시 아무도 그 규모나 지속 기간을 상상하지 못했던 현실을 예견했다. 대전이 발발했을 때, 교전국들이 세운 어떤 계획도 결정적인 역할을 하지 못했다. 독일은 벨기에 대부분과 프랑스 북동부를 점령했지만, 마른 전투에서는 실패했다. 러시아의 프로이센 공세는 참담한 실패로 돌아가고, 오스트리아군은 세르비아를 무너뜨리고 베오그라드를 점령하는 데 실패했다. 연말이 되자 여느 전선처럼 특히 서부 전선은 돌파하기 거의 불가능한 참호전 체계에 완전히 갇혀버렸다. 세계적으로는 연합국이 빠르게 바다를 장악하고 대부분의 독일 식민지를 점령하며 중앙 제국들을 봉쇄했지만, 유럽에서는 공세가 반복될수록 인명과 물자의 손실이 극도로 증가할 뿐 아무런 해결책도 보이지 않았다. 누구도 결말을 찾지 못할 것처럼 보이는 참혹한 소모전이었다.

관측소
매우 위험하며
때로는 나무줄기나
잔해로 위장

사격 초소
전선 전체에
일렬로 배치

주둔 중인 군사력 사단 수

◧ 1914년 8월
◩ 1916년 12월

동맹국 군대

독일 — 115 + 91 = 206

오스트리아-헝가리 — 71 + 13 = 84

중립 ▶ 48 중립 ▶ 12

터키 30 불가리아

418 | 253 | 총계 | 186 | 350

협상국 군대

러시아 — 133 + 30 = 163

프랑스 — 94 + 17 = 111

영국 — 7 + 63 = 70

제국의 동원 병력 포함

중립 ▶ 45 중립 ▶ 17

이탈리아 루마니아

세르비아 12 - 6 = 6 벨기에 7 - 1 = 6

조제프 조프르
더글러스 헤이그

왕세자 루프레히트
폰 갈비츠

알렉세이 브루실로프
폰 회첸도르프

솜
프랑스-영국의 공세
1916년 7월 1일~11월 18일
98 ／ 손실 50
620,000 ／ 440,000

브루실로프
러시아의 공세
1916년 6월 4일~9월 20일
61 ／ 손실
500,000

베르됭
독일의 공세
1916년 2월 21일~12월 18일
75 ／ 손실 50
380,000 ／ 340,000
1,800 ／ 2,200

왕세자 빌헬름

조프르 페탱 니벨

팔켄하인 크노벨스도르프

포병, '전투의 여왕'
물자 전쟁의 중심

전쟁이 시작될 때까지 교전국들은 포병과 탄약이 얼마나 많이 필요할지 전혀 예상하지 못했다. 1914년 말에는 탄약이 부족해 전투가 거의 중단될 지경에 이르렀다. 특히 프랑스는 1915년에야 탄약 위기를 극복하고, 대규모 생산을 시작했다. 이와 함께 대규모 중포 생산 계획도 진행했다. 이 무기는 화력이 지속적으로 강화되면서 보병을 대신해 '전투의 여왕' 자리를 차지했다.

군사력
부족에서 강력한 전력으로 전환한 프랑스의 사례

150,000
180,000
80,000
50,000
20,000
15,000

| 여름 1914 | 가을 1914 | 겨울 1915 | 겨울 1916 |

하루 탄약 소비량
전문 인력
생산 단위
구경(mm)

105
1,260
FH 98/09
곡사포
1909

3,000
155
슈네데르 155C
곡사포
1915

155
400
필루 155GPF
장거리 대포
1917

234
675
오드넌스
후장식 9.2인치
곡사포
1914

305
100
스코다 M11
박격포
1912

420
10
'대형 베르타'
단축형
해군 대포
1909

헛된 '초대형 전투'

1916년 베르됭 전투에서 프랑스는 방어에 치중해 승리했지만, 끔찍한 인명 피해를 치르고 얻은 승리였기 때문에 그 전투는 희생의 상징으로 깊이 새겨졌다. 수개월 동안 병사들은 베르됭 요새를 목표로 한 독일군의 대규모 공격에 맞서다가 수만 명에서 수십만 명이 전사했다. 7월부터 영국군은 프랑스군의 지원을 받아 솜 전투에서 공세를 펼쳤으나, 마찬가지로 소모전을 겪게 되었다. 한편, 동부 전선에서는 러시아군이 대규모 공세(브루실로프 공세)를 펼쳐 오스트리아-헝가리군에 큰 성공을 거두었지만, 차르의 군대 역시 큰 손실을 입었다. 이탈리아에서 여러 차례 공세(이손초 전투의 5~9차 전투)를 펼쳤으나 아무런 성과를 거두지 못했다. 1916년 말, 모든 '초대형 전투'는 기껏해야 전략적으로 제한된 결과(브루실로프 공세, 이탈리아군의 고리치아 점령)만을 가져왔을 뿐이며, 서부 전선에서는 완전히 보잘것없는 결과로 끝났다. 그러나 모든 교전국은 수백만 명의 사상자를 낳았다. 전쟁은 더는 돌파구가 없는 막다른 길에 처한 것 같았다.

참고문헌
Becker (JJ), 「세계대전La Grande Guerre」, PUF, 2004.
Bourlet (M), 「베르됭, 1916년Verdun, 1916」, Perrin, 2023.
Bonin (H), 「세계대전과 현대 분쟁에서 포병과 탄약 중심의 생산 체제의 강화La montée en puissance du système productif de guerre articulé autour de l'artillerie et des munitions」, in Guerres mondiales et conflits contemporains 2016/4 (N° 264).
Keegan (J), 「그림으로 보는 1차 세계대전의 역사The First World War: An Illustrated History」, Hutchinson, 2001.
Porte (R), 「산업 동원, 1차 세계대전의 '첫 번째 전선'인가? 1914~1918년La Mobilisation industrielle, «premier front» de la Grande Guerre?, 14~18」, 2006.
Valluy (J), 「1차 세계대전La Première Guerre mondiale」, 2 tomes Larousse, 1968.

1917~1918년
전선을 돌파하다

1917년 군사적으로 교착 상태가 지속되고 양측이 막대한 손실을 입었지만 결정적인 결과는 없었다. 이때 새로운 전술과 신형 무기, 특히 1915년부터 영국과 프랑스에서 개발된 전차가 등장해 판도를 바꾸었다. 1917년 2월과 11월의 두 차례 러시아 혁명은 동부 전선의 균형을 뒤흔들었고, 1918년 봄에 중앙 동맹국들은 국지적인 평화를 틈타 서부 전선으로 병력을 돌릴 수 있었다. 한편, 1917년 4월에 미국이 참전했을 때부터 협상국들은 주도권을 다시 잡을 수 있다는 희망을 품게 되었다. 그러나 대서양을 건너온 미군 병사 수백만 명이 장비를 갖추고 훈련을 받기까지는 시간이 필요했다. 독일은 이 시간을 활용해 서부 전선에서 전쟁을 재개하는 마지막 시도로 대규모 봄 공세를 펼쳤다. 1918년은 이동전의 양상을 다시 보여주었고, 1914년 이후 전쟁에서 가장 치열하고 많은 희생을 낳은 해가 되었다. 하지만 여름이 되자 프랑스, 이탈리아, 마케도니아 등지에서 지친 중앙 동맹국들이 하나씩 항복하게 되었다.

전쟁의 **저항**과 거부

전례 없는 폭력의 전쟁이 지속되는 동안, 독가스를 대량 살포할 때까지 많은 병사가 극도의 피로와 권태, 심지어 적대감에 시달린 나머지 다양한 형태로 반항하기 시작했다. 이러한 반항은 단순한 불만에서부터 1917년 봄 프랑스 군대에서 발생한 일시적인 반란에 이르기까지 정도의 차이는 있었지만, 모두 엄격히 진압되었다. 이러한 상황에서 지휘부는 단순한 진압을 넘어서 새로운 전술과 장비로써 병사들의 생명을 더 잘 보호하는 방법을 고민하게 되었다.

전쟁은 **변한다**

기술적으로……

1914년에서 1918년 사이의 전쟁은 엄청난 기술적 발전을 경험했다. 증가하는 기계화, 강력하고 밀집된 포병과 자동화기의 위력, 항공기와 전차의 역할, 바다에서는 효과적인 대응책을 개발하지 못한 가공할 만한 잠수함이 전쟁의 양상을 점차 변화시켰다.

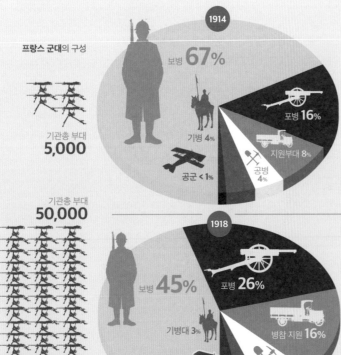

프랑스 군대의 구성

1914

보병 **67%**

포병 **16%**

기병 **4%**

지원부대 **8%**

공병 **4%**

공군 < **1%**

기관총 부대 **5,000**

기관총 부대 **50,000**

1918

보병 **45%**

포병 **26%**

기병대 **3%**

병참 지원 **16%**

공군 **3%**

공병 **7%**

물류와 기계화, 증가하는 비중

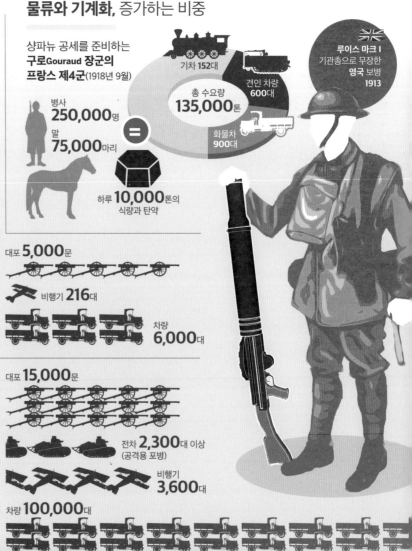

샹파뉴 공세를 준비하는 **구로Gouraud 장군의 프랑스 제4군** (1918년 9월)

기차 **152**대

견인 차량 **600**대

화물차 **900**대

총 수요량 **135,000**톤

병사 **250,000**명

말 **75,000**마리

＝

하루 **10,000**톤의 식량과 탄약

루이스 마크 I 기관총으로 무장한 **영국 보병** **1913**

대포 **5,000**문

비행기 **216**대

차량 **6,000**대

대포 **15,000**문

전차 **2,300**대 이상 (공격용 포병)

비행기 **3,600**대

차량 **100,000**대

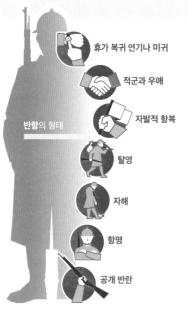

반항의 형태

- 휴가 복귀 연기나 미귀
- 적군과 우애
- 자발적 항복
- 탈영
- 자해
- 항명
- 공개 반란

총살된 병사 수(모든 원인)

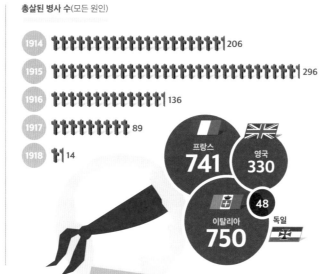

1914 206
1915 296
1916 136
1917 89
1918 14

프랑스 **741**
영국 **330**
이탈리아 **750**
독일 **48**

...... 그리고 전술적으로

"1918년의 프랑스 군대는 1914년의 군대보다 오늘날의 군대와 더 많은 공통점을 가지고 있었다. 1914년의 군대는 여전히 나폴레옹의 군대와 매우 비슷했지만, 1918년의 군대는 완전히 산업화된 군대가 되었으며, 병사들은 전투 노동자가 되었다. 심지어 1917년의 반란도 봉기라기보다는 대규모 파업에 더 가까웠다." — 미셸 고야

쇼샤
기관총으로 무장한
프랑스 보병
1911

베흐젤아파라트
화염방사기를 갖춘
독일 돌격대 보병
1917

1918년 서부 전선에 배치할 수 있는 보병

협상국		동맹국
4월		
1억 2,500만		1억 5,700만
5월		
1억 3,400만		1억 6,000만
6월		
1억 5,000만		1억 6,400만
7월		
1억 5,600만		1억 4,100만
8월		
1억 6,700만		1억 4,000만
9월		
1억 6,800만		1억 3,400만
10월		
1억 5,900만		1억 2,200만
11월		
1억 4,600만		8,700만

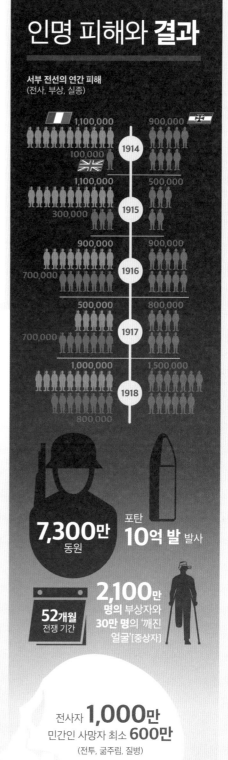

인명 피해와 **결과**

서부 전선의 연간 피해
(전사, 부상, 실종)

	1914	
1,100,000		900,000
100,000		
1,100,000	1915	500,000
300,000		
900,000	1916	900,000
700,000		
500,000	1917	800,000
700,000		
1,000,000	1918	1,500,000
800,000		

7,300만
동원

포탄
10억 발 발사

52개월
전쟁 기간

2,100만
명의 부상자와
30만 명의 '깨진
얼굴'[중상자]

전사자 **1,000만**
민간인 사망자 최소 **600만**
(전투, 굶주림, 질병)

참고문헌
Bach (A), 『군사재판 1915~1916년 Justice militaire 1915-1916』, Vendémiaire, 2013.
Becker (JJ), 『1차 세계대전 La Grande Guerre』, PUF, 2004.
Foley (M), 『전차의 등장: 1차 세계대전에서 잠갑 차량과 그 활용 Rise of the Tank: Armoured Vehicles and their use in the First World War』, Pen and Sword, 2014.
Goya (M), 『정복자들 Les vainqueurs』, Talandier, 2018.
Winter (J), 『케임브리지 1차 세계대전사 The Cambridge History of the First World War』, 3 vol., Cambridge University Press, 2014.

전격전
공격 전쟁과 '전투의 기계화'

블리츠크리크Blitzkrieg 또는 '전격전'이라는 용어는 언론이 만든 표현으로, 나치 정권이 1930년대에 창설한 독일국방군Wehrmacht이 2차 세계대전 초기에 빠르고 화려한 승리를 거두는 방식을 뜻한다. 이 전술은 특히 1940년 5월에서 6월 사이에 프랑스를 격파하는 과정에서 두드러졌다. 독일군은 전체 군대의 약 10퍼센트에 불과한 매우 동질적인 기갑과 기계화 부대의 기동성에 기반을 둔 새로운 전술로 승리를 거두었다. 이 부대들은 적의 전선을 빠르게 돌파하며, 이동식 포병의 역할을 하는 급강하 폭격기들의 직접적인 지원을 받았다. 이처럼 기습, 신속한 통신과 실행, 병과 간의 협력, 현장 지휘관들의 자율성을 활용하는 새로운 전쟁 방식은 '전투기계' (마르크 블로흐의 표현)에 기반을 두고 있었다. 독일은 1939년부터 1941년 사이에 유럽의 대부분을 정복하고 소련의 서부를 침공하면서 놀라운 성과를 거두었다. 그러나 '독일국방군'은 장기전을 염두에 두고 설계된 군대가 아니었으며, 장비와 병력을 충분히 보충할 능력이 없었기 때문에 소모전에서 점차 지쳐갔다. 그사이에 독일의 적들은 점점 더 강력해지면서 전술적 우위를 확보했다.

하인츠 구데리안
1888-1954

샤를 드골
1890-1969

『**전차를 조심해**
Achtung Panzer』
1934년

『**직업 군대를 향해서**
Vers l'armée de métier』
1934년

구데리안과 드골
전차의 역할을 논하다

1920년대와 1930년대에 전차의 활용 문제는 여러 나라(프랑스·독일·소련 등)에서 많은 논의의 대상이 되었으며, 하인츠 구데리안이 가장 완벽한 이론을 제시했다. 프랑스에서 드골 대령은 같은 시기에 강력한 전문 기갑부대의 창설을 주장했지만, 항공력의 중요성을 충분히 인식하지 못했다. 1939년에서 1941년 사이에 독일국방군이 일시적이지만 압도적인 성공을 거둘 수 있었던 것은 무엇보다도 전차와 항공기의 조합 덕이었다.

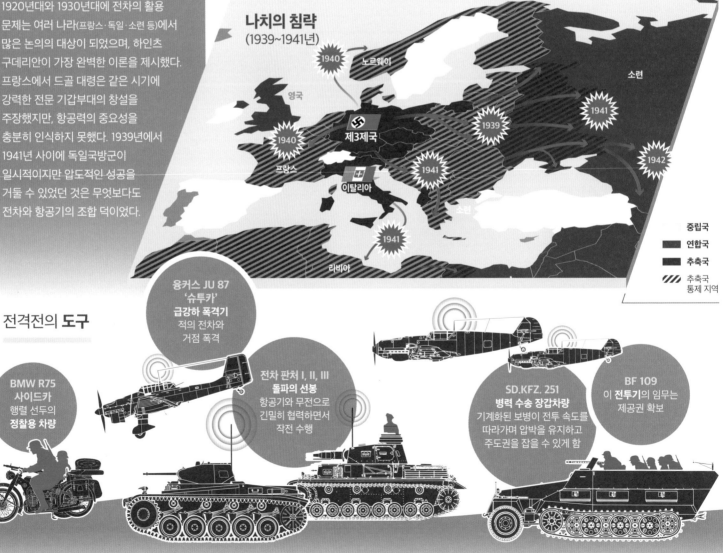

나치의 침략
(1939~1941년)

노르웨이
영국
소련
1940
1941
1939
제3제국
1940
1941
프랑스
이탈리아
1941
1942
리비아

중립국
■ 연합국
■ 추축국
/// 추축국
통제 지역

전격전의 도구

**BMW R75
사이드카**
행렬 선두의
정찰용 차량

**융커스 JU 87
'슈투카'
급강하 폭격기**
적의 전차와
거점 폭격

**전차 판처 I, II, III
돌파의 선봉**
항공기와 무전으로
긴밀히 협력하면서
작전 수행

**SD.KFZ. 251
병력 수송 장갑차량**
기계화된 보병이 전투 속도를
따라가며 압박을 유지하고
주도권을 잡을 수 있게 함

BF 109
이 **전투기**의 임무는
제공권 확보

31 일본은 말레이시아에서 자전거 부대(은륜부대)를 편성해 숲속에서 진격 속도를 높여 영국군의 항복을 받아냈다.

강철에서 원자로 | 87

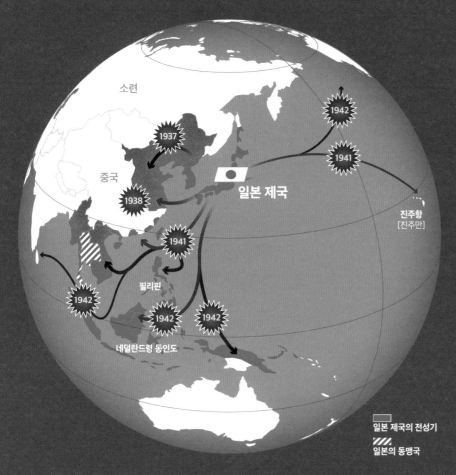

소련

중국

1937

1938

1941

1942

1941

일본 제국

진주항
[진주만]

1941

1942

필리핀

1942

1942

1942

네덜란드령 동인도

▨ 일본 제국의 전성기
▨ 일본의 동맹국

일본의 침략(1941~1942년)
'자전거 전격전' 인가?

아시아-태평양 지역에서 일본군의 신속한 공세를 조롱하는 의미로 이 표현을 가끔 쓰지만, 보잘것없는 전차보다는 매우 잘 훈련된 일본군의 놀라운 기동성에 더 많은 의미가 있었다. 이들은 말레이시아나 필리핀처럼 가장 험난한 지형을 포함해 연합군의 방어선을 압도했다. 일본 제국군은 훈련을 받은 소규모의 상륙·항공 부대로 공격적 전력을 구성했다는 점에서 놀라웠지만, 장기전에는 적합하지 않았다. 장비가 열악하고 아시아, 특히 중국과 태평양의 광대한 지역에 분산된 일본 제국군은 1942년 중반부터 물자와 육·해·공 전력에서 거의 기하급수적으로 성장하는 미군의 공세를 막아내지 못하게 되었다.

빠르게 힘을 잃는 모델

유럽과 아시아-태평양에서처럼 추축국은 전쟁 초기에 동질적이고 잘 훈련된 소규모 부대로 승리를 거두었지만, 이 핵심 부대는 필수 자원을 확충하거나 조직을 재구성하지 못해 빠르게 쇠퇴했다. 늦게나마 생산을 크게 늘리려 했지만, 그 노력은 회복에 충분하지 않았다. 그 결과, 독일국방군은 차량보다 연료 부족으로 소련의 붉은 군대나 서방군에 비해 기계화 정도가 훨씬 낮아졌고, 기동성과 전투 능력까지 심각하게 잃어갔다.

독일군 내에서 기갑 사단과 기계화 사단의 비율

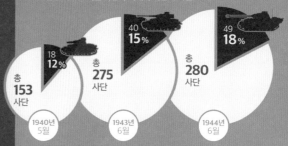

총
153
사단

18
12%

1940년
5월

총
275
사단

40
15%

1943년
6월

총
280
사단

49
18%

1944년
6월

독일의 판처 사단, 혁명적 도구의 쇠퇴

1939
1940
전차 300대
15,000명

1941
1942
전차 200대
17,000명

1943
1944
전차 150대
15,000명

1945
전차 50대
11,000명

참고문헌
Bernard (N), 『태평양 전쟁La guerre du Pacifique』, Tallandier, 2016.
Bloch (M), 『이상한 패배: 폴리오 역사L'Étrange défaite, Folio histoire』, Gallimard, 1990.
Frieser (K), 『전격전의 신화Le mythe de la guerre éclair』, Belin, 2003.
Murray (W), 『패배의 전략: 루프트바페(독일 공군) 1933~1945년Strategy for defeat, The Luftwaffe 1933-1945』, Air University Press, 1983.
Lopez (J), 『바르바로사 작전: 절대적 전쟁Barbarossa, la guerre absolue』, Passés Composés, 2022.

병력은 **신슈 마루** 같은 **상륙함**과 다이하쓰 **상륙정**에 타고 가서 상륙했다.

G4M 베티 쌍발 폭격기, 나카지마 KI-43 하야부사 전투기가 **공중 엄호**에 동원되었다.

경전차 95식 하고HA-GO가 선두에서 진격하고 그 뒤를 보병이 따라갔다. 일본 제국군은 **기계화**가 덜 되었고 **장갑차도** 부족했다.

1914~1945년
복엽기에서 제트기까지: 항공 혁명

20세기 초 프랑스의 프노와 아데르, 독일의 릴리엔탈, 루마니아의 뷔아, 브라질의 산토스 뒤몽, 미국의 라이트 형제 같은 선구자 덕분에 탄생한 항공은 1차 세계대전 직전까지 군사적으로는 여전히 제한적으로 사용되었다. 그러나 1914년에서 1918년 사이와 그 이후에 매우 빠른 기술적 발전을 이루었다. 초기에는 몇십 대의 나무와 천으로 만든 취약한 비행기가 포격 조준의 사전 작업으로 지형을 관찰하는 데 이용되었을 뿐이지만, 나중에는 수천 대의 전투기와 폭격기가 동원되었다. 2차 세계대전 동안 항공은 군대의 필수적인 구성 요소로 자리 잡았으며, 점점 더 특화된 금속제 단엽기(정찰, 전투, 폭격, 지상 또는 해상 공격, 수송 등)가 등장했다. 항공기는 무장을 갖추고 성능이 뛰어났으며, 종류에 따라 한 개, 두 개, 네 개, 또는 그 이상의 엔진을 장착했다.

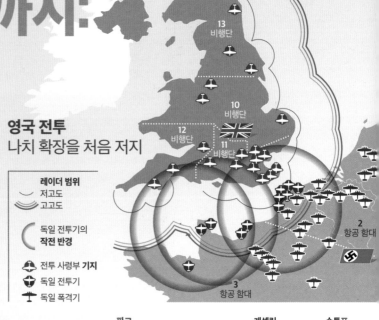

영국 전투
나치 확장을 처음 저지

레이더 범위
〜 저고도
〜 고고도

독일 전투기의 **작전 반경**

⬥ 전투 사령부 **기지**
✈ 독일 전투기
✈ 독일 폭격기

13 비행단
10 비행단
12 비행단
11 비행단
2 항공 함대
3 항공 함대

1940년 7월 항공기 수

항공기 2,000대 중 **전투기 900대**
손실 **1,700대**

항공기 2,500대 중 **전투기 1,200대**
손실 **2,000대**

파크
도우딩 리 말러리

케셀링 **슈툼프**
괴링 슈페를레

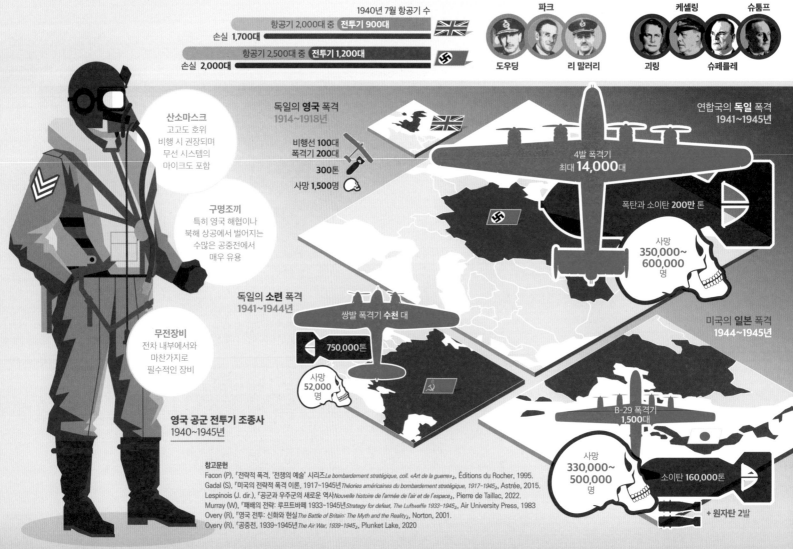

산소마스크
고고도 호위 비행 시 권장되며 무선 시스템의 마이크도 포함

구명조끼
특히 영국 해협이나 북해 상공에서 벌어지는 수많은 공중전에서 매우 유용

무전장비
전차 내부에서와 마찬가지로 필수적인 장비

영국 공군 전투기 조종사
1940~1945년

독일의 영국 폭격
1914~1918년

비행선 100대
폭격기 200대
300톤
사망 1,500명

독일의 소련 폭격
1941~1944년

쌍발 폭격기 **수천** 대
750,000톤
사망 52,000명

연합국의 독일 폭격
1941~1945년

4발 폭격기 최대 **14,000대**

폭탄과 소이탄 200만 톤

사망 350,000~600,000명

미국의 일본 폭격
1944~1945년

B-29 폭격기 1,500대

사망 330,000~500,000명

소이탄 160,000톤

+ 원자탄 2발

참고문헌
Facon (P), 「전략적 폭격, 『전쟁의 예술』 시리즈」Le bombardement stratégique, coll. «Art de la guerre»』, Éditions du Rocher, 1995.
Gadal (S), 「미국의 전략적 폭격 이론, 1917~1945년Théories américaines du bombardement stratégique, 1917-1945」, Astrée, 2015.
Lespinois (J. dir.), 「공군과 우주군의 새로운 역사Nouvelle histoire de l'armée de l'air et de l'espace』, Pierre de Taillac, 2022.
Murray (W), 「패배의 전략: 루프트바페 1933~1945년Strategy for defeat, The Luftwaffe 1933-1945』, Air University Press, 1983
Overy (R), 「영국 전투: 신화와 현실The Battle of Britain: The Myth and the Reality』, Norton, 2001.
Overy (R), 「공중전, 1939~1945년The Air War, 1939-1945』, Plunket Lake, 2020.

하늘의 왕, 전투기

초기의 항공기는 무장하지 않았지만, 조종사는 자기 방어용 소총을 싣고 탔으며, 곧 뒤쪽으로 발사하는 기관총을 장착하기 시작했다. 1915년 롤랑 가로스Roland Garros는 전방으로 발사할 수 있도록 엔진과 기관총을 연동 처리하는 혁신을 도입했으며, 이후 독일군은 이 시스템을 개선해서 기관총의 발사를 엔진과 동기화시켰다. 이로써 전투기가 탄생했으며, 그 중요성은 2차 세계대전 말에 제트기가 등장할 때까지 지속적으로 커져갔다.

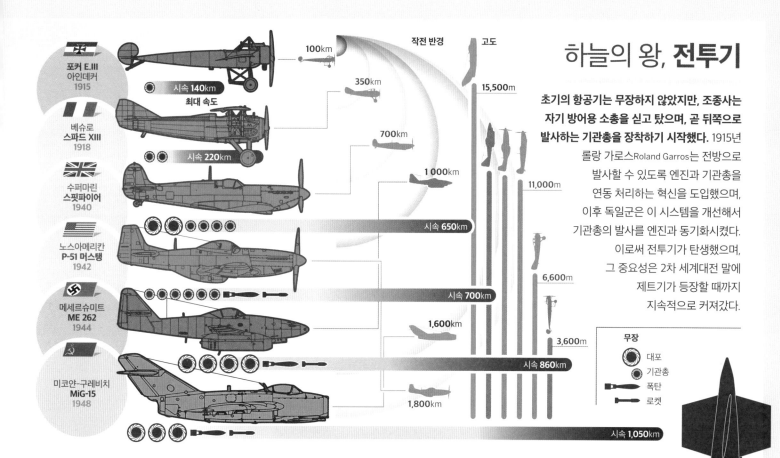

포커 E.III 아인데커 1915
시속 140km
최대 속도
100km

베슈로 스파드 XIII 1918
시속 220km
350km

수퍼마린 스핏파이어 1940
700km

노스아메리칸 P-51 머스탱 1942
시속 650km
1,000km

메세르슈미트 ME 262 1944
시속 700km

미코얀-구레비치 MiG-15 1948
시속 860km
1,600km
1,800km
시속 1,050km

작전 반경
고도
15,500m
11,000m
6,600m
3,600m

무장
대포
기관총
폭탄
로켓

전략적 폭격
하늘에서 오는 두려움

적 도시의 공중 폭격은 군사 목표뿐만 아니라 점점 민간인까지 무차별적으로 겨냥하는 일이 더 자주 벌어졌다. 이는 20세기의 가장 충격적이고 치명적인 변화 중 하나였으며, 어떠한 교전국도 이 폭격에서 완전히 벗어날 수 없었다. 그러나 1914년에는 이러한 행동이 하늘에서 가벼운 폭탄 몇 개를 손으로 투하하는 정도에 불과했지만, 항공기의 발전과 전략적 폭격 이론의 탄생으로 파괴 능력이 크게 향상되었다. 이러한 폭격은 2차 세계대전 동안 정점을 이루었다. 처음에는 독일이 폭격(바르샤바, 로테르담, 코번트리, 베오그라드, 런던 대공습 등)을 시작했고, 이후 연합군은 수 톤의 폭탄을 운반할 수 있는 4발 폭격기를 수백 대 동원해서 점점 더 체계적으로 독일과 일본을 동시에 폭격했다. 대규모 폭격의 목표는 전쟁 경제를 파괴하고 민중의 사기를 꺾는 데 있었으며, 사실상 매우 파괴적이고 치명적이었지만, 쏟아부은 물량에 비해 효과는 적었다. 1945년 8월, 미국은 전쟁을 조속히 끝내기 위해 히로시마와 나가사키에 원자폭탄을 투하해서 새로운 파괴의 문턱을 넘어 가공할 공포의 시대를 열었다.

불분명한 목표, 제한된 효과

전쟁물자 생산 억제 (광산, 공장)
교통 통신 차단 (도로, 철도)
민간인 사기 꺾기 (파괴, 난민)

영국 군수품
폭탄의 발전

115kg 중간 용량 폭탄 1942
450kg 중간 용량 폭탄 1943
9kg 쿠퍼탄 1915

1.8kg 베이비 소이탄 1918
18kg 범용 폭탄 1937
230kg 중간 용량 폭탄 1942
860kg 범용 폭탄 1941
1,800kg 고용량 폭탄 1944
3,600kg 이중 폭탄 1944
5,400kg 톨보이 '지진폭탄' 1944
10,000kg 그랜드슬램 '지진폭탄' 1945

잠수함과 항공모함
20세기 해군의 이중 혁명

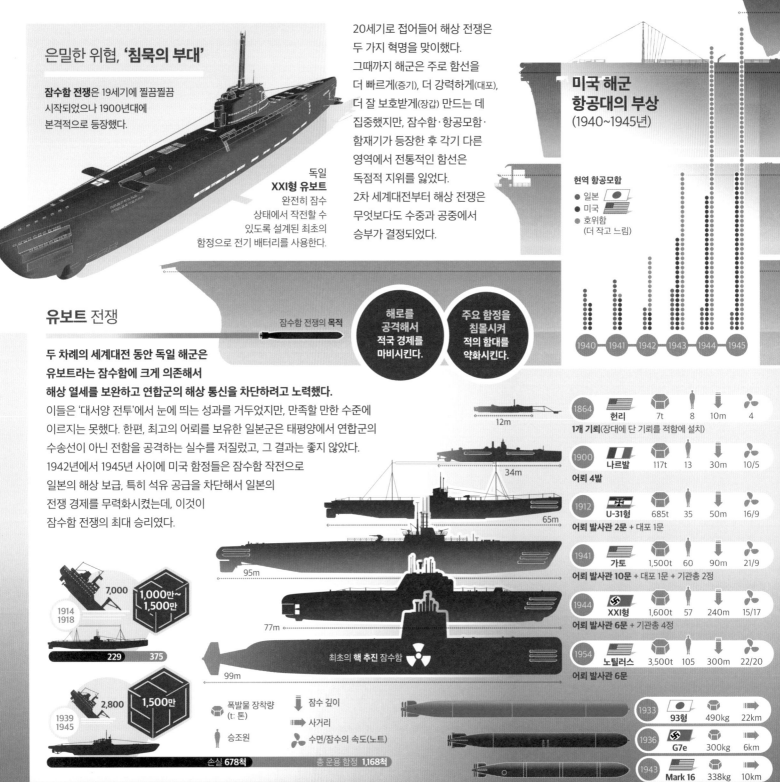

은밀한 위협, '침묵의 부대'

잠수함 전쟁은 19세기에 찔끔찔끔 시작되었으나 1900년대에 본격적으로 등장했다.

20세기로 접어들어 해상 전쟁은 두 가지 혁명을 맞이했다. 그때까지 해군은 주로 함선을 더 빠르게(증기), 더 강력하게(대포), 더 잘 보호받게(장갑) 만드는 데 집중했지만, 잠수함·항공모함·함재기가 등장한 후 각기 다른 영역에서 전통적인 함선은 독점적 지위를 잃었다. 2차 세계대전부터 해상 전쟁은 무엇보다도 수중과 공중에서 승부가 결정되었다.

독일 XXI형 유보트
완전히 잠수 상태에서 작전할 수 있도록 설계된 최초의 함정으로 전기 배터리를 사용한다.

미국 해군 항공대의 부상 (1940~1945년)

현역 항공모함
- 일본
- 미국
- 호위함 (더 작고 느림)

1940 / 1941 / 1942 / 1943 / 1944 / 1945

유보트 전쟁

잠수함 전쟁의 목적

두 차례의 세계대전 동안 독일 해군은 유보트라는 잠수함에 크게 의존해서 **해상 열세를 보완하고 연합군의 해상 통신을 차단하려고 노력했다.**
이들은 '대서양 전투'에서 눈에 띄는 성과를 거두었지만, 만족할 만한 수준에 이르지는 못했다. 한편, 최고의 어뢰를 보유한 일본군은 태평양에서 연합군의 수송선이 아닌 전함을 공격하는 실수를 저질렀고, 그 결과는 좋지 않았다. 1942년에서 1945년 사이에 미국 함정들은 잠수함 작전으로 일본의 해상 보급, 특히 석유 공급을 차단해서 일본의 전쟁 경제를 무력화시켰는데, 이것이 잠수함 전쟁의 최대 승리였다.

해로를 공격해서 적국 경제를 마비시킨다.

주요 함정을 침몰시켜 적의 함대를 약화시킨다.

1914 1918
7,000
1,000만~1,500만
229 / 375

1939 1945
2,800
1,500만

- 폭발물 장착량 (t: 톤)
- 잠수 깊이
- 사거리
- 승조원
- 수면/잠수의 속도(노트)

손실 678척 / 총 운용 함정 1,168척

연도	이름		폭발물 장착량	승조원	잠수 깊이	속도
1864	헌리	12m	7t	8	10m	4
	1개 기뢰(장대에 단 기뢰를 적함에 설치)					
1900	나르발	34m	117t	13	30m	10/5
	어뢰 4발					
1912	U-31형	65m	685t	35	50m	16/9
	어뢰 발사관 2문 + 대포 1문					
1941	가토	95m	1,500t	60	90m	21/9
	어뢰 발사관 10문 + 대포 1문 + 기관총 2정					
1944	XXI형	77m	1,600t	57	240m	15/17
	어뢰 발사관 6문 + 기관총 4정					
1954	노틸러스	99m	3,500t	105	300m	22/20
	어뢰 발사관 6문					

최초의 핵 추진 잠수함

연도	이름	폭발물 장착량	사거리
1933	93형	490kg	22km
1936	G7e	300kg	6km
1943	Mark 16	338kg	10km

-2000 / -1000 / 1 / 1000

'평갑판' 바다의 새로운 지배자들

탑재기	연도	국가			
탑재기 15대	1918	아르거스	15,000	495	20	3,600	172m
탑재기 40대	1928	베아른	25,000	875	21	3,150	183m
탑재기 72대	1938	아크로열	22,000	1,580	31	10,300	243m
탑재기 90대	1943	에섹스	27,000	2,600	33	14,000	250m
탑재기 90대	1961	엔터프라이즈	95,000	4,600	33.5	무제한	342m

최초의 핵 추진 항공모함

⊗ 작전 반경

항공모함은 기본적으로 바다 위의 공군기지로서 '수평선 너머'의 적을 공격할 수 있다. 항공모함은 1차 세계대전 말에 등장했지만, 2차 세계대전 동안에야 비로소 특수 항공 기술과 이착륙 기술(발진장치)이 발전함으로써 함대의 핵심 전력(주력함)으로 자리 잡았다. 이후 전함의 중요성이 감소했으며, 이러한 변화는 1940년 타란토와 1942년 미드웨이 전투에서 두드러지게 나타났다. 작은 호위 항공모함부터 최대 100대의 항공기를 탑재할 수 있는 대형 항공모함까지 다양한 유형으로 개발된 항공모함은 항상 적의 위협에 대비해서 강력한 수상 호위를 받았다. 1941년 선두에 있던 일본의 항공모함 함대가 1942년에서 1944년 사이에 파괴되면서 영미 함대, 특히 미국 함대가 독주할 수 있게 되었다. 1945년 이후 항공모함은 복잡한 기술이 필요했으며 건조비용이 많이 들었기 때문에 보유국이 거의 없었다. 게다가 항공모함은 여전히 미사일에 취약했다. 미국만은 예외적으로 현재 핵 추진 방식의 '대형 평갑판' 항공모함 10여 척을 보유하고 있으며, 이는 미국의 외교적 영향력과 군사력을 뒷받침하는 핵심 요소로 남아 있다.

미드웨이 [1942년 6월 4~7일]
일본이 태평양에서 주도권을 잃다

야마모토

니미츠

알류샨 열도

미드웨이

마리아나 제도

하와이

태평양

1941~1942년에 걸친 일련의 육상전·해상전 승리 이후, 일본군은 작은 섬 미드웨이 주변에서 미국 태평양 함대를 전투로 유인해 결정적인 타격을 계획했다. 그러나 일본은 항공모함 4척과 해군 항공의 우위를 빼앗기는 재앙을 맞이했다. 이후 일본군은 방어에만 집중하게 되었다.

제로센 전투기 93대
급강하 폭격기 D3 밸 72대
어뢰기 B5 케이트 81대
총 손실 항공기 246대

F4 와일드캣 전투기 72대
급강하 폭격기 SBD 돈틀리스 112대
어뢰기 TBD 디베스테이터 42대
손실 150대

잠수함 대응책
점점 더 발전하는 기술력

수중 부표

수중 폭뢰

탐지기술의 보편화
소나, 음향탐지기

공격용 잠수함
(1945년 이후)

수중 기뢰

영국 아크로열함
이 영국 함선은 단순히 대형 선체에 비행갑판을 추가한 것이 아니라 최초의 '진정한' 항공모함이다.

참고문헌
Collectif, 『군사력의 균형 1981~1982년Military Balance 1981-1982』, IISS, Facts on File, 1981.
Hearn (C), 『전투 중의 항공모함: 해상 공중전Carriers in Combat: The Air War at Sea』, Bloomsbury, 2005.
Patfield (D), 『칼 되니츠와 유보트 전쟁Dönitz et la guerre des U-Boote』, Texto Tallandier, 2017.
Symonds (C), 『미드웨이 해전The battle of Midway』, Oxford University Press, 2013.
Symonds (C), 『2차 세계대전 해군사Histoire navale de la Seconde guerre mondiale』, Perrin, 2020.

1944~1945년
거대한 공세와 '대연합'

2차 세계대전의 주요 승자는 누구인가? 이 질문은 80년 동안
각 나라와 정치적 상황에 따라 다르게 해석되었다. 사실, 이 질문은
진정한 세계대전의 맥락에서 큰 의미가 없다고 쉽게 답할 수 있으며,
1945년의 승리는 무엇보다도 역사상 유례없는 연합의 결과라고 할 수 있다.
특히 소련과 어느 정도는 중국이 대연합의 대륙적 축을 형성해서 막대한
희생을 치르면서도 추축국의 병력을 대부분 소진시켰다. 그러나 미국은
영연방의 강력한 지원을 받으면서 경제적 동원력과 전례 없는 자원으로
대서양과 태평양을 가로질러 작전을 펼칠 수 있었고, 이렇게 해서
'세계 유일'의 강대국이 되었다. 이들은 연합군에 지속적인 물자와
물류 지원을 보장하고, 주변에 군사공세를 펼쳐 인적 희생을 최소화하면서
독일과 일본의 군사력을 압도하는 데 크게 이바지했다. 1945년 5월,
연합군은 폐허가 된 독일의 중심에서 서로 만났다. 몇 달 후, 일본은
궁지에 몰리다가 마침내 히로시마와 나가사키에 미국의 원자폭탄을
맞은 후 항복했으며, 동시에 소련군은 만주를 침공했다.
1945년 9월 2일, 마침내 역사상 가장 큰 전쟁이 막을 내렸다.

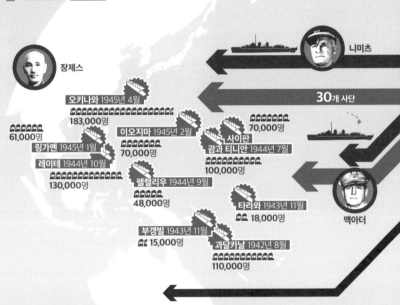

장제스
니미츠
30개 사단
맥아더

오키나와 1945년 4월
183,000명
61,000명
링가옌 1945년 1월
레이테 1944년 10월
130,000명
이오지마 1945년 2월
70,000명
사이판
70,000명
괌과 티니안 1944년 7월
100,000명
펠렐리우 1944년 9월
48,000명
타라와 1943년 11월
18,000명
부갱빌 1943년 11월
15,000명
과달카날 1942년 8월
110,000명

인적 손실의 불균형

탄약 생산량 비교
단위: 10억 달러

▲ 추축국
▲ 연합국

연도	추축국	연합국
1941	15	21
1942	25	45
1943	29	70
1944	27	75

미국의 노동력 분포
1944년

6,400만

- 34% 상업과 서비스업
- 18% 군대
- 28% 광업과 생산업
- 13% 농업
- 9% 운송업과 공공서비스
- 1% 무직

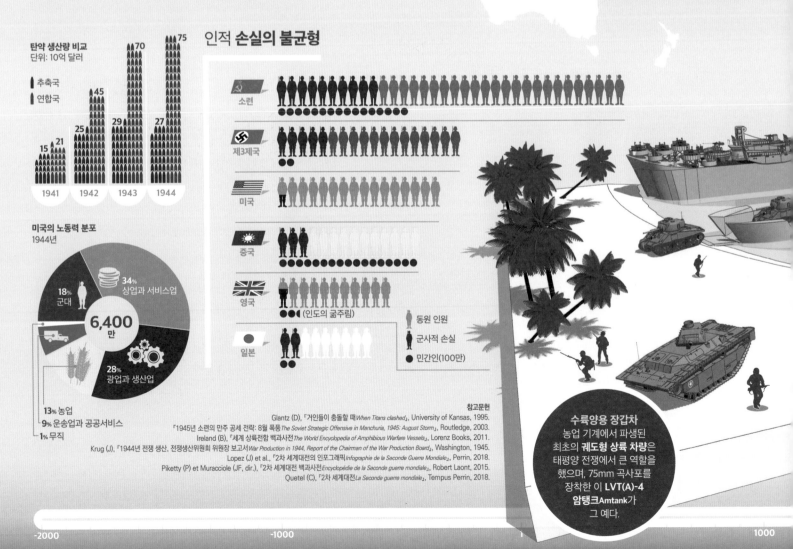

소련
제3제국
미국
중국
영국 ●●● (인도의 굶주림)
일본

■ 동원 인원
■ 군사적 손실
● 민간인(100만)

수륙양용 장갑차
농업 기계에서 파생된
최초의 궤도형 상륙 차량은
태평양 전쟁에서 큰 역할을
했으며, 75mm 곡사포를
장착한 이 LVT(A)-4
암탱크Amtank가
그 예다.

참고문헌
Glantz (D), 『거인들이 충돌할 때When Titans clashed』, University of Kansas, 1995.
『1945년 소련의 만주 공세 전략: 8월 폭풍The Soviet Strategic Offensive in Manchuria, 1945: August Storm』, Routledge, 2003.
Ireland (B), 『세계 상륙전함 백과사전The World Encyclopedia of Amphibious Warfare Vessels』, Lorenz Books, 2011.
Krug (J), 『1944년 전쟁 생산, 전쟁생산위원회 위원장 보고서War Production in 1944, Report of the Chairman of the War Production Board』, Washington, 1945.
Lopez (J) et al., 『2차 세계대전의 인포그래픽Infographie de la Seconde Guerre Mondiale』, Perrin, 2018.
Piketty (P) et Muracciole (JF, dir.), 『2차 세계대전 백과사전Encyclopédie de la Seconde guerre mondiale』, Robert Laont, 2015.
Quetel (C), 『2차 세계대전La Seconde guerre mondiale』, Tempus Perrin, 2018.

아이젠하워

몽고메리

패튼

주코프

로코소프스키

코네프

마운트배튼

독일군의 포위 탈출 공세

펠피츠?

마그데부르크

베를린

미군

라이프치히

소련군

156,000명
노르망디 1944년 6월

80,000명
살레르노 1943년 9월

프로방스 1944년 8월
150,000명

162,000명
시칠리아 1943년 7월

토치 1942년 11월
107,000명

군수 지원[무기대여법]

양대양[태평양·대서양] 함대

지상군 60개 사단

300

200

90

60

300

400

教전국들의 군사 자원(사단 수)과
작전 지역별 배치

베를린
1945년 4월 16일~5월 2일
제3제국이 맞은 최후의 일격

붉은 군대는 1944년(바그라티온 작전)과 1945년(비스툴라-오데르 작전)에 걸쳐 대규모 공세를 연달아 펼친 후, 1945년 봄 베를린 문턱에 도달했다. 베를린을 포위하고, 히틀러가 자살한 벙커와 그 폐허를 점령하는 데는 2주간의 치열한 전투가 필요했다. 모든 방향에서 침공을 받은 제3제국은 며칠 후 항복했다.

전차 1,500대

900,000명

2,300,000명

전차 6,500대

F4U 코르세어
태평양 전쟁에서 **공중 엄호**는 특히 이 상징적이고 다재다능한 항공기의 몫이었다. 이 항공기는 전투 임무와 지상 지원 임무를 모두 수행할 수 있었다.

독일의 **슈빔바겐**, 미국의 DUKW 353
첫 번째 차량은 강을 건너기 위해 설계되었으며, 두 번째 차량은 비교적 잔잔한 바다에서도 운행할 수 있다.

15,600대

21,100대 생산

새로운 필수 요소가 된 **상륙전**

상륙함
모든 교전국이 얕은 물에도 접근할 수 있는 상륙장비를 개발하려고 노력했지만, 미국의 생산력은 다시 한 번 차이를 만들었다. 미 해군은 육군, 특히 해병대에 다양한 종류의 상륙정을 제공했으며, 그중에는 소규모 병력과 차량을 운반할 수 있는 LCVP(상륙용 차량과 병력 수송정)부터 최대 1,900톤까지 운반할 수 있는 강력하게 무장된 LST-1(탱크 상륙함, 배경에 보임)까지 포함되었다.

군사 역사에서 간헐적으로 등장한 상륙전은 2차 세계대전 동안 연합군의 주요 전술이었다. 연합군은 상륙전으로 유럽에서 발판을 되찾고 태평양 지역의 섬들을 재탈환할 수 있었다. 1942년에서 1944년 사이에 다양한 규모의 상륙작전을 수십 차례 수행했으며, 가장 중요한 작전에서는 10만 명 이상의 공격 병력을 투입했다. 다수의 특수 선박과 함정으로 이루어진 진정한 함대가 상륙전을 지원했고 공중에서도 강력히 엄호했다. 1944년은 이러한 발전의 상징적인 해로, 몇 달 사이에 두 차례의 대규모 상륙작전을 수행했다. 6월의 노르망디 상륙과 8월의 프로방스 상륙, 그와 거의 동시에 태평양 중부의 마리아나 제도, 팔라우, 필리핀에서 대규모 상륙작전을 펼쳤다.

5부

1945년부터 현재까지

원자탄에서
디지털 전쟁으로

진영들의 충돌

추축국들이 패배한 뒤, 기묘한 평화기가 왔다. 기존의 동맹들이 해체되고, 세계는 미국 중심의 나토(1949~1950년), 소련 중심의 바르샤바 조약(1955년)의 지정학적 진영으로 양분되었다. 또한 제3진영인 '비동맹' 국가들이 새롭게 등장했다(1954~1956년). 진영 안에서 분열이 자주 발생했으며, 한 세력권에서 다른 세력권으로 옮기는 나라도 있었다(에티오피아). 프랑스는 1966년에 나토NATO의 통합사령부를 떠났으며, 소련은 패권을 유지하기 위해 가혹하게 개입했다(헝가리 1956년, 체코슬로바키아 1968년). 두 진영의 적대감은 전 세계적으로 나타났고, 한국전쟁(1950~1953년)을 시작으로 두드러지게 드러났다. 이 적대감은 중앙 유럽에서도 구체화되었고, '철의 장막'(처칠의 표현)은 독일을 두 국가로 분할했다. 서독은 나토에 가입하고 동독은 바르샤바 조약에 합류했다. 실제로 전쟁이 일어나지는 않았지만, 전쟁을 벌일 수 있는 막대한 인력과 자원이 모두 준비된 상태였다.

범례

- 1949년 북대서양조약기구 창립 회원국
- 나중에 동맹에 가입한 국가들(가입 연도)
- 1955년 바르샤바 조약 창립 회원국
- 추후 가입 / 탈퇴
- ➡ 예상 공격 방향 ⋯▶ 가능한 방향
- ━ '철의 장막', 요새화된 국경
- 🤝 동맹 가능한 나라

지도 레이블

- 아이슬란드
- 노르웨이
- 핀란드
- 스웨덴
- 덴마크
- 아일랜드
- 영국
- 네덜란드
- 벨기에
- 동독 1956
- 서독 1955
- 폴란드
- 소련
- 체코슬로바키아
- 오스트리아
- 헝가리
- 루마니아
- 프랑스
- 스위스
- 유고슬라비아
- 불가리아
- 이탈리아
- 알바니아 1968
- 그리스 1952
- 포르투갈
- 에스파냐 1982

냉전의 무대 유럽과 북부

990,000	🧍	1,140,000
12,500	🚜	21,800
7,400	🔫	19,400
2,500	✈	4,900

냉전의 무대 남부

800,000	🧍	
6,800	🚜	
2,800	🔫	5,700
900	✈	2,300

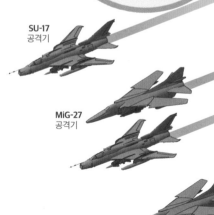

MIL MI-8 HIP

SU-17 공격기

MiG-27 공격기

소련의 원칙 단계적 공격

공격기들은 저고도로 빠르게 진입해서 증원군을 타격한다. 이들은 헬리콥터 공습과 지상군을 지원한다. 더 큰 규모로는, 전선 후방에 있는 나토의 공군기지를 목표로 삼는다. 공중기동작전은 특수부대의 지원을 받는다. 정찰부대는 적이 없는 곳을 찾아 빠른 진격을 돕는다. 첫 번째 단계의 부대는 이처럼 적의 부대를 무너뜨린다. 만약 성공하지 못하면, 주력부대의 지원을 받아 공격을 재개한다. 두 번째 단계의 부대는 공격 축을 강화하거나 약점이 생긴 돌파구를 활용하기 위해 투입된다. 이러한 작전에서는 측면이 매우 취약한데, 서독군은 이 약점을 공략하는 데 뛰어나다. 정찰부대와 대전차부대가 이 측면을 보호한다.

32 쓸모없는 물건을 저장하고 쌓아두며, 자기관리와 사회적 상호작용을 소홀히 하는 행동 패턴을 가리킨다.
고대 철학자의 이름을 떠오르게 하지만, 그의 철학과는 전혀 상관없다.

만약 전쟁이 일어났더라면?

이 지도는 1970년대에서 1980년대 사이에 나토와 바르샤바 조약군의 병력 규모를 대략적으로 보여준다. 바르샤바 조약군은 '디오게네스 증후군'[32]으로 몸집을 불렸기 때문에 엄청난 수적 우위를 누렸다. 대부분의 구식 장비는 일반적으로 인원이 적고 필요한 경우 동원하는 C급 부대에 예비로 보관되었다. 구식 장비를 교육용으로 활용해 신형 장비를 절약하기도 했다. 그들의 신형 장비는 비교적 유지·관리가 쉽지만 나토의 장비보다 더 빨리 마모되기 때문에 아껴서 사용했다. 소련의 A급 전차사단(평소에도 거의 완전한 병력을 유지)은 종종 신형 T-64(또는 T-80) 전차와 함께 훈련용으로 구형 T-62 전차를

보유했다. 전쟁이 일어날 경우, 이러한 구형 전차들은 예비 부대로 활용되거나 최전선 부대에 추가적인 지원을 제공하는 역할을 했을 것이다. 소련 해군은 자국 영해를 보호하고 미국에서 오는 호송선단의 도착을 저지하는 임무를 맡고 있었다. 바르샤바 조약군의 해군은 해안을 방어하며, (특히 발트 해에서 덴마크와 노르웨이를 상대로) 상륙작전에 참여했다. 미국 해군은 해상 우위를 확보하며 유럽과 전 세계로 향하는 호송선단을 보호했다. 나토 해군은 해안을 방어하고 호송선단을 호위하며 해상 우위를 차지하려는 노력에 참여했다.

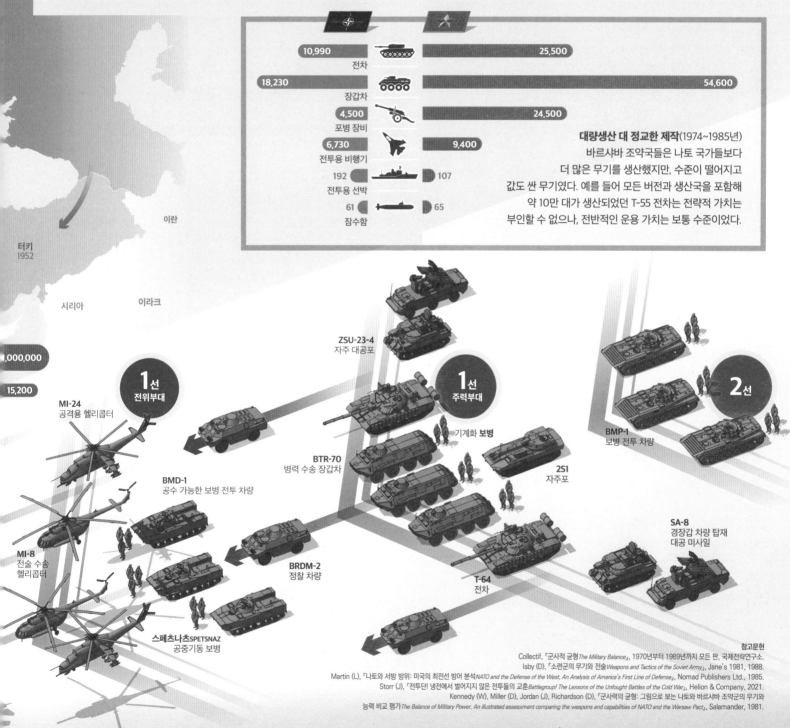

	나토		바르샤바
전차	10,990		25,500
장갑차	18,230		54,600
포병 장비	4,500		24,500
전투용 비행기	6,730		9,400
전투용 선박	192		107
잠수함	61		65

대량생산 대 정교한 제작(1974~1985년)
바르샤바 조약국들은 나토 국가들보다 더 많은 무기를 생산했지만, 수준이 떨어지고 값도 싼 무기였다. 예를 들어 모든 버전과 생산국을 포함해 약 10만 대가 생산되었던 T-55 전차는 전략적 가치는 부인할 수 없으나, 전반적인 운용 가치는 보통 수준이었다.

이란

터키
1952

시리아

이라크

ZSU-23-4
자주 대공포

1선
전위부대

1선
주력부대

2선

MI-24
공격용 헬리콥터

기계화 보병

BMP-1
보병 전투 차량

BTR-70
병력 수송 장갑차

2S1
자주포

MI-8
전술 수송 헬리콥터

BMD-1
공수 가능한 보병 전투 차량

SA-8
경장갑 차량 탑재
대공 미사일

BRDM-2
정찰 차량

T-64
전차

스페츠나츠SPETSNAZ
공중기동 보병

참고문헌
Collectif, 『군사적 균형The Military Balance』, 1970년부터 1989년까지 모든 판, 국제전략연구소.
Isby (D), 『소련군의 무기와 전술Weapons and Tactics of the Soviet Army』, Jane's 1981, 1988.
Martin (L), 『나토와 서방 방위: 미국의 최전선 방어 분석NATO and the Defense of the West, An Analysis of America's First Line of Defense』, Nomad Publishers Ltd., 1985.
Storr (J), 『전투단! 냉전에서 벌어지지 않은 전투들의 교훈Battlegroup! The Lessons of the Unfought Battles of the Cold War』, Helion & Company, 2021.
Kennedy (W), Miller (D), Jordan (J), Richardson (D), 『군사력의 균형: 그림으로 보는 나토와 바르샤바 조약군의 무기와
능력 비교 평가The Balance of Military Power, An illustrated assessment comparing the weapons and capabilities of NATO and the Warsaw Pact』, Salamander, 1981.

공포의 균형

2022년 2월부터 우크라이나 전쟁이 이어지는 동안 블라디미르 푸틴의 핵전쟁 위협은
1991년에서 1997년 사이에 미국과 소련의 중요한 논의 이후 잊힌 불안을 다시 일깨우고 있다.
두 강대국은 전략 무기 감축 협정Strategic Arms Reduction Treaty인 '스타트 I'부터 '스타트 III'에서
냉전기에 축적된 전략적 무기고를 감축하는 협상을 했다. 핵무기 경쟁은 2차 세계대전 중에
독일과 미국 사이에서 비밀리에 시작되었다. 이 경쟁은 1945년 8월 6일 히로시마와
1945년 8월 9일 나가사키에 원자폭탄을 투하하는 결과로 이어졌다. 냉전 기간에
동서 양 진영의 무기 경쟁은 역설적으로 억지 논리와 함께 진행되었다. 공격자는
적의 핵무기에 보복당할 것이라고 확신했다. 상호 확증 파괴로 승자의 등장은
불가능해졌다. 전쟁해봤자 얻을 것이 없다는 결론이었다. 2022년에 벌어진
우크라이나 분쟁은 불확실성만 뚜렷이 부각시켰다. 위협적인 수사법은
새로운 것이 아니지만, 과거에는 종종 더 미묘하게 표현되었다. 특히 러시아의
이론가와 사상가들은 전쟁을 억제하는 기본 원칙을 다시 생각하고 있다.
1980년대에 슬그머니 등장한 이론은 핵전쟁으로 망할 나라는 러시아가
아니라 오히려 서방 세계일 것이라고 주장한다. 이 위험한 이론은 전장에서
전술 핵무기의 동원을 더는 금기시하지 않는다면, 전 세계적인 핵전쟁으로
이어지더라도 그 결과가 러시아에는 생각만큼 치명적이지 않다는 주장에 불과하다.

1947
시계
작동 시작
23시 53분

1953
점점 더 강력한
원자폭탄 실험
23시 58분

1974
SALT 1
(전략 무기
제한 협정 1)
23시 51분

23시 56분

1981
아프가니스탄
침공
23시 57분

1984
동서 양 진영
긴장 최고조

1990
베를린 장벽 철거,
전략 무기
감축 협정 I
(스타트 I)
23시 43분

23시 55분

2007
북한과 이란에 더해
파키스탄과 인도의
핵 확산

종말의 시계

1947년 핵과학자 단체 Bulletin of Atomic
Scientists**가 만든 종말의 시계**Doomsday Clock**는
핵무기 때문에 세계가 파괴될 위험의 수준을 상징한다.**
시계가 자정에 가까워질수록 파괴의 가능성이 더 높아진다.
종말의 시계는 특정 사건보다는 전반적인 상황을 고려한다.
그러나 1962년 쿠바 미사일 위기나 1973년 욤키푸르 전쟁
[아랍-이스라엘 전쟁]과 같은 중대한 사건이 일어나도
시계가 크게 변하지 않았기 때문에 비판을 받았다.

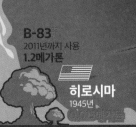

1961년
AN602
50~100
메가톤 사이

B-83
2011년까지 사용
1.2메가톤

히로시마
1945년

AN602
'차르 봄바'[34]
27톤

참고문헌
Burke (P) (책임 편집), 『핵무기의 세계: 누가, 어떻게, 어디서The Nuclear Weapons World,
Who, How and Where』, Greenwood Press Inc., 1988.
Chant (C) et Hogg (I), 『핵전쟁 문서The Nuclear War File』, Ebury Press, 1983.
Collectif, 『핵 결투: 전략 폭격기, 핵잠수함, 미사일과 병력The Nuclear Duel, Strategic Bombers,
Nuclear Submarines, Missiles and Manpower』, Arco Publishing Inc., 1985.
Dunnigan (F), Nofi (J) et Albert (A), 『더럽고 사소한 비밀: 당신이 알아서는 안 될 군사정보Dirty Little
Secrets, Military Informations you're not supposed to know』, William Morrow and Company Inc., 1990.
Dabrowski (K), 『차르 봄바: 1949~1962년 소련 핵폭탄의 실제 폭발 실험Tsar Bomba, Live testing of Soviet
Nuclear Bombs 1949~1962』, Helion & Company Limited, 2021.

33 미국이 1983년에 배치한 전략적 핵폭탄이다.

34 이 자료에서 포탄 무게는 톤, 폭발력은 메가톤으로 표기한다.

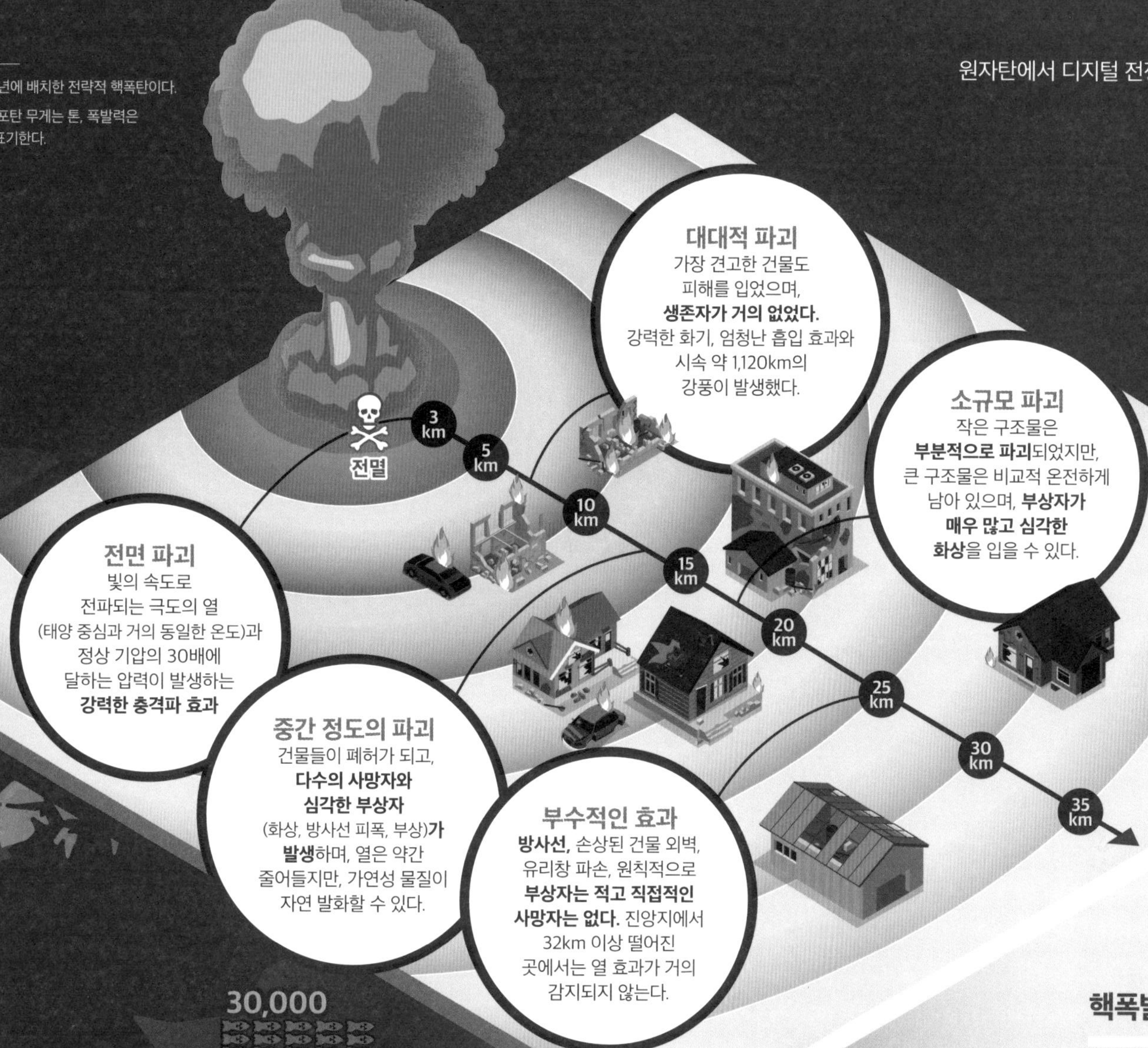

대대적 파괴
가장 견고한 건물도 피해를 입었으며, **생존자가 거의 없었다.** 강력한 화기, 엄청난 흡입 효과와 시속 약 1,120km의 강풍이 발생했다.

소규모 파괴
작은 구조물은 **부분적으로 파괴**되었지만, 큰 구조물은 비교적 온전하게 남아 있으며, **부상자가 매우 많고 심각한 화상을 입을 수 있다.**

전면 파괴
빛의 속도로 전파되는 극도의 열 (태양 중심과 거의 동일한 온도)과 정상 기압의 30배에 달하는 압력이 발생하는 **강력한 충격파 효과**

중간 정도의 파괴
건물들이 폐허가 되고, **다수의 사망자와 심각한 부상자** (화상, 방사선 피폭, 부상)**가 발생**하며, 열은 약간 줄어들지만, 가연성 물질이 자연 발화할 수 있다.

부수적인 효과
방사선, 손상된 건물 외벽, 유리창 파손, 원칙적으로 **부상자는 적고 직접적인 사망자는 없다.** 진앙지에서 32km 이상 떨어진 곳에서는 열 효과가 거의 감지되지 않는다.

전멸

3 km / 5 km / 10 km / 15 km / 20 km / 25 km / 30 km / 35 km

핵폭발의 영향

폭탄의 위력에 따라 크게 달라질 수 있다. 여기서 말하는 것은 TNT 100만 톤, 즉 히로시마 폭탄의 50배에 해당하는 1메가톤급 무기다. 이는 2011년까지 미국의 표준 탄약이었던 B83보다 약간 덜 강력하다.

인류 생존의 위협

1980년대 후반에 핵전쟁이 발생할 경우, 목표당 평균 3개 이상의 핵탄두가 할당되어 양측의 전략 무기는 약 6,000개의 군사적 목표와 민간 목표를 겨냥하고 있었다. 미국의 핵무기는 핵탄두 하나로 약 1만 8,000명의 러시아 시민을 타격할 수 있는 반면, 당시 인구를 기준으로 소련은 약 2만 3,000명의 미국인을 대상으로 한 무기를 투하할 수 있었다.

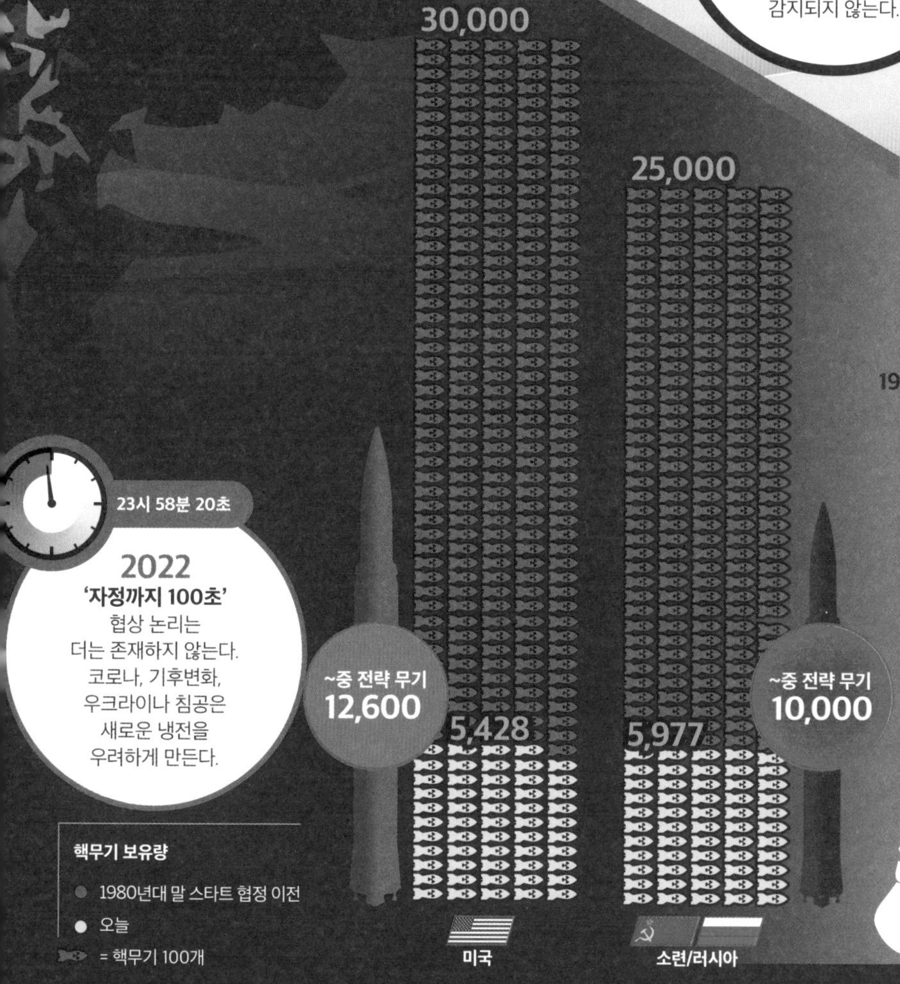

30,000

25,000

23시 58분 20초

2022
'자정까지 100초'
협상 논리는 더는 존재하지 않는다. 코로나, 기후변화, 우크라이나 침공은 새로운 냉전을 우려하게 만든다.

~중 전략 무기 **12,600**

5,428

~중 전략 무기 **10,000**

5,977

핵무기 보유량
● 1980년대 말 스타트 협정 이전
● 오늘
✈ = 핵무기 100개

미국

소련/러시아

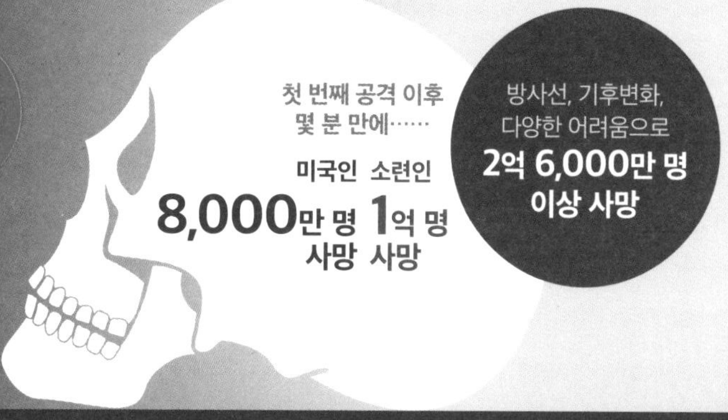

첫 번째 공격 이후 몇 분 만에……
미국인 **8,000만 명** 사망
소련인 **1억 명** 사망

방사선, 기후변화, 다양한 어려움으로 **2억 6,000만 명 이상 사망**

3,600대 생산

22개국 구매

레오파드 II
유럽의 성공작

냉전
또 다른 군비 경쟁

냉전기에 기술이 발전해 더욱 치명적인 무기를 만들었음에도 세계대전에서 쓰이던 재래식 무기 또한
여전히 중요하다는 사실을 확인할 수 있었다. 동구권은 대량생산이 가능하고 유지비용이 비교적
저렴한 장비를 우선시했다. 또한 대체로 교육 수준이 낮은 인력이 쉽게 운용할 수 있는 장비여야 했다.
서구권은 더욱 정교한 무기를 더 좋아하지만, 높은 수준의 교육을 받은 인력과 많은 비용이 필요했다.
그렇다고 해서 항상 단순하고 견고하며 더 많이 생산되었던 동구권의 무기가 현대적이지 않다는 뜻은
아니며, 정교하고 매우 효율적인 서구권의 무기가 약하고 수적으로 적다는 뜻도 아니다. 현실은 더
복잡했다. 권총부터 대공 미사일까지 기술적 경쟁은 치열했고, (잠수함 외피의 건조建造 재료 기술, 스텔스 기술,
미사일 유도 기술 등) 산업 스파이 활동이 극심했다. 동구권이 때로는 우위를 차지하기도 하고, 서구권도
미라주MIRAGE III나 F-16처럼 단순성과 기술을 훌륭히 절충한 무기 시스템을 설계하고 제작할 줄 알았다.
1970년대에 동구권은 전차 분야에서 일정한 기술적 우위를 차지하는 경향을 보였다.

전차 대 전차
성능 비교

장갑차와 미사일이 대결하면 전차가 무용지물이라는
말이 나오기 시작한다. 그러나 전투방식에 대한
이론의 발전과 기술의 진보는 이러한 예측을
무색하게 만든다. 전차와 다양한 무기 시스템(장갑차,
헬리콥터, 대전차 미사일, 포병)은 점점 더 복잡해지는
합동작전에서 상호 보완하며 효율성을 증대시키는
방식으로 함께 움직인다. 따라서 전차의 효율성은
그 자체의 특성과 적대적 무기의 성능을 함께
고려해서 평가해야 한다. 2022년 우크라이나 전쟁
또한 이를 보여준다. 전차뿐만 아니라 지상, 공중,
해상의 모든 무기 시스템은 운용방식에 따라
치명적일 수도 있고 취약할 수도 있다.

- □ 물질적 가치
- ■ 작전상 가치
- ■ 전략적 가치
- ⬡ 서방의 전차와 장비
- ⬡ 소련의 전차와 장비

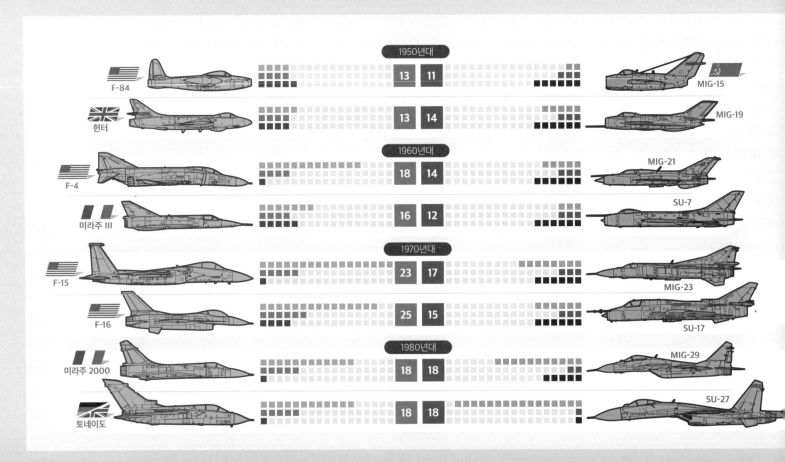

	1950년대			
F-84		13	11	MIG-15
헌터		13	14	MIG-19
	1960년대			
F-4		18	14	MIG-21
미라주 III		16	12	SU-7
	1970년대			
F-15		23	17	MIG-23
F-16		25	15	SU-17
	1980년대			
미라주 2000		18	18	MIG-29
토네이도		18	18	SU-27

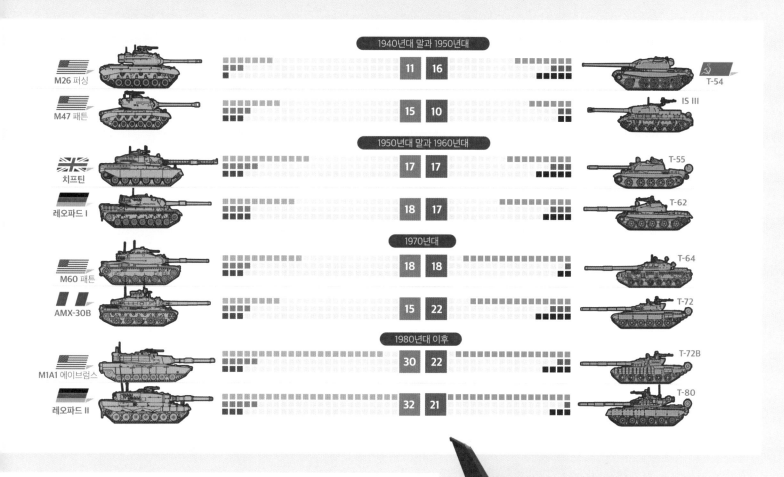

	1940년대 말과 1950년대	
M26 퍼싱	11 16	T-54
M47 패튼	15 10	IS III

	1950년대 말과 1960년대	
치프틴	17 17	T-55
레오파드 I	18 17	T-62

	1970년대	
M60 패튼	18 18	T-64
AMX-30B	15 22	T-72

	1980년대 이후	
M1A1 에이브럼스	30 22	T-72B
레오파드 II	32 21	T-80

제트기 대결

냉전기에 지정학적 진영의 항공기 설계에서 생겨난 차이로 기술적 격차까지 발생했다. 1980년대에 동구권은 이 격차를 해소하기가 매우 어려워졌다. 그러나 기술만이 모든 것을 해결할 열쇠는 아니었다. 베트남 전쟁에서 미국은 기술적으로 압도적 우위를 점했고, 미국 조종사들이 실제로 더 잘 훈련받았지만, 그들은 북베트남 조종사들과의 전투에서 큰 어려움을 겪었다. 미국은 대응책으로 유명한 탑건Top Gun 학교를 설립했다. 2022년 우크라이나 전쟁에서 러시아 공군은 특히 기술적 관점에서 우세했지만, 공중 우위를 확보하지는 못했다. 전쟁을 수행하는 전체적인 방식에서 완벽한 전략이 없기 때문에 현장의 전쟁 수행방식에서 작전상의 불일치가 축적되기 마련이다. 이 경우, 기술적 우위는 부차적이거나 눈에 띄는 영향을 미치지 못한다.

F-16 파이팅 팰컨
서방의 매

제시된 장비들의 특성과 효율성은 상대적 효율성 값으로 변환된다. 물질적 가치는 기술과 기본적인 전투능력에 해당하며, 기술적 데이터가 항상 명확하게 설명되지 않기 때문에 더욱 중요하다. 작전상 가치는 장비의 적응성과 현장에서 운용의 용이성, 해당 장비의 사용을 주도하는 이론을 나타내며, 전략적 가치는 주로 산업 생산비용을 포함한다. 이러한 값들은 기술 보고서의 평가와 전투에서 얻은 결과를 비교해서 산출된 것이다.

4,588대 생산

20개국 구매

세계에서 가장 애용하는
최상급 전투기

참고문헌
Foss (C) et Hogg (I) (책임 편집), 『전장: 현대 지상전 무기Battlefield, the Weapons of Modern Land Warfare』, Longmeadow Press/Orbis Book Publishing Corporation, 1986.
Napier (M), 『냉전의 하늘: 나토와 소련의 공군력 1949~1989년In Cold War Skies, NATO and Soviet Air Power, 1949~1989』, Osprey Publishing, 2020.
Ogorkiewicz (R), 『전차: 100년의 진화Tanks, 100 Years of Evolution』, Osprey Publishing, 2015.
Schneider (W) (책임 편집), 『세계의 전차Tanks of the World/Taschenbuch der Panzer』, Edition 7, Brenard & Graefe Verlag, 1990.
Storr (J), 『전투 집단! 냉전기에 벌어지지 않은 전투들이 주는 교훈Battlegroup! The Lessons of the Unfought Battles of the Cold War』, Helion & Company, 2021.

서아시아
영구적 화약고

2차 세계대전이 끝난 직후부터 서아시아[중동]에 존재하던 긴장은 동서 진영의 경쟁 때문에
형성되었으며, 그 결과 갈등이 촉발되고 지속적으로 악화되었다. 이 지역의 전쟁은 다양한
전투방식으로 나타났다. 가장 정교한 무기를 사용하는 동시에 가장 낡은 전투방식도 동원했다.
장기간의 포위전은 기계화된 신속한 공중 공격과 함께 진행되었다. 이스라엘은 빠른 기갑 공격을
재창조했으나, 소련에서 영감을 받은 이집트의 '대전차 방어 전략Pakfront' 때문에 곤경에 처했다.
이후 이스라엘은 대책을 마련해 1982년 레바논에서 시리아를 상대로 전술적 승리를 거두었다.
이란-이라크 전쟁에서는 참호전과 화학 무기를 병행해서 서로 보완하게 만들었다. 또한 '유격대 전쟁 모형'은
항상 가까이에 있었다. 팔레스타인 게릴라, 레바논의 친기독교 민병대, 이란·이라크·터키의 쿠르드
게릴라들이 이에 해당한다. 1948년부터 2022년까지 서아시아에서는 최소 27회의 전쟁이나 반란 상황이
발생했다. 이 기간에 서아시아의 분쟁과 게릴라전에서 최소 170만 명이 사망했다. 오직 이란-이라크 전쟁에서
민간인을 포함해 최소 40만 명에서 최대 120만 명이 사망했다고 추정한다. 냉전이 끝났어도 평화는
오지 않았고, 2024년에도 위기는 여전히 많다. 예를 들어 2023년 10월 7일부터 9일까지 하마스가
이스라엘을 공격한 사건에서는 이스라엘인과 팔레스타인인 2,000명 이상이 사망했다.
또한 이스라엘과 이란 간 분쟁의 위험도 여전히 존재한다.

베트남 전쟁과 키푸르[속죄일] 전쟁에서 얻은
교훈을 바탕으로 미국과 이스라엘의 공군은
**회피 기동, 전자 대응책, 적의 방공망을
무력화시키는 드론 운용**, 특히 지대공 방어망을
돌파하는 목적으로 설계한 항공기를
활용하는 대응전략을 개발했다.

F-4G 와일드 위즐
방공 수단 파괴

EF-111A 레이븐
탐지·유도 수단 전자 방해

1973년 수에즈 운하를 따라 있는
지역처럼 방어망이 전선에 너무 가까이 있을 때,
1973년 10월에 이스라엘의 군대처럼
지대공 미사일 기지와 주로 이동성이 낮은
지상 레이더를 파괴하려고 시도했다.

간부

전략적 문제의 이해

전략적 차원의 **지휘**

장교들의 **감독권 행사**

지휘관의 **주도적 역할**

부사관의 자질

병력과 장비

조종사와 **비행기**의 질적 수준

기동작전의 질적 수준

합동작전 수행 능력

전술적 숙련

끈기와 용기

이스라엘-아랍 전쟁
군대의 자질과 결함

이스라엘 군대Tsahal와 아랍 군대의 강점과 약점은
1948년과 1956년의 비교적 제한된 분쟁에서 드러나기
시작했다. 이러한 강점과 약점은 1967년의 6일
전쟁을 통해 확립되었으며, 오늘날까지 유지되고 있다.
그러나 학습된 교훈을 통해서 이를 다소 조정할 필요가
있다. 예를 들어 시리아는 내전 동안 부사관단의 역량을
강화하는 데 크게 노력했다. 이스라엘군은 세계 최고의
군대 중 하나로 자리 잡았으며, 오늘날에도 여전히 큰
승리를 거둘 수 있는 능력을 갖추고 있다. 때로는 성과에 안주해
1973년에 절반의 승리를 거두었고, 1968년 카라메 전투, 2006년
헤즈볼라와의 작전처럼 미흡한 결과를 초래하기도 했지만,
이스라엘군은 잘못된 점을 있는 그대로 분석하고 개선할 능력이
있었다. 그러나 모든 군대가 그렇듯이, 시간이 지남에 따라 축적된
경험은 희미해지며, 때로는 모든 것을 다시 시작해야 한다.

참고문헌
Clodfelter (M), 『전쟁과 무력 분쟁: 사상자와 기타 수치에 대한 통계 백과사전, 1492~2015년Warfare and Armed Conflicts, A Statistical Encyclopedia of Casualty and Other Figures, 1492–2015』, 4판, McFarland & Company, Inc. Publishers, 2017.
Cooper (T), Emran (A), 『1973년: 첫 번째 핵전쟁, 1973년 10월 아랍-이스라엘 전쟁의 중요한 공중 전투 1973: the First Nuclear War, Crucial Air Battles of the October 1973 Arab-israeli War』, Helion & Company, 2019.
Hooton (E R), Cooper (T), Nadimi (F), 『이란-이라크 전쟁The Iran-Iraq War』, 1~4권, Helion & Company Limited, 2016, 2017, 2018.
Pollack (K), 『전쟁 속의 아랍: 군사적 효율성, 1948~1991년Arabs at War, Military Effectiveness, 1948–1991』, University of Nebraska Press, 2002.
Razoux (P), 『이란-이라크 전쟁: 첫 번째 걸프 전쟁 1980~1988년La Guerre Iran-Irak, Première guerre du Golfe 1980–1988』, Perrin, 2013.
Westwood (J N), 『서아시아 전쟁사The History of the Middle East Wars』, Bison Group, 1991.

지대공 방어망

'북미 대공 방어 체계NORAD'에서부터 북베트남 군대의 '지대공 미사일SAM' 네트워크에 이르기까지 지대공 미사일과 다양한 레이더를 통합한 복잡한 방어망이 아군의 영공, 산업 인프라, 병력을 보호한다. 1973년 서아시아에서 이집트와 시리아의 지대공 미사일 방어망은 이스라엘 공군에 큰 손실을 입혔다. 이스라엘은 대응책을 마련했다. 1982년 이스라엘은 레바논에서 시리아의 지대공 방어망을 쉽게 무력화시켰다. 이란-이라크 전쟁에서는 양측 모두에게 이러한 방어망이 매우 중요한 역할을 했다. 특히 이란의 방어망은 이라크 공군의 침공을 막는 강력한 저항 수단이었다.

45 km
35 km
20 km

요격기들은 종종 지대공 방어망과 함께 작전을 수행한다.

SNR-75
(팬송FAN SONG)
SA-2 유도 레이더

ZSU-23-4 실카SHILKA
요격용 자주식 대공포
최근거리

2K12 KUB
(SA-6 게인풀GAINFUL)
요격용 자주식 지대공 미사일
단거리

S-125
네바NEVA/페초라PECHORA(SA-3 GOA)
요격용 지대공 미사일
중거리

S-75 드비나DVINA
(SA-2 가이드라인GUIDELINE)
요격용 지대공 미사일
장거리

SA-6 미사일은 육군 소속이지만 **대공 방어에 크게 기여했다.**

호람샤르 전투와 아바단 포위전

1980년 이라크군은 이란으로 신속히 진격했지만, 전략적 요충지인 **아바단**(석유 정제소가 있는 도시) 공략에 어려움을 겪으면서 10개월 이상을 허비했다. 아바단이 비록 완전히 차단된 상태는 아니었지만, 지리적 요인과 이라크군의 포격은 도시를 충분히 고립시킬 정도였다. 서아시아에서는 적의 도시를 적은 비용으로 점령하기 위해 포위전을 자주 구사했다. 1980년 4월 1일부터 1981년 2월까지 수니파 무장단체들과 시리아 정부 간의 '반내전' 상황에서 알레포 포위전이 발생했다.

카룬 강 도하
1980년 10월 11일부터 14일까지
공병부대가 이라크군 일부를 강 건너로 이동시키는 데 성공해서 **이들이 아바단 포위를 시작할 수 있었다.**

범람한 지역
1980년 11월~1981년 2월
계절성 강우 때문에 여전히 폭격을 받고 있던 아바단 주변의 전투는 중단되었다. 이라크 공병부대 덕분에 보급은 끊임없이 이루어졌다. 1월 3일, 이란은 부족한 자원으로 섣부르게 반격을 시도했지만 실패했다.

호람샤르 전투
1980년 9월 26일~11월 4일

20,000 7,000 2,700 3,000
민간인 4,000 이상
200 80

양측 전투원들이 모두 제대로 훈련을 받지 못했지만, 대전차 무기를 충분히 갖춘 이란군은 시가전에서 유리했다.

아바단 포위(짧은 기간)
10월 30일~11월 19일
이라크군은 강을 건너 아바단을 사실상 섬처럼 고립시키려 했다. 그들은 성공했지만, 적의 반격으로 19일에 이라크군의 교두보가 사라지게 되었고, 이라크군은 북쪽에서 도시를 포격할 수밖에 없었다.

포위 해제
1981년 9월 26일과 27일
이란군은 6월 11일 공격에 실패한 후, 카룬 강 동쪽 교두보의 전선을 공격했다. **이라크군은 공황에 빠져 철수했다.**

이라크
바소라
살마니예
마레드
호람샤르
시바
아바단
호르 에 무사
파우 반도
알파우
이란

범례:
이라크군
이란군
손실(전사, 부상, 포로)
요새화
교두보
20km

수천 개의 전쟁이 벌어지는 아프리카

아프리카는 탈식민화 이후로 전쟁이 끊이지 않는 땅이 되었다. 분쟁의 대부분은 국가 간의 직접적인 충돌보다는 무장단체와 국가 간의 충돌을 포함하고 있다. 그러나 국가가 이웃 국가에 대항해 이러한 무장단체들을 지원하는 일도 흔히 발생한다. 그래서 국가 간 무력충돌CAI과 비국가 간 무력충돌CANI은 구별하기 힘들다. 아프리카 전쟁의 원인은 다중적이고 복잡하게 얽혀 있다. 이념적 갈등처럼 보이는 경우도 근거가 없다고 말하기 어렵다. 이러한 측면들은 불공정, 행정구조의 부재, 보건시설에 대한 접근 부족, 만연한 부패 때문에 악화되고 있다. 또한 인구의 이질성과 그에 따른 공동체 간의 긴장(유목민 목축업자와 정착 농부 간의 갈등)은 갈등을 악화시키는 원인이기도 하다. 지난 40여 년 동안 기후 문제가 악화되고 인구 압력이 증가하면서 자원 문제가 더욱 중요해지고 갈등의 원인이 되고 있다. 1960년대부터 아프리카에 무기가 유입되기 시작했다. 이 현상은 베를린 장벽 붕괴 이후에도 변하지 않았다. 동서 간의 대립이 일시적으로 끝나면서 당시 지배적이었던 정치적 동기가 사라졌지만, 이는 점차 종교적 동기(더 나아가 '정치적·종교적' 동기)로 대체되었다. 그 결과, 대륙 여러 지역에서 이슬람 극단주의 무장단체(지하디스트 그룹)가 등장하게 되었다.

약
100,000명
2004년 아프리카에 존재한 **소년병**이 전 세계 소년병의 **40~50%**를 차지한다.

소년병

아프리카에만 국한된 관행은 아니지만, 이 대륙에서 벌어지는 분쟁은 국제법을 완전히 무시한 채, 무장단체 내에서 복무하도록 **강제 징집된 어린이를 다수 포함하고 있다.** 이들은 전투원·짐꾼·전달자 등의 다양한 역할을 맡으며, 때로는 열 살 미만의 어린이가 이런 임무를 수행한다. 소년병은 전력의 상당 부분을 차지하며, 그 비율은 최대 50퍼센트에 이를 수 있다. 이들은 지울 수 없는 정신적 상처를 입는다.

지뢰 방호 장갑차

로디지아의 백인 소수 집단은 1970년대 동안 동구권 국가들이 제공한 지뢰를 대량으로 사용하는 반군에 맞서기 위해, '지뢰 방호 차량Mine Protected Vehicles, MPV'을 개발했다. 로디지아의 경험을 바탕으로 남아프리카공화국은 여러 종류의 지뢰 방호 차량을 개발하고 제작했다. 이들의 뒤를 잇는 차량은 '지뢰 저항 매복 방호 차량MRAP'이다.

차량은 차체 하부를 폭발물과의 접점에서 멀리 떨어뜨릴 만큼 높다. 차량의 크기는 낮은 덤불 위로 탁 트인 시야를 제공하지만, 무게중심이 높기 때문에 운전하기 어렵다.

V자 형태의 차체는 폭발로 발생한 충격·열·파편을 바깥으로 분산시켜준다.

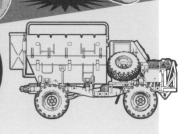

지도 범례:
국가명 교전국
CAI 국가 간 무력 충돌
CANI 비국가 간 무력 충돌
= 사망자 100만 명

지도 국가/지역 표기:
모로코
알제리
1976 1988
폴리사리오 전선
1992 2005
리비아
1987
2012년 이후
말리
차드
1966 1987
수단
1963 1972 · 1983 2004
에리트레아
1961 1991 · 1998 2000
에티오피아
2020년 이후
나이지리아
1967 1970
1991 2002
시에라 레온
1989 2003
리베리아
소말리아
1977 1978
1988년 이후
1996 2000
우간다
1978 1979
1996 2000
르완다
1990 1994
탄자니아
앙골라
1975 2002
모잠비크
1976 1992
짐바브웨 (로디지아)
1972 1979

아프리카 군인들의 **어려움**

수십 년 동안 아프리카 군대의 병사들은 각국의 심각한 구조적 어려움 때문에 작전 효율성이 떨어지는 대가를 치르는 경우가 많다. 흔히 두려운 전사로 여겨지는 반군의 병사들은 그저 평범한 국방과 치안부대의 일원일 수도 있다. 개개인의 자질이 아니라 역량을 발휘할 수 있는 환경이 문제다.

비효율적인 계층구조
부패, 무질서, 불충분한 훈련

민간인을 학대해도 **사법적 처벌을 받지 않음.**

열악한 의료
중상자는 신속한 후송을 기대하지 못하며, 생존할 가능성이 매우 낮다는 사실을 알고 있다.

군수물자의 부족
탄약이 드물고 품질이 나쁘며, 예비 부품과 기본 장비(천막, 군화, 조리장비 등)가 부족하다.

물류 지원의 부족

혼란을 일으키는 **수많은 이념**

외국은 군사협력의 일환으로 종종 부적합한 이념을 강요한다. 특히 화력에 중점을 둔 소련의 융통성 없는 이념은 반란 진압에 효과적이지 않다. 서방의 이념은 주도권을 중시하지만, 아프리카 군대는 정치적 충성심과 연관된 매우 중앙집권적인 명령체계에 집착한다. 게다가 동맹관계가 바뀔 경우 이념상 혼란에 빠질 수 있다! 말리 군대는 프랑스, 동구권 국가들, 중국, 나토의 훈련을 받았지만, 현재는 다시 러시아 교관들의 훈련을 받는다.

① 차량을 이용한 자살 공격으로 입구를 쳐서 **기습과 충격 효과를** 노린다.

② 두세 차례의 공격 파도가 보병과 오토바이를 이용한 공격자들로 이루어지며, 중기관총을 장착한 4륜 구동 차량들이 이들을 지원한다.

③ 지원군이 도착할 경로에 **급조폭발물IED을** 설치한 매복 공격

지하디스트 그룹의 **치안부대 캠프 공격**

참고문헌
Barlow (E), 「복합 전쟁: 아프리카에서 성공적인 지상작전의 수행Composite Warfare, The Conduct of Successful Ground Operations in Africa」, 30° South Publishers (Pty) Ltd, 2016.
Camp (S), Heitman (H R), 「그림으로 보는 남아프리카공화국 제조 지뢰 방호 차량의 역사Surviving the Ride, A Pictorial History of South African-Manufactured Mine-Protected Vehicles」, 30° South Publishers (Pty) Ltd, 2014.
Sti (P), 「지뢰 길들이기 Taming the Landmine」, Galago, 1986.
Thompson R.(책임 편집), 「평화 속의 전쟁: 1945년부터 현재까지의 전쟁 분석War in peace, An analysis of Warfare from 1945 to the Present Day」, Orbis Publishing, 1985.
「평화 속의 전쟁: 마셜 캐번디시 전후 분쟁 삽화 백과사전War In Peace: The Marshall Cavendish Illustrated Encyclopedia of Postwar Conflict」, 13권의 백과사전 형식의 완전한 판본. Marshall Cavendish, 1985.
Turner (JW), 「불타는 대륙: 1960년부터 현재까지 아프리카 반란 전쟁Continent Ablaze, The Insurgency Wars in Africa 1960 to the Present」, Arms and Armour Press, 1998.

모든 위험이 도사린 아시아

아시아에서는 2차 세계대전이 끝난 후에도 갈등의 위험이 뚜렷하게 남아 있었다. 베트남 전쟁은 1954년 디엔비엔푸에서 프랑스가 패배한 직후부터 은밀하게 시작되었다. 1975년 북베트남의 승리와 베트남의 통일 이후, 과거 동맹국들 간에 갈등이 불거졌다. 1978년 베트남의 캄보디아 침공, 1979년부터 1989년까지 중국과 베트남 간의 크고 작은 전쟁들이 그것이다. 더 서쪽에서는 인도가 독립하고 두 나라(인도와 파키스탄)로 나뉘면서 잇따라 분쟁이 일어났다(1947년, 1965년, 1971년). 오늘날에도 여전히 두 나라 사이에는 핵무기를 보유한 상태에서 큰 긴장이 존재한다.

공격

→ 1950년 6~9월 중순, 북한 인민군 남침

→ 1950년 9월 중순~11월, 미군의 반격

→ 1951년 1~3월 중공군 개입

38선

소련 / 중화인민공화국 / 북한 / 평양 / 서울 / 인천 / 남한 / 부산 / 일본

한국전쟁, 축소판 세계대전

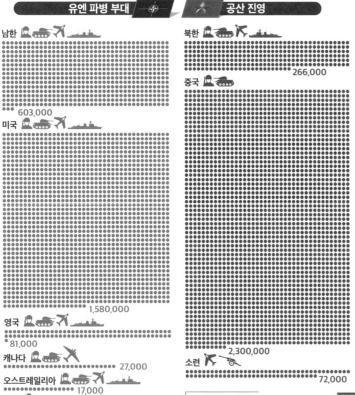

유엔 파병 부대 | 공산 진영

남한 603,000
미국 1,580,000
영국 81,000
캐나다 27,000
오스트레일리아 17,000
터키 14,500
프랑스 8,000
필리핀 7,400
태국 6,500
콜롬비아 6,000
네덜란드 5,300
뉴질랜드 5,100
그리스 5,000
에티오피아 3,500
벨기에 3,500
남아프리카공화국 800
룩셈부르크 90

북한 266,000
중국 2,300,000
소련 72,000

지원군
육군
공군
해군

총 2,374,000명
총 2,638,000명

1950년 6월 25일, 북한은 잘 조직된 기갑부대를 앞세워 남한을 침공했다. 남한은 미국의 지원을 받았고, 북한은 중국과 소련 등 공산주의 동맹국의 지원을 받았다. 남한과 유엔의 깃발 아래 모인 다수의 동맹국은 잇따른 패배 끝에 부산에서 적의 진격을 저지하고, 1950년 9월 15일 인천상륙 작전으로 주도권을 되찾았다. 남한 측이 반격에 성공하고 중국 국경 가까이 다가서자 베이징이 개입했다. 유엔군은 막대한 손실을 입고 후퇴하게 되었다. 그 후 전선은 어느 정도 안정되었고, 분쟁은 1953년 7월 27일에 종결되었지만, 평화조약은 끝내 체결되지 않았다. 따라서 남한과 북한은 실질적으로 여전히 전쟁 상태에 있다! 전쟁에 직접 참여한 국가 외에도 덴마크, 인도, 이탈리아, 노르웨이, 스웨덴이 몇백 명의 인원으로 구성된 의료부대를 파견했다.

'갈색 수역' 내륙 수로 순찰 보트PBR는 크기는 작지만 중무장했으며, 수로가 많은 나라에서, 특히 남쪽 메콩 강 삼각주로 둘러싸인 지역에서 매우 효과적이다.

이웃 나라들과 싸우는 **중국**

☀ 국경 분쟁
⭕ 동맹국 지원

소련
1969
1971 전바오 섬의 충돌

한국
1950
1953

티베트
1962 **1950**

인도

1950
1957 국내 반란 진압

1954
1955 이장산 섬
(타이완)

1958 상륙작전

베트남
1979
1989

진먼
(금문도, 타이완)

인도차이나
베트남

1950 **1965**
1954 **1970** 베트민 지원 후
북베트남 지원

베트남 전쟁
모든 전선의 '엉클 샘Uncle Sam'

1963년부터 미국은 베트남 전쟁에 점점 더 깊이 개입해 남베트남을 지원했다. 중국과 소련은 북베트남을 통해 공산주의 게릴라를 지원했다. 분쟁은 라오스와 캄보디아로 확산되었으며, 북베트남은 이 지역을 통해 남부의 게릴라에 침투하고 물자를 보급했다. 미국과 남베트남, 그리고 오스트레일리아, 대한민국, 태국과 같은 동맹국들은 치열한 전투와 수많은 소규모 교전을 벌였다. 1973년 미국은 남베트남에서 거의 완전히 철수했다. 1975년 남베트남은 북베트남의 대대적인 공세로 무너졌다.

공중 기동 전투 헬리콥터,
특히 **UH-1 휴이**Huey는 이 분쟁의 상징적인 무기다. 미 육군은 공중 기동 전투에서 이 헬리콥터를 집중적으로 동원해 포착하기 어려운 적을 추적했다.

해군 항공작전
미국 해군의 항공모함 **20척**이 차례로 남중국해에 배치되었으며, 그곳에서 수천 대의 F-4 팬텀 전투폭격기가 출격해 지원 임무나 폭격작전을 수행했다.

숲이 우거진 지역과 산악 지대는 여전히 베트콩의 세력권이었다. 베트콩은 이곳에 복잡한 지하망을 구축하고 숨었다. 수백만 톤의 폭탄과 네이팜탄을 쏟아부었지만, 이를 무너뜨리는 데는 실패했다.

시가전
1968년의 테트[설날] 공세 때처럼 **도시 중심지**도 예외는 아니었다. 이때 강력한 탐조등을 장착한 M48 A3와 같은 전차를 투입할 수 있었다.

참고문헌
Collectif, 『NAM: 베트남 전쟁의 생생한 역사*NAM, l'histoire vécue de la guerre du Vietnam*』, éditions Atlas, 1988.
Collectif, 『평화 속의 전쟁: 그림으로 보는 전후 분쟁 백과사전*War in Peace, The Illustrated Encyclopedia of Postwar Conflict*』, Marshall Cavendish, 1987.
Li (X), 『현대 중국군의 역사*A history of Modern Chinese Army*』, The University Press of Kentucky, 2007.
Rees (D) (책임 편집), 『한국전쟁: 역사와 전술*The Korean War, History and tactics*』, Crescent Books, 1984.

반란에서 대리전까지

보 응우옌 잡
1911-2012

독학으로 군사전략을 익힌 장교이며, 프랑스군과 미군에 맞선 공산주의 무장 저항의 위대한 설계자다. 수백만 명의 희생을 통해 승리함으로써 '혁명전쟁'의 전형적인 영웅이 되었다.

2차 세계대전 직후, 식민 지배에서 벗어나려는 국가들은 일반적 군사장비(전차, 포병 등)를 갖춘 군대를 보유하지 못했다. 비밀조직들은 게릴라 전술과 테러리즘을 활용해서 강대국에 맞설 수 있는 군대를 조직했다. 이들은 "약자가 강자에 맞서는" 방식으로 식민 강국들과 싸우려 했다. 하지만 케냐나 말레이시아에서 보듯이 모든 반란이 성공할 수는 없었다. 인도차이나의 베트민처럼 이러한 세력이 실제 정규군으로 발전하는 경우도 있었다. 그러나 앙골라, 로디지아–짐바브웨, 캄보디아–통일 베트남 등에서 보듯이 다양한 세력이 나타나 서로 싸우며 끝없는 내전을 벌이기 일쑤였다.

AK-47
1947년형
칼라시니코프
자동소총
어디에서나 볼 수 있는
소련제 돌격소총

베트콩 전투원
베트민의 무장조직인 남베트남 민족해방전선, 미군이 '찰리Charlie'라고 부르는 조직이 바로 베트콩이며, 최종적으로 '엉클 샘'[미국]에게 빛나는 승리를 거두면서 게릴라 전사의 전형이 되었다.

RPG-7
(루치노이 프로티보탄코비 그라나타미오트,
'휴대용 대전차 로켓포')
이 다목적 무기는 1958년에 설계되어 수백만 대가 생산되었다. 정확성이 떨어지는 조잡한 무기였지만, 거의 모든 게릴라전에서 두각을 나타냈다.

세계의 반란

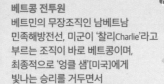

라틴아메리카
- 쿠바
- 니카라과
- 볼리비아
- 살바도르
- 콜롬비아

유럽
- 알바니아
- 우크라이나
- 헝가리
- 코소보

서아시아
- 팔레스타인
- 이스라엘/팔레스타인
- 레바논(헤즈볼라)
- 시리아/이라크(이슬람 국가)

아프리카
- 수단
- 포르투갈 식민지
- 로디지아/짐바브웨
- 앙골라
- 르완다
- 콩고민주공화국RDC
- 나이지리아(보코하람)

아시아
- 인도네시아
- 인도차이나/베트남
- 말레이시아
- 버마
- 티베트
- 캄보디아
- 아프가니스탄

1950 1960 1970 1980 1990 2000

출현, 붕괴, 재탄생……, 게릴라의 순환

사용된 전술
- 테러 공격
- 기동 전투
- 정규 작전

군사적 수단

수입원
- 갈취
- 절도
- 각종 밀매
- 세금

1 식민지 지배자나 부당한 정권을 거부하는 핵심 인물을 중심으로 **게릴라가 등장한다.**

게릴라의 **정치적 힘**
게릴라의 **군사적 힘**

2 **게릴라는** 선전 활동뿐만 아니라 테러를 이용해 **세력을 확장한다.**

3 **게릴라가** 지역을 거점으로 **세력을 계속 확장해나간다.**

4 **게릴라는** 확보한 거점에 **준국가를 건설한다.**

행정조직을 갖춘 **준국가**

5 **게릴라는** 외세의 도움을 받는 정부군에 **패배한다.**

6 **게릴라는** **군사적으로 패배하더라도** 사라지지 않고 지하로 숨어서 활동한다.

대리전

게릴라는 제3국의 도구가 될 수도 있다. 게릴라를 지원하는 국가는 적과 직접 부딪히지 않고서도 간접적으로 대치할 수 있다.
베트남 전쟁 동안 라오스에서 미국이 한 것처럼 게릴라 지원은 가끔 은밀히 이루어지기도 한다. 이란과 이라크가 쿠르드 운동을 이용해서 서로 견제한 것도 좋은 사례다. 이를 '대리전proxys wars' 또는 '위임전쟁'이라고 부른다. 대리전은 국가들의 갈등일 수도 있고, 국가와 게릴라 사이의 갈등일 수도 있다. 예를 들어 1980년대에 리비아는 차드 게릴라를 지원해서 프랑스의 도움을 받는 차드와 싸우게 했으며, 프랑스도 게릴라를 지원해서 리비아와 싸우게 했다.

참고문헌
Chaliand (G), 「게릴라 전략: 대장정부터 오늘날까지Stratégies de la guérilla, de la Longue Marche à nos jours」, éditions Payot & Rivages, 1994.
Goya (M), 「승리를 위한 적응: 군대의 진화방식S'adapter pour vaincre, Comment les armées évoluent」, Perrin, 2019.
Tenenbaum (E), 「게릴라와 장교들: 20세기의 비정규 전쟁사Partisans et centurions, une histoire de la guerre irrégulière au XXᵉ siècle」, Perrin, 2018.

사이버 전장

2022년 2월 24일, 우크라이나 침공은 이른바 고강도 분쟁의 출발점이었다. 교전국들은 광범위한 수단과 작전방식을 대대적으로 활용하고 있으며, 모든 분쟁과 마찬가지로 이용 가능한 기술을 총동원해서 작전을 원활하게 수행하고자 한다. 그 결과, 이제 (전투의 중심에 갇힌 민간인도 포함해서) 모두가 쉽게 접근할 수 있는 디지털 기술 덕분에 전장은 사이버 공간으로 확장되었다. 전략적으로 정보 우위는 그 어느 때보다도 강력한 '보이지 않는' 무기가 되었다. 가짜 뉴스나 적의 선전을 무너뜨리는 역정보를 퍼뜨리는 것은 현대 전쟁에서 중요한 관건이 되었다. 한편, 현장의 부대들은 종종 적의 동향을 더 잘 파악하고, 그에 대응할 방안을 더 잘 알게 되지만, 디지털 시대가 전쟁을 덜 치명적으로 만들지는 않는다.

참고문헌
『전투와 장갑차Batailles & Blindés』, Caraktère, 2022~2023.
『국제 방위와 안보(DSI)Défense & Sécurité Internationale (DSI)』, Areion Group, 2022~2023.
『공습Raids』, Histoire & Collections, 2022~2023.

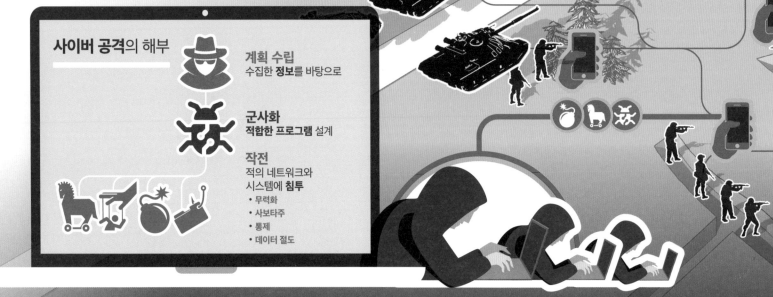

현대 **군사위성**은 몇 센티미터 단위의 세부사항도 식별할 수 있다. 거의 모든 것을 감지할 수 있지만, 속는 일도 발생한다. 도청위성은 전자신호(통신, 라디오 또는 레이더 활동 등)를 감청해서 스파이 활동을 수행할 수 있다.

드론은 조종사를 잃을 위험 없이 정찰 임무뿐 아니라 대형 지휘소같이 매우 잘 보호된 목표물을 타격할 수 있다.

기술만으로는 현장에서 임기응변과 적응력을 발휘할 수 없다. **헬리콥터**는 도로 위를 매우 낮게 비행할 수 있기 때문에 적의 탐지장비는 자동차나 트럭으로 혼동하기 쉽다.

사이버 공격의 해부

계획 수립
수집한 **정보**를 바탕으로

군사화
적합한 프로그램 설계

작전
적의 네트워크와 시스템에 **침투**
- 무력화
- 사보타주
- 통제
- 데이터 절도

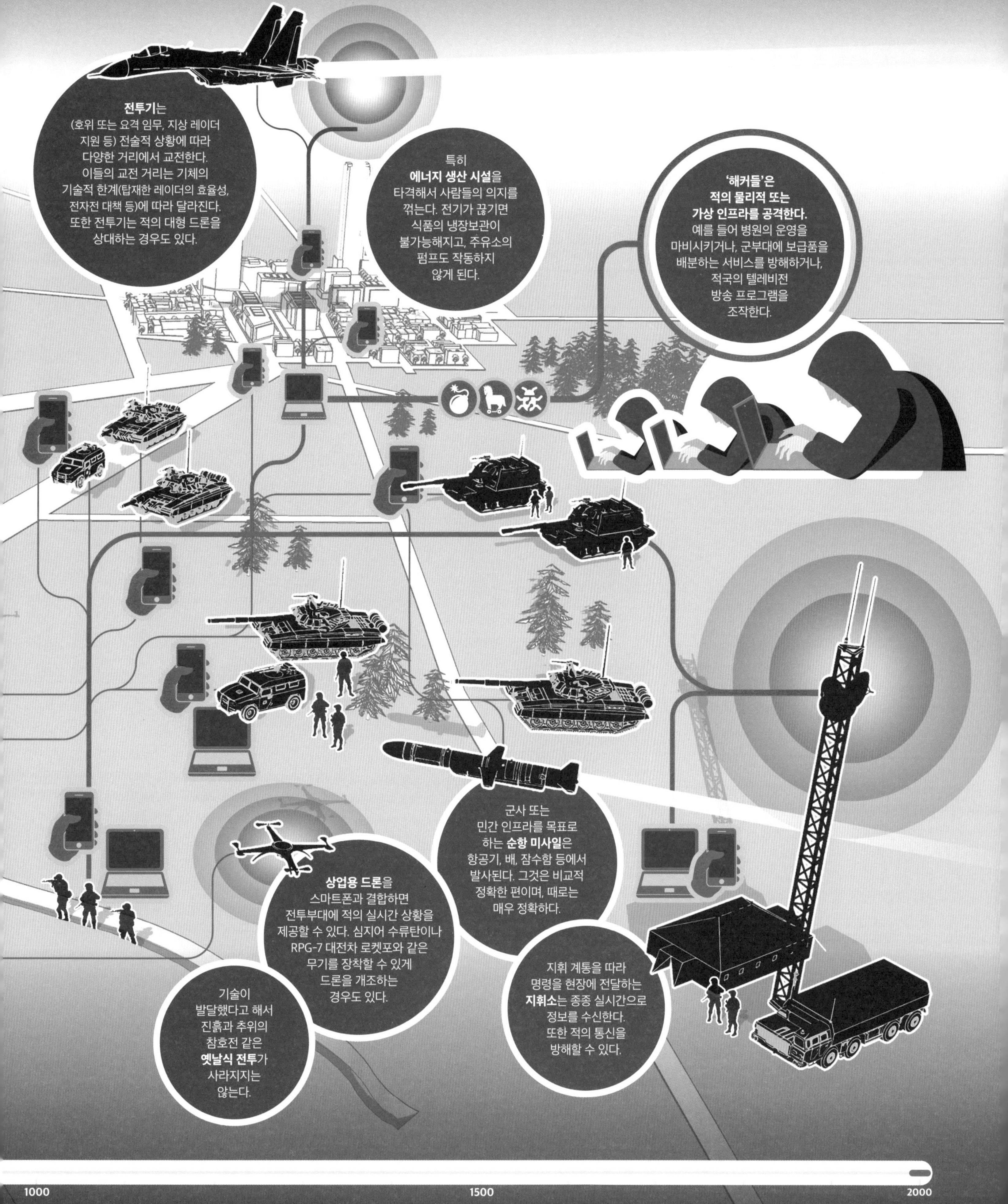
전투기는 (호위 또는 요격 임무, 지상 레이더 지원 등) 전술적 상황에 따라 다양한 거리에서 교전한다. 이들의 교전 거리는 기체의 기술적 한계(탑재한 레이더의 효율성, 전자전 대책 등)에 따라 달라진다. 또한 전투기는 적의 대형 드론을 상대하는 경우도 있다.
특히 **에너지 생산 시설**을 타격해서 사람들의 의지를 꺾는다. 전기가 끊기면 식품의 냉장보관이 불가능해지고, 주유소의 펌프도 작동하지 않게 된다.
'해커들'은 적의 물리적 또는 가상 인프라를 공격한다. 예를 들어 병원의 운영을 마비시키거나, 군부대에 보급품을 배분하는 서비스를 방해하거나, 적국의 텔레비전 방송 프로그램을 조작한다.
군사 또는 민간 인프라를 목표로 하는 **순항 미사일**은 항공기, 배, 잠수함 등에서 발사된다. 그것은 비교적 정확한 편이며, 때로는 매우 정확하다.
상업용 드론을 스마트폰과 결합하면 전투부대에 적의 실시간 상황을 제공할 수 있다. 심지어 수류탄이나 RPG-7 대전차 로켓포와 같은 무기를 장착할 수 있게 드론을 개조하는 경우도 있다.
지휘 계통을 따라 명령을 현장에 전달하는 **지휘소**는 종종 실시간으로 정보를 수신한다. 또한 적의 통신을 방해할 수 있다.
기술이 발달했다고 해서 진흙과 추위의 참호전 같은 **옛날식 전투**가 사라지지는 않는다.
1000
1500
2000

6부

불변성과 지속성
영원한 전쟁

전략적 지속성
어떤 전쟁이며, 어떻게 승리할 것인가?

앙투안 드 조미니
1779-1869

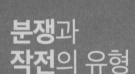

『전쟁 기술 개요
Précis de l'art de la guerre』

전쟁은 불변의 원칙에 기반을 둔 실행의 예술이다. 결정적인 지점에서 적을 공격하기 위해 병력을 동원하고 집중시키며 (기동성), 적의 통신선을 차단하면서 자신의 통신선을 보호하는 것이 그 핵심이다.

전쟁이란 무엇인가? 왜 그리고 어떻게 전쟁을 하는가? 어떻게 전쟁에서 승리하는가? 고대 사상가들은 이러한 질문으로 깊이 고뇌했지만, 단순한 답을 찾기는 어려웠다. 기원전 제1천년기 중반, 중국에서 손자는 이미 『손자병법』이라는 고전적인 저작을 집필했다. 이 저작은 심리적 요소가 강한 '간접전'의 원칙을 담고 있으며, 시대를 초월해 오늘날까지 세계적으로 중요한 참고서 중 하나라는 평가를 받는다. 유럽에서는 고전적 전쟁의 철학과 '기술'의 오랜 역사가 19세기에 [프로이센의] 카를 폰 클라우제비츠Carl von Clausewitz의 저술로 결실을 맺었다. 그는 처음으로 전략과 정치를 결합시켰으며, 전쟁을 잠재적으로 무한한 의지의 대결로 이해했다. 지난 두 세기에 걸쳐 전쟁을 통제하고 규제하며, 그 원인과 영향력을 깊이 분석하려고 노력하고, 심지어 전쟁을 '불법'으로 만드려는 시도까지 있었지만, 인류는 세계대전이라는 끔찍한 일을 두 번이나 겪었다. '전쟁'이라는 현상은 여전히 현대 사회가 직면해야 할 현실이며, 끊임없이 고민해야 할 문제로 남아 있다.

분쟁과 작전의 유형

전쟁 상관관계 프로젝트 Correlates Of War: COW는 이 분류방식에 영감을 주었으며, 숫자 데이터를 바탕으로 분쟁을 연구하고 이론적 사고의 틀을 제안하는 것을 목표로 하고 있다. 1963년 미시간 대학교에서 지정학자 J. 데이비드 싱어David Singer가 설립한 COW 프로젝트는 현재 펜실베이니아 주립대학교의 제브 마오즈Zeev Maoz가 이어받아 운영하고 있다.

국제 분쟁

국가 간 전쟁
국가 대 국가 또는 동맹 대 동맹

초국가적 분쟁

식민지 전쟁, 제국 전쟁
국가 대 식민지 또는 국가 대 비국가 조직

국가 내 분쟁

공동체나 지역이 중앙 권력이나 독립을 목표로 벌이는 **내전**

비국가적 분쟁

국가 영토 바깥이나 국경 너머에서 벌어지는 **전쟁**

군주

정복 / 조공

단순한 전쟁

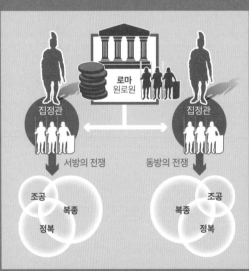

로마 원로원

집정관 / 집정관

서방의 전쟁 / 동방의 전쟁

조공 / 복종 / 정복

복종 / 조공 / 정복

수많은 원정/전쟁

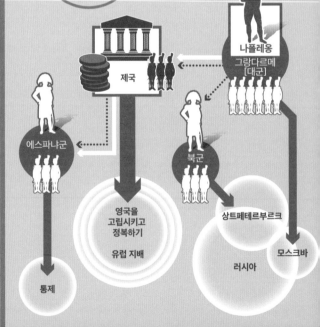

나폴레옹
그랑다르메 [대군]

제국

에스파냐군

북군

영국을 고립시키고 정복하기
유럽 지배

상트페테르부르크

통제

러시아

모스크바

조율된 원정/전쟁

기동성
가장 중요한 요인 중 하나

카를 폰 클라우제비츠
1780-1831

『전쟁De la guerre』

전쟁은 다른 수단을 이용한 정치의 연속이다. 상대에게 자신의 의지를 강요하며, 절대적 목표(총력전)를 향해 나아간다. 군사작전의 목표는 적의 병력과 그 의지를 파괴하는 것이지만, 뜻하지 않은 변수(마찰)의 영향을 받을 수 있다.

19세기와 20세기에 증기기관과 내연기관이 등장하기 전까지 군대의 기동성은 오로지 도보나 동물의 견인에 의존했다. 부대의 기동성은 '순수 속도'에만 좌우되는 것이 아니라 실제로는 매우 다양한 요인으로 결정된다. 이러한 요인으로는 지형, 시설, 날씨, 혼잡도, 인력과 동물의 지구력, 자율성, 차량의 신뢰성과 마모도, 보급, 상황, 적의 근접성 등을 꼽을 수 있다. 이러한 제약들 때문에 실제 현장에서 기동성은 매우 예외적인 경우를 제외하면 '실제 속도'보다 훨씬 떨어진다.

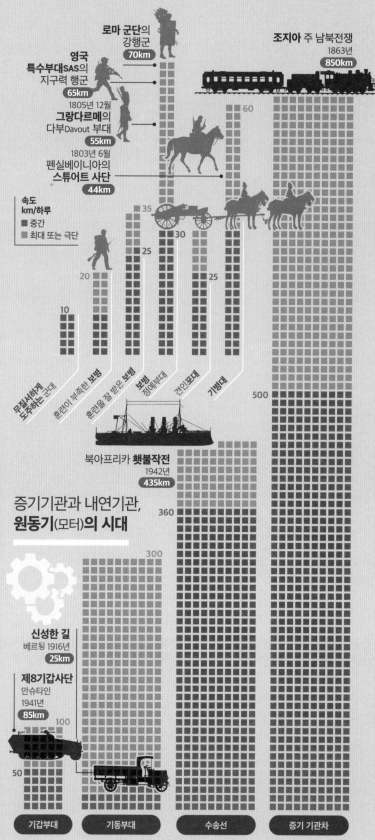

속도
km/하루
■ 중간
■ 최대 또는 극단

로마 군단의 강행군
70km

영국 특수부대SAS의 지구력 행군
65km

그랑다르메의 다부Davout 부대
55km
1805년 12월

펜실베이니아의 스튜어트 사단
44km
1803년 6월

조지아 주 남북전쟁
1863년
850km

60

35

30

25

25

20

10

무질서하게 도주하는 군대 · 훈련이 부족한 보병 · 훈련을 잘 받은 보병 · 보병 정예부대 · 견인포대 · 기병대

북아프리카 횃불작전
1942년
435km

500

증기기관과 내연기관, 원동기(모터)의 시대

신성한 길
베르됭 1916년
25km

제8기갑사단
만슈타인
1941년
85km

360

300

100

50

기갑부대 · 기동부대 · 수송선 · 증기 기관차

총사령관
군사력
병력의 일부
인적 자원
물적 자원
생산
물자
복종
통신
원정

국가
군대

단절 · 파괴
적의 항복

현대전

참고문헌
Black (J), 『군사사 다시 보기Rethinking military history』, Routledge, 2004.
Colson (B), 『클라우제비츠Clausewitz』, Perrin, 2016.
Gondal (B), 『비정규 전쟁의 승리 요인을 중심으로 전쟁 통계의 분석Statistical analysis of warfare identification of winning factors with a focus on irregular warfare』, 해군 대학원 박사논문, Monterey, 2015.
Sarkees (M), 『COW 전쟁 유형학: 전쟁의 정의와 분류(데이터 버전 4)The cow typology of War: Defining and Categorizing Wars (Version 4 of the Data)』, University of Michigan, 1992.

조직과 **지휘**

"남자들이 모인다고 해서 군인이 되는 것은 아니다"라고 나폴레옹 보나파르트는 말했다. 한마디 덧붙이자면 그들을 군대라고 할 수 없다. 문학이나 영화는 전쟁의 그릇된 모습을 보여주기 일쑤이며, 무장한 남자들이 개별적으로 행동하는 모습을 그린다. 군대는 실제로 각자 정확한 위치에서 임무를 정확히 수행하도록 훈련된 전투원들로 이루어진 매우 조직적인 집합체. 이들은 엄격한 지휘 계통에 속한 단위부대에서 움직인다. 가장 원시적인 군사조직도 전사들을 부족, 씨족, 마을 단위로 묶어 지방 지도자들의 지휘를 받게 했다. 고대부터 군대는 점점 더 복잡해졌으며, 국가가 행정적으로 발전함에 따라 체계적 조직을 갖추었다. 그 결과, 보병, 기병, 투사 무기 등 다양한 병과의 역할을 더욱 효율적으로 조율할 수 있게 만들어주었다. 지휘 계통은 군대의 핵심이며, 병력이 많아질수록 더욱 복잡해진다. 최고사령관과 그를 보좌하는 참모진부터 전투 현장에 가까운 부대 장교와 부사관까지 명령 계통은 모든 단계에서 중요하다.

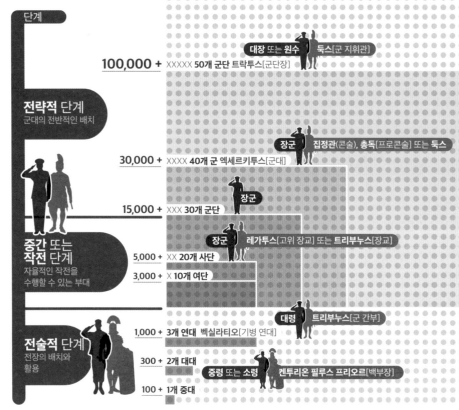

단계	병력	부대	계급
	500,000명 +	XXXXXX 60개 일반 지휘부, 현장이나 전선	대장 또는 원수
전략적 단계 군대의 전반적인 배치	100,000 +	XXXXX 50개 군단 트락투스[군단장]	대장 또는 원수 / 둑스[군 지휘관]
	30,000 +	XXXX 40개 군 엑세르키투스[군대]	장군 / 집정관(콘술), 총독[프로콘술] 또는 둑스
	15,000 +	XXX 30개 군단	장군
중간 또는 **작전** 단계 자율적인 작전을 수행할 수 있는 부대	5,000 +	XX 20개 사단	장군 / 레가투스[고위 장교] 또는 트리부누스[장교]
	3,000 +	X 10개 여단	
	1,000 +	3개 연대 벡실라티오[기병 연대]	대령 / 트리부누스[군 간부]
전술적 단계 전장의 배치와 활용	300 +	2개 대대	중령 또는 소령 / 켄투리온 필루스 프리오르[백부장]
	100 +	1개 중대	

지휘 기관
본부와 참모부

군대를 지휘하는 장교는 소수의 호위병력, 지원부대, 참모부를 거느린 본부를 이끈다.
그를 보좌하는 참모진은 다수의 행정 업무를 수행하고 작전 계획을 세우며, 명령을 받거나 상·하급 부대로 전달하는 일을 한다.

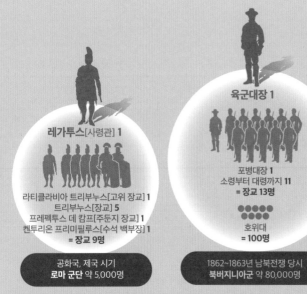

레가투스[사령관] 1
라티클라비아 트리부누스[고위 장교] 1
트리부누스[장교] 5
프레펙투스 데 캄프[주둔지 장교] 1
켄투리온 프리미필루스[수석 백부장] 1
= 장교 9명

공화국, 제국 시기
로마 군단 약 5,000명

육군대장 1
포병대장 1
소령부터 대령까지 11
= 장교 13명

호위대
= 100명

1862~1863년 남북전쟁 당시
북버지니아군 약 80,000명

육군대장 1
군단장 1
비행대대장 1
참모부

소위~대령 25
= 장교 28명

본부 부대
= 400명

2차 세계대전 초기의 프랑스 군집단
약 50만 명

참고문헌
Bradford (A), 「화살, 검, 창을 들고: 고대 세계의 전쟁사With arrow, Sword and Spear: A History of Warfare in the Ancient World」, Praeger, 2001.
Gondal (B), 「비정규 전쟁의 승리 요인을 중심으로 전쟁 통계의 분석Statistical analysis of warfare identification of winning factors with a focus on imregular warfare」, 해군 대학원 박사논문, Monterey, 2015.
Houdecek (F), 「불로뉴 훈련소의 신병 양성과 교육Formation et instruction des conscrits pendant le camp de Boulogne」, Napoleonica n°32, 2018.
Niehorster (L), 「2차 세계대전 군대, 전투 서열과 조직World War II Armed Forces, Orders of battle and organization」, niehorster.org, 1997.

36 통합 지휘 통제 체계를 뜻하는 C4ISTAR은 Command, Control, Communications, Computers, Intelligence, Surveillance, Target Acquisition, Reconnaissance의 약자다.

영원한 전쟁 | 117

대령 | 계급
트락투스 | 로마군의 계급
= 100명

경향이 있는 군대

과거에는 주요 전투가 벌어지는 '전장'이 몇 제곱킬로미터로 제한되었다. 그러나 현대 전쟁에서는 거대한 지역이나 전선으로 확장될 수 있다. 지난 두 세기 동안 지상에서 부대의 평균 밀도는 급격히 감소했다. 특히 무기의 사거리 증가, 이동성 향상 덕분에 훨씬 더 빨리 병력을 집중하거나 분산할 수 있게 되었고, 시야 밖에서도 지휘할 수 있는 통신 수단이 발전했기 때문이다. 그러나 이것은 대략적인 사례일 뿐이며, 상황(공격 집중, 방어 등), 특정한 상황, 지형(개활지, 도시 전쟁 등)에 따라 현지에서 엄청난 차이가 생길 수 있다.

300 ● km²당 병사의 수
= 100명
☀ 날짜로 계산한 기간

5,000
칸나에 | -216 ☀

6,500
아쟁쿠르 | 1415 ☀

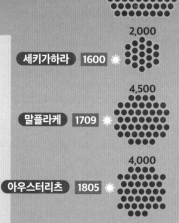

2,000
세키가하라 | 1600 ☀

4,500
말플라케 | 1709 ☀

4,000
아우스터리츠 | 1805 ☀

3,000
게티스버그 | 1863 ☀

국경 전투 | 1914
300

키푸르 전쟁 | 1973
< 100

명령 계통
통제, 통신, 전령부터
통합 지휘 통제 체계까지

전장의 상황 파악, 부대 통제, 명령과 정보를 지휘 계통의 한쪽 끝에서 다른 쪽 끝으로 가장 신속하게 전달·수신하는 것은 작전 수행에 필수적 요소이며 전투의 중심까지 영향을 미친다. 마라톤의 신화적인 주자 필리피데스 이후로, 19세기와 20세기의 발명품들이 나오기 전까지 전령방식은 거의 변하지 않았다. 오늘날 이러한 측면을 C3I(지휘, 통제, 통신, 정보)라고 부르며, 심지어 미국 군대에서는 지휘, 통제, 통신, 컴퓨터, 정보, 감시, 표적 획득, 정찰을 뜻하는 C4ISTAR[36]로 부른다.

고대의 수단들

목소리로 전송
⊕ 즉각적인 전달
⊖ 잡음 때문에 생기는 위험

시각적 전송
⊕ 즉각적 전송
⊖ 시야에서 벗어날 위험

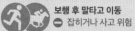
보행 후 말타고 이동
⊖ 잡히거나 사고 위험

현대의 수단들

차량을 이용한 전령
⊖ 포로로 잡히거나 사고의 위험

전신기와 전화
⊖ 전송 오류
⊖ 지연, 통신 두절

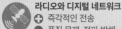
라디오와 디지털 네트워크
⊕ 즉각적인 전송
⊖ 품질 문제, 전파 방해

전우애
전술부대와 기본 단위

수십 명, 때로는 100~200명의 소규모 전술부대는 지휘·규율·물류·기동·전투를 위한 군대의 기본 단위가 된다. 이들은 종종 '중대' 또는 그에 상응하는 이름으로 알려져 있다. 가장 아래 서열의 '기본 집단'은 일상생활의 기본 틀을 형성한다. 일반적으로 10명 정도의 병사로 구성된 이 집단들은 경쟁과 우정의 중심이며, 모든 구성원이 서로 알고, 함께 지내며, 한솥밥을 먹고, 야영 시 같은 천막을 쓰고, 주둔지에서는 같은 방이나 침대까지 공유하고, 동일한 규율에 따르며 함께 벌을 받는다. 로마 군대에서 기본 전술 단위는 켄투리아Centuria[백인대]이며, 기본 집단은 '천막 동료'라는 의미의 콘투베르날레스contubernales라고 불린다. 중세 랑스lance[창] 부대의 경우, 기본 집단은 훨씬 더 계층화되어 있으며, 모든 구성원은 기사 또는 '주인'을 동행하고, 그를 섬기며 보호한다. 기사는 집단의 지도자이자 중심이다.

이러한 기본 단위, 즉 집단·분대·소대·중대 등의 구성과 조직은 매우 중요하다. 이들은 규율과 전술적 효율성의 토대를 이루며, 또한 전우애와 군사적 연대감을 통해 전투에서 사기와 군대의 견고함을 보장한다. 이들은 지역·국가·시대·문화에 따라 상당히 다르지만, 고대 메소포타미아부터 인도와 중국, 이후 로마에 이르기까지, 현대 군사조직에 뒤지지 않을 만큼 높은 수준의 정교함과 전술적 복잡성을 보여줄 수 있었다.

찬드라굽타 마우리야
기원전 340-297

카이우스 마리우스
기원전 157-86

로마 장군이자 기원전 2세기 말의 대규모 군사개혁을 이끈 상징적 인물로, 군대의 보급체계를 경량화하고 군단병을 표준화했다. 이후 군단병을 '마리우스의 노새'라고 부르게 되었다. 그러나 이러한 변화가 정확히 언제 일어났고, 무슨 역할을 했는지는 알 수 없다. 카이우스 마리우스는 기원전 105년에 누미디아의 왕 유구르타를 물리쳤고, 기원전 102년 엑스 전투와 기원전 101년 베르켈라이 전투에서 이탈리아로 향하는 게르만족의 침략을 저지했다. 이후 그는 로마의 동맹시들이 시민권을 요구하며 일으킨 사회전쟁(기원전 90~88년)에서 경쟁자 술라와 충돌하게 되며, 이 전쟁은 공화정 말기의 첫 번째 대규모 내전으로 이어졌다. 로물루스와 카밀루스에 이어 로마의 세 번째 건국자로 여겨지는 그는 일곱 번이나 집정관이 되었다.

중세 랑스 부대
서열화된 전투 단위

11~15세기

중무장 기병의 기본 군사 단위인 '랑스'는 4~10명의 병사로 구성되며, 말을 타고 이동한다. '피에타유'(보병)와 달리, '기사'로 불리는 주인만이 말을 타고 전투에 참여한다. 1445년 프랑스의 샤를 7세는 6명의 병사로 구성된 '무장 랑스' 부대 100개의 상비부대를 창설했다.

로마의 콘투베르니움
일상생활, 규율과 전우애

2~4세기

로마 군대에서 전술적 역할이 없는 생활 단위로, 병사 8명으로 구성되며, 그중 한 명은 데카누스(일종의 분대장)이고, 두 명은 노예/기술자로서 장비 운반과 각종 작업을 지원한다.

마우리아 왕조의 파티PATTI
고대의 '통합 무기 소대'

기원전 4~2세기

매우 복잡한 전술 편대로, 이 부대는 전차(라타Ratha), 전투 코끼리(가자Gaja), 보병(파다Pada), 기병(투랑가Turanga)을 포함해서 약 12명으로 구성된다. 모든 구성원은 함께 전투를 벌이도록 훈련받았으며, 이는 매우 정교한 조직과 규율을 요구한다. 이론적으로 마우리아 왕조의 군대(악샤우히니Aksauhini)는 2만 1,870개의 파티로 구성되어 있다.

전술적 연장선

파티
X 3 = 세나 무카Sena Mukha
X 3 = 굴마Gulma
X 3 = 가나Gana

참고문헌
Collectif, 『전쟁 수첩Cahiers de la guerre』, 1부, Delandre, 1916.
Contamine (P.), 『중세 말의 전쟁, 국가, 사회Guerre, État et société à la fin du Moyen Âge』, EHESS, 2004.
Corvisier (J-N), 『그리스 세계의 전쟁과 사회(기원전 490-322년)Guerre et société dans les mondes grecs (490-322 av JC)』, Armand Colin, 1999.
『해군 보병 연대의 조직The Organization of the Marine Infantry Regiment』, TOE 1944년 3월 27일, NAVMC 1488, 1944.
Bradford (A), 『화살, 검, 창을 들고: 고대 세계의 전쟁사With Arrow, Sword and Spear: A History of Warfare in the Ancient World』, Praeger, 2001.

미 해병대 소총 분대
현대 전술의 핵심 단위

1944
1945

분대라는 전투 단위는
20세기 대부분의 군대에서
생활과 전투의 기본 핵심 단위를 구성한다.
여기에 제시한 보기는 전투 시 기관총을 중심으로
4명의 병사로 구성된 화력 팀 3개로 조직하며,
이는 주로 좁은 지역(특히 섬 지역)에서
적의 방어진지를 상대로 전면적인
상륙공격을 수행하는 미 해병대의
공격적인 특성에
부합한다.

보병 분대
대규모 징집 군대의 '작은 가족'

1914
1915
프랑스

1차 세계대전 초기에 막사를 마련하고
배급을 책임지는 하사관의 지휘 아래 구성된
기본 행정 단위다. 원래 전술적 기능이 없던
단위였으나, 전쟁 경험과 전투 병력의
감소로 이러한 기본 집단들이 점차
자동화기(기관총이나 경기관총)로 무장한
유연한 전술 집단(전투 집단)으로
전환되었다.

전술적 연장선

분대 Squad
X 3 = 소대 Platoon(= 46명)
**X 3 + 중기관총 팀 1 + 본부 1
= 중대** Compagnie(= 235명)

전술적 연장선

분대 Escouade
X 2 = 반소대(하사의 지휘 아래)
X 2 = 소대(중위가 지휘)
X 4 = 중대(= 250명)

전술적 연장선

기장, 대장

랑스 X 10에서 100 = 중대 또는 기 旗, Bannière
중대와 기는 전투부대(대대)로 구성되며,
이들이 오스트 OST(군대)를 형성한다.

전우의
사회적 유대관계와
개인적 동기

전술적 연장선

 X 10 =  군단

콘투베르니움
X 10 = 켄투리아(= 군단병 80명)
X 2 = 마니풀레(= 군단병 160명)
X 3 = 코호르트(= 군단병 480명)

➕ **전투력**의 요인들

본분(법적 의무의 수용), **전문성**(습관의 획득, 훈련, 반복 훈련)
사회적 압력(문화적 규범과 집단적 압력), **개인적 의견**(국가에 대한 충성: 개인적 명예 개념)
집단의 연대(동료애, 연대감, 버림받는 것에 대한 수치심), **의무**(강제력에 대한 두려움과 탈영 시의 위험, 처벌)
이익(가정의 방어), **탐욕**(돈, 약탈……: 용병의 경우)

➖ 흔들리는 '기강': 낙심의 요인들

보급 부족, 물자 부족(무기, 보호장비 등), **지원 부족**/후방 소식
육체적·심리적 **탈진**, 기본 집단의 **손상**('친구들'의 전사 또는 부상)
군사적 상황과 전망(패배, 포위), 분쟁의 정당성에 대한 **거부감**(정치적·철학적 반대)
개인적 **두려움**이나 가족에 대한 **두려움**

정예부대,
테베의 '신성대대'

고대 그리스 테베의 '신성대대 ieros lokhos'는 기원전 4세기에
창설된 상비 정예부대로, 나이가 더 많은 에라스테스 erastès와
더 젊은 에로메노스 eromenos로 이루어진 150쌍의 중무장 보병으로 구성되었다.
이들은 특수 훈련과 정서적 유대감으로 결속된 부대였다.

대재앙

전쟁은 단순히 대량살상으로 그치지 않는다. 전쟁은 부상, 불구, 정신적 상처를 초래하고, 포로를 잡고, 탈영을 유발한다. 병영생활은 대처방법을 알지 못하거나 거의 알지 못하는 끔찍한 전염병의 발생과 확산을 촉진시킨다. 19세기 후반부터 눈에 띄는 관점의 전환이 일어났다. 전쟁은 덜 죽이는 것이 아니라 다른 방식으로 죽이는 것이다. 화력의 밀집, 무기의 치명성 증가, 공중전의 도입으로 전투 중의 손실과 민간인 피해가 더욱 증가한 반면, 의료 분야의 치료와 관리가 엄청나게 발전하면서 질병이나 부상에 따른 사망률을 크게 줄였다. 군사적 손실에 대한 평가나 해석은 종종 매우 잘못 이해되거나 잘못 표현된다. '손실'이라는 개념은 단순히 전투 중 또는 비전투 중('군인 신분으로' 질병, 사고를 당해) 사망한 인원만을 포함하는 것이 아니라 경중을 막론한 부상자와 행방불명자도 포함한다. 행방불명자의 경우, 그들의 운명은 적어도 일시적으로는 불확실하며, 사망 또는 부상을 당했지만 회수되지 않았거나 신원이 확인되지 않은 경우, 포로로 잡힌 경우, 또는 탈영한 경우 등이 있다. 이런 이유로 현대의 정확한 자료조차도 종종 신뢰성이 부족하며, 단순한 추정치를 넘어선 구체적인 통계를 산출하는 일은 여전히 어려운 과제로 남아 있다.

19세기와 20세기에 걸친 군인 사망 원인의 변화

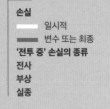

나폴레옹 전쟁
영국 1803~1815년
10%

남북전쟁
미국 1861~1865년
30% 65%

프랑스-프로이센 전쟁
프랑스 1870~1871년
50% 32%

1차 세계대전
독일 1914~1918년
90%

2차 세계대전
소련 1939~1945년
79% 15%
미국 1941~1945년
68% 28%

베트남 전쟁
미국 1965~1973년
80% 16%

전투
질병/사고
기타
포로

특히 치명적이었던 전쟁과 전투

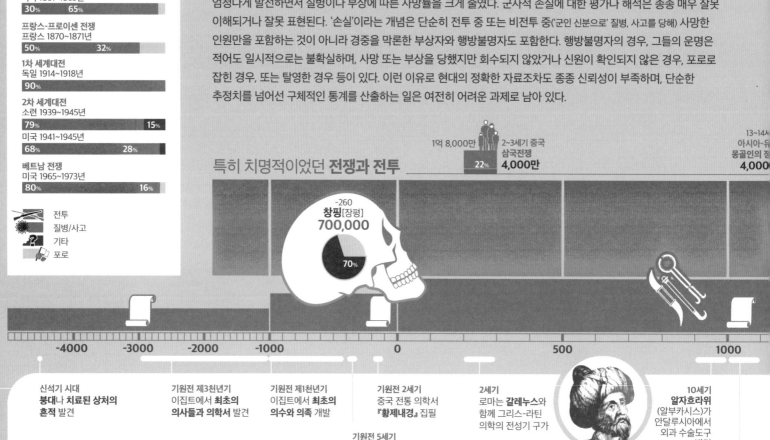

1억 8,000만
2~3세기 중국 삼국전쟁
4,000만
22%

13~14세기 아시아-유럽
몽골인의 정복
4,000...

-260
창핑[장평]
700,000
70%

-4000　-3000　-2000　-1000　0　500　1000

전쟁 의학의 발전

신석기 시대
붕대나 **치료된 상처**의 흔적 발견

기원전 제3천년기
이집트에서 **최초의 의사들과 의학서** 발견

기원전 제1천년기
이집트에서 **최초의 의수와 의족** 개발

기원전 2세기
중국 전통 의학서
『황제내경』 집필

기원전 5세기
그리스에서 **히포크라테스**가
'합리적인' 의학 창시

2세기
로마는 **갈레누스**와 함께 그리스-라틴 의학의 전성기 구가

10세기
알자흐라위
(알부카시스)가 안달루시아에서 외과 수술도구 발명

11세기
페르시아에서 **이븐시나**(아비켄나)가 최초의 의학 백과사전 **『카논』** 집필

병사의 운명

손실
일시적
변수 또는 최종
'전투 중' 손실의 종류
전사
부상
실종

무사함 경상

충격 공황 상태
탈영
일시적
장기적
실종

포로 실종

부상 후송
부상

데려오지 못한 부상자
실종

전사
실종/전사
전사

입원 외상 후 스트레스

계속 복무하거나 전투로 복귀

경상

입원 중상 또는 절단 수술

치명상

참고문헌
Poulos (T). 『극한 전쟁Extreme war』, Citadel Press, 2004.
Qian Si-Ma, 『사마천의 『사기』Les mémoires historiques de Se-Ma Ts'ien』, You Feng, 2015.
Sarkees (M), 『COW 전쟁 유형학: 전쟁의 정의와 분류(데이터 버전 4)The cow typology of War: Defining and Categorizing Wars (Version 4 of the Data)』, University of Michigan, 1992.
Smith (C), Knüssel (M), 『인간 갈등의 생물고고학 안내서The Routledge handbook of the bioarcheology of Human conflict』, Routledge, 2014.

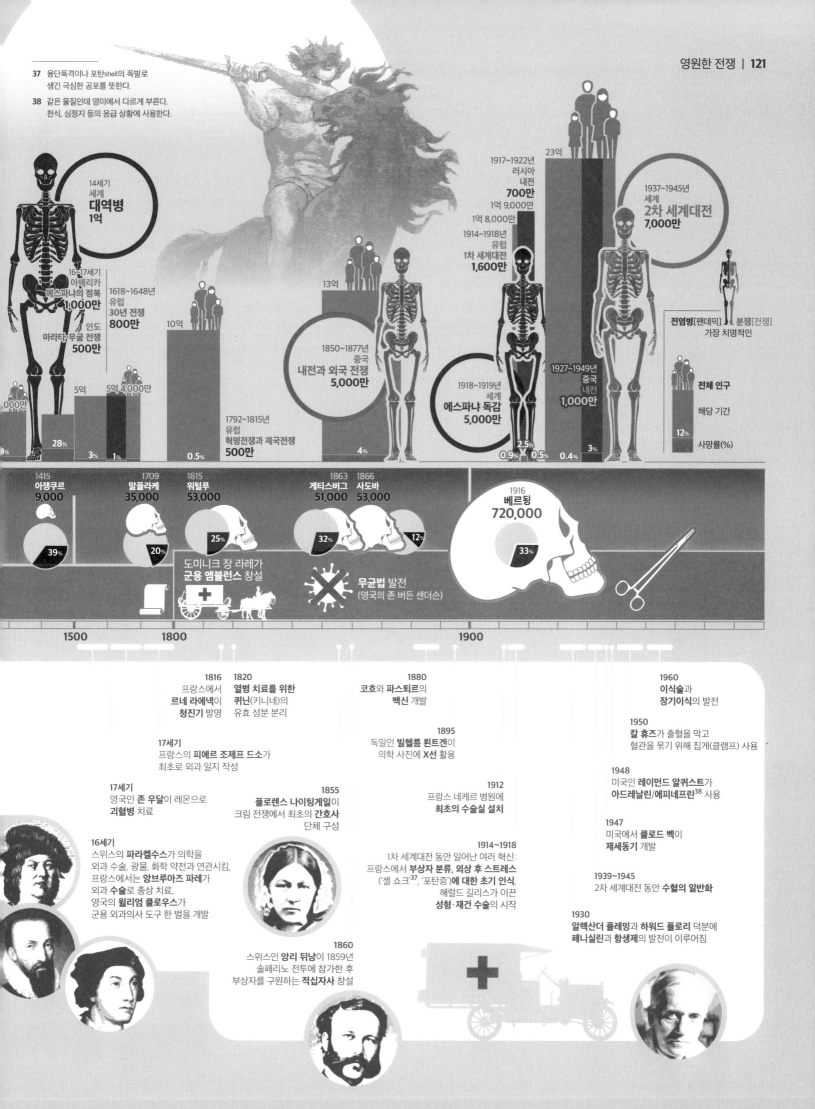

37 융단폭격이나 포탄shell의 폭발로 생긴 극심한 공포를 뜻한다.

38 같은 물질인데 영미에서 다르게 부른다. 천식, 심정지 등의 응급 상황에 사용한다.

14세기 세계 대역병 1억

16~17세기 아메리카 에스파냐의 정복 1,000만
28%

인도 마라타·무굴 전쟁 500만

1,000만
3% 1%

5억

5억 4,000만

1618~1648년 유럽 30년 전쟁 800만
0.5%

10억

1792~1815년 유럽 혁명전쟁과 제국전쟁 500만

13억

1850~1877년 중국 내전과 외국 전쟁 5,000만
4%

1917~1922년 러시아 내전 700만
1억 9,000만

1914~1918년 유럽 1차 세계대전 1,600만
1억 8,000만

1918~1919년 세계 에스파냐 독감 5,000만
2.5%
0.9% 0.5%

23억

1927~1949년 중국 내전 1,000만
3%
0.4%

1937~1945년 세계 2차 세계대전 7,000만

전염병[팬데믹] | **분쟁[전쟁]**
가장 치명적인

전체 인구
해당 기간
12%
사망률(%)

1415 **아쟁쿠르 9,000** 39%

1709 **말플라케 35,000** 20%

1815 **워털루 53,000** 25%

도미니크 장 라레가 군용 앰뷸런스 창설

1863 **게티스버그 51,000** 32%

1866 **사도바 53,000** 12%

무균법 발전
(영국의 존 버든 샌더슨)

1916 **베르됭 720,000** 33%

1500   1800   1900

1816 프랑스에서 르네 라에넥이 **청진기** 발명

1820 **열병 치료**를 위한 퀴닌(키니네)의 유효 성분 분리

1880 코흐와 파스퇴르의 **백신** 개발

1960 이식술과 **장기이식**의 발전

17세기 프랑스의 피에르 조제프 드소가 최초로 외과 일지 작성

1895 독일인 빌헬름 뢴트겐이 의학 사진에 **X선** 활용

1950 칼 휴즈가 출혈을 막고 혈관을 묶기 위해 집게(클램프) 사용

17세기 영국인 존 우달이 레몬으로 **괴혈병** 치료

1855 플로렌스 나이팅게일이 크림 전쟁에서 최초의 **간호사** 단체 구성

1912 프랑스 네케르 병원에 **최초의 수술실** 설치

1948 미국인 레이먼드 알퀴스트가 아드레날린/에피네프린38 사용

16세기 스위스의 파라켈수스가 의학을 외과 수술, 광물, 화학 약전과 연관시킴, 프랑스에서는 앙브루아즈 파레가 외과 수술로 총상 치료, 영국의 윌리엄 클로우스가 군용 외과의사 도구 한 벌을 개발

1914~1918 1차 세계대전 동안 일어난 여러 혁신: 프랑스에서 **부상자 분류**, 외상 후 스트레스 ('셀 쇼크'37, '포탄증')에 대한 초기 인식, 해럴드 길리스가 이끈 **성형·재건 수술**의 시작

1947 미국에서 클로드 벡이 **제세동기** 개발

1939~1945 2차 세계대전 동안 **수혈의 일반화**

1930 알렉산더 플레밍과 하워드 플로리 덕분에 **페니실린**과 항생제의 발전이 이루어짐

1860 스위스인 앙리 뒤낭이 1859년 솔페리노 전투에 참가한 후 부상자를 구원하는 **적십자사** 창설

전쟁과 인적 자원

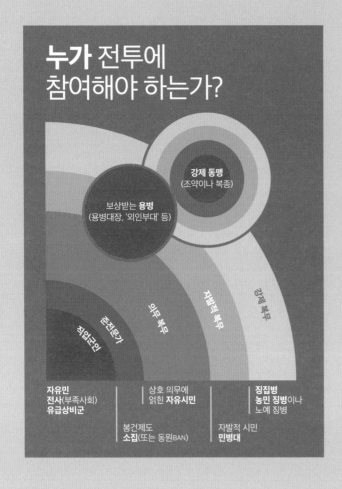

누가 전투에 참여해야 하는가?

강제 동맹
(조약이나 복종)

보상받는 **용병**
(용병대장, '외인부대' 등)

직업군인

전문용병

의무 복무

차별적 복무

경제 복무

**자유민
전사**(부족사회)
유급상비군

상호 의무에
얽힌 **자유시민**

**징집병
농민 징병**이나
노예 징병

봉건제도
소집(또는 동원BAN)

자발적 시민
민병대

"통상적으로 신은 규모가 큰 군대의 편에 선다." 17세기 프랑스 장군 로제 드 뷔시 라뷔탱Roger de Bussy-Rabutin의 격언은 전쟁의 근본적인 문제, 즉 숫자의 중요성을 요약하고 있다. 물론 성패는 훈련, 동기 부여, 무장, 지휘, 조직, 보급, 기술 등 수많은 요소에 달려 있지만, 가장 큰 군대가 항상 이기지는 못한다. 그렇지만 병력의 숫자는 여전히 군사력의 본질적이고 근본적인 요소이며, 역사적으로 젊은 남성 인구에 크게 의존해왔다. 누가 전투에 참여하는가? 그 답은 시대·지역·사회·체제에 따라 크게 달라진다. 여성은 항상 전쟁에서 중요한 역할을 해왔지만, 21세기까지 전투에 참여하는 역할을 맡는 경우는 아주 드물거나 일시적이었다.

미국의 특수한 경우: 매우 가변적인 군사화

"이제 공화국 초기 100년 동안의 우리 군사정책을 현재 유럽 국가들의 군사정책과 비교해보면, 그 차이는 주로 다음과 같다. 유럽 국가들은 조직적으로 완벽하고 잘 훈련받은 군대와 특별히 교육받은 장교들로 전쟁을 수행하는 반면, 우리는 대부분의 전쟁을 경험이 없는 병사들과 함께 시작하고 수행했으며, 이들 장교는 실전에서 어렵게 경험을 쌓아야 했다."

에모리 업튼Emory Upton 장군, 1886년 「세계 군대에 관한 보고서」의 저자

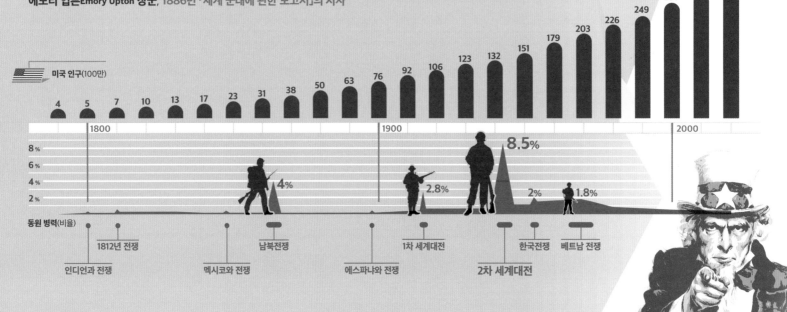

미국 인구(100만)

4 5 7 10 13 17 23 31 38 50 63 76 92 106 123 132 151 179 203 226 249 281 309 331

1800   1900   2000

8 %
6 %
4 %
2 %

동원 병력 (비율)

4% 2.8% 8.5% 2% 1.8%

인디언과 전쟁
1812년 전쟁
멕시코와 전쟁
남북전쟁
에스파냐와 전쟁
1차 세계대전
2차 세계대전
한국전쟁
베트남 전쟁

1차 세계대전에 동원된 프랑스

1914년에서 1918년 사이에 프랑스의 징병을 통한 동원은 그 규모 면에서 교과서적인 사례로, 인구 대비 놀라운 동원율을 보여준다. 대략 본국 남성 인구의 약 40퍼센트, 즉 전체 인구의 20퍼센트가 동원되었다. 이 수치는 20세 전후의 남성 연령대에서는 90퍼센트를 넘기도 했다. 이렇게 동원된 남성의 약 16퍼센트가 전사했는데, 전체 남성 인구의 약 7퍼센트에 해당한다. 이는 역사상 거의 보기 힘들 만큼 엄청난 희생과 대가였다.

1911년 프랑스 인구
3,970만

남성 인구
1,950만

건강한 노동자
1,260만

동원된 남성
790만

비교해보기

아테네 50%
펠로폰네소스 전쟁

로마(공화국)
선별부대
연례 동원
지금까지 80%
혼란 시 10~15%
예외적 긴급 동원

프랑스
제1제국
1차 세계대전
15% 40%

미국
2차 세계대전
23%

연도

1918
1월~11월 11일 260,000
4~12월 407,000

1917
1916년 7월~1917년 3월 223,000
1~6월 282,000

1916
1915년 7월~1916년 3월 226,000
624,000
2월 1일~6월 30일

1,017,000
1월 31일~10월 1일

1915
1,099,000
1914년 10월 1일~
1915년 1월 31일

2,887,000
1914년 8월 1~15일

1914
817,000
1914년 8월 1일
기준 평시 병력

'인적 자원'
유형, 기간, 출신별 동원 병력

7,740,000
프랑스인

원주민
475,000 중
아프리카인
432,500
알제리아인
136,000
세네갈인
136,000

장교
104,000[전시]
90,000[평시]

연령별
동원 가능 인구와
동원 인구

1887 연령층
47~48세
244,000
58,400
24%

 1888~1890
44~46세
739,000
406,000
 55%

 1891~1893
41~43세
807,000
596,000
 74%

 1894~1896
38~40세
881,000
680,000
 77%

1897~1899
35~37세
884,000
726,000
 82%

1900~1902
32~34세
887,000
743,000
 83%

1903~1905
29~31세
922,000
772,000
 84%

1906~1908
26~28세
926,000
861,000
 85%

1909~1911
23~25세
926,000
820,000
 89%

1912~1914
20~22세
955,000
859,000
 90%

1915~1917
17~19세
927,000
869,000
 94%

1943~1944년 주요 교전국이 전쟁에 쏟아부은 '인적 자원'

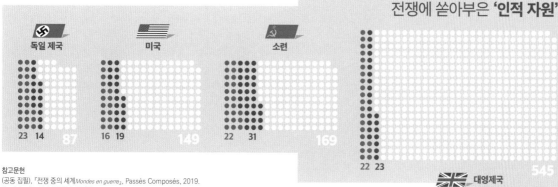

독일 제국
23 14 87

미국
16 19 149

소련
22 31 169

22 23
545
🇬🇧 **대영제국**

● 군대
● 전쟁 산업
● 총인구(100만)

참고문헌
(공동 집필), 『전쟁 중의 세계 Mondes en guerre』, Passés Composés, 2019.
Corvisier (A, dir.), 『프랑스 군사사 Histoire militaire de la France』, PUF, 1992.
Héran (F), 『희생된 세대들: 1차 세계대전의 인구 통계적 결산 Générations sacrifiées: le bilan démographique de la Grande Guerre』, in Population & Sociétés, 2014/4.
Harrison (M), 『2차 세계대전의 경제: 6대 대국의 국제적 비교 The Economics of World War II: Six Great Powers in International Comparison』, Cambridge University Press, 2000.
Howard (M), 『서양 역사의 전쟁 La guerre dans l'histoire de l'Occident』, Fayard, 2000.
Keeley (L), 『문명 이전의 전쟁: 평화로운 야만인의 신화 War Before Civilization: the Myth of the Peaceful Savage』, Oxford University Press, 1996.

'물류의 중요성' 군수와 병참 자원

"비전문가는 전략을 이야기하고, 전문가들은 물류를 이야기한다." 미국 장군 오마 브래들리Omar Bradley(1893-1981)의 발언은 전쟁이 추상적인 개념이 아니라 사람들에게 장비와 무기를 지급하며 무엇보다도 음식을 제공해야 한다는 현실을 상기시켜준다. 이를 위해서는 전쟁 경제로서 필수품을 빠짐없이 생산하거나 확보할 뿐만 아니라 전투 중인 부대에 신속하게 충분히 전달해야 한다. 이를 '물류'라고 부른다. 물류는 과소평가되었지만, 병력 증가와 함께 군대와 군사장비가 다양해지고 점점 더 복잡해지면서 크게 강화되었다. 오랫동안 군대는 자신의 장비와 식량을 운반하며, 필사적으로 보호해야 하는 취약한 보급선에 의존해왔다. 그러나 동시에 그들은 때로는 구입하거나, 더 일반적으로는 약탈할 수 있는 현지 자원에 의존해 생활하기도 했다. 산업 시대 이후, 현대 전쟁은 거대한 운송 수단을 필요로 하는 대단히 조직적이고 복잡한 보급 물류 체계의 구축을 요구한다. 이러한 체계 없이는 어떤 군사작전도 불가능하다. 그러나 거리가 멀어질수록 그 효율성은 떨어지며, 이를 재조직하기 위해 작전을 중단해야 하는 경우도 자주 발생한다.

병력을 **먹이다**

나폴레옹은 "군대는 밥심으로 행군한다"고 말하곤 했다. 식량과 식수(또는 술)는 전쟁에서 중요한 요소다. 하루에 병사 한 명당 2,000~3,000칼로리를 공급하기 위해 필요한 식량과 물의 보존과 공급은 군인들의 신체적 상태뿐만 아니라 사기에 크게 영향을 미친다. 시간과 장소의 차이가 크겠지만, 오랫동안 병사의 기본 식량으로 정량의 곡물(쌀, 밀)을 배급하고, 그것으로 전병, 빵, 건빵 등 다양한 형태의 음식을 만들었다. 채소, 고기, 기타 자원은 상황에 따라 양을 조절했다. 개인이나 집단의 병사는 일반적으로 며칠치의 식량을 휴대하고 다니다가 스스로 죽이나 수프 형태로 조리했다. 나중에는 군대의 '수송대'를 통해 정기적으로 보급을 받게 되었다. 이 점에서 현대 군대의 보급은 통조림('철제식량')이나 운송 수단 등 질적·양적으로 훨씬 더 나아졌다. 1차 세계대전 직전에는 집단용 이동식 주방이 등장했고, 2차 세계대전 중에는 오늘날 군대에서 표준으로 지급되는 개별 전투식량, 즉 사전에 포장되거나 동결 건조된 후 재가열 가능한 식량이 발명되었다.

고대 군대를 먹여 살리기
로마 군대의 기본 배급식량

병사 1인당 하루에 곡물
2세티에르(섹스타리우스)
= 1.08리터
=
8명으로 구성된 병사 그룹(컨투베르니움)당
1모디우스(곡물 한 부셀)
= 8.67리터
=
한 군단(약 5,000명)당
600모디우스
= 약 52헥토리터

3개월 동안
400톤의 곡물

+ 추가 보급품
• 올리브유
• 포도주, 식초
• 고기, 소금 등

병사 **14,200**명
차량 **1,440**대

하루 **430**톤

참고문헌
Harrison (M), 『2차 세계대전의 경제: 6대 대국의 국제적 비교The Economics of World War II: Six Great Powers in International Comparison』, Cambridge University Press, 2000.
Gropman (A. dir), 『물류의 중요성: 2차 세계대전의 미국 물류The Big 'L', American Logistics in World War II』, National Defense University Press, 1997.
Milward (A), 『전쟁, 경제, 사회, 1939~1945년War, Economy and Society, 1939~1945』, University of California Press, 1979.
Roth (J), 『로마 군대의 전시 물류(기원전 264~서기 235년)The Logistics of the Roman Army at War (264 B.C.–A.D. 235)』, Columbia studies, Brill, 1999.

39 미국은 1939년에 캐시앤캐리Cash and Carry 법을 제정해 중립을 지키면서 무기를 현금 판매해
막대한 이익을 보았는데, 1941년 3월에 추축국과 싸우는 우방국에 무기와 물자를 대여하거나
싸게 공급해서 전쟁을 빨리 끝내려는 목표를 세우고 렌드·리스 법을 제정했다.

'렌드·리스[대여]³⁹ 물자'의 흐름
소련으로
다른 동맹국으로

100,000 소련으로 보낸 물자
1941년 6월 22일~
1945년 9월 20일

미군의 흐름

824
만 톤

452,000
톤

소련으로 간 물자
총
1,750
만 톤

396
만 톤

681,000
톤

416
만 톤

'자유세계의 무기고'

현대 군대의 보급
1944년 미국 보병 사단의
군수품 보급과 물류

25톤: 탄약
50톤: 건설 자재
50톤: 다양한 식량
300톤:
연료, 예비 부품,
다양한 장비

5톤: 개인 장비와 의류

현대 프랑스 군대의
개별 전투식량

조리된 음식
300g X 2

+ 추가 보급품
· 커피   · 초콜릿 바   · 설탕
· 수프   · 과일젤리   · 껌
· 비스킷

1.5kg

+ 온열기와 정수장치

단백질
13%
55%
탄수화물
32%
지방

미국 총생산량 | 렌드·리스
명목의 비율

18,000 25,000
27,000
280,000
435,000
화물차
2,450,000   33%

1,500
7,000
28,000
전차
86,000   43%

1,500
1,500
11,500
26,000
비행기
295,000   15%

선박
86,000
5,400척의 화물선 포함

철광석
6억 700만
톤

석유
1,000만
배럴

렌드·리스
총생산량의 비율

기타

대여물자 수혜국

재정, '전쟁의 핵심'

전쟁은 물질자원뿐만 아니라 생명도 '소모'한다. 전쟁은 또한 가장 비용이 많이 드는 지출이다. 군대, 특히 해군은 국가의 의지를 강요할 수 있는 재정적 구멍이 되어 국가의 금고를 비우고 더 많은 세금을 징수하며 다른 국가나 민간은행, 심지어 자국민에게 빚을 지도록 강요한다. 이웃의 재산을 최소한의 비용으로 장악하고 약탈하는 것은 역사적으로 전쟁의 중요한 동력이다.

그래서 "전쟁은 전쟁을 먹여 살린다"고 말한다. 재정 능력이 고갈되면 전쟁을 지속할 수 없다. 전쟁에 따른 적자와 부채가 누적되면서, 국가가 일부 또는 완전히 파산하는 경우가 있다. 이는 17세기 에스파냐나 1794년 프랑스에서 그랬던 것처럼 단기와 장기에 걸쳐 심각한 결과를 초래할 수 있다.

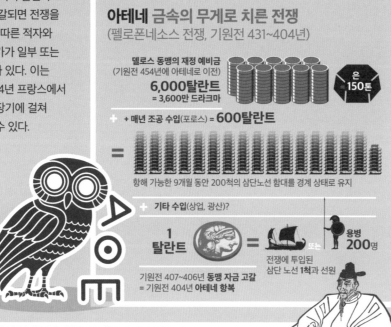

아테네 금속의 무게로 치른 전쟁
(펠로폰네소스 전쟁, 기원전 431~404년)

델로스 동맹의 재정 예비금
(기원전 454년에 아테네로 이전)
6,000탈란트
= 3,600만 드라크마
은 = 150톤

+ + 매년 조공 수입(포로스) = **600탈란트**

= 항해 가능한 9개월 동안 200척의 삼단노선 함대를 경계 상태로 유지

+ 기타 수입(상업, 광산)?

1 탈란트 = 전쟁에 투입된 삼단 노선 1척과 선원 또는 용병 **200명**

기원전 407~406년 동맹 자금 고갈
= 기원전 404년 아테네 항복

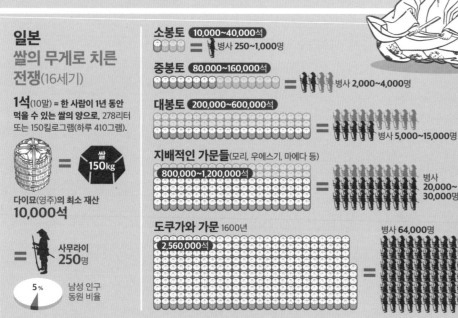

일본 쌀의 무게로 치른 전쟁(16세기)

1석(10말) = 한 사람이 1년 동안 먹을 수 있는 쌀의 양으로, 278리터 또는 150킬로그램(하루 410그램).

= 쌀 150kg

다이묘(영주)의 최소 재산 **10,000석**

= 사무라이 **250명**

5% 남성 인구 동원 비율

소봉토 10,000~40,000석
= 병사 250~1,000명

중봉토 80,000~160,000석
= 병사 2,000~4,000명

대봉토 200,000~600,000석
= 병사 5,000~15,000명

지배적인 가문들(모리, 우에스기, 마에다 등)
800,000~1,200,000석
= 병사 20,000~30,000명

도쿠가와 가문 1600년
2,560,000석
= 병사 64,000명

'현대' 전쟁의 자금 조달
남북전쟁 (1861~1865년)

GDP 대비 비율

■ 연간 GDP
■ 연방정부 예산
■ 군사비
□ 연방정부 부채

1860
43억 8,700만
7,800만
6,500만
37% / 0.7%

1861
46억 4,300만
8,000만
9,000만
45% / 0.8%

1862
58억 4,400만
4억 8,600만
5억 2,400만
90% / 7.5%

1863
76억 9,800만
7억 2,600만
11억 1,900만
91% / 8.6%

1864
95억 4,900만
8억 7,800만
18억 1,500만
89% / 8.2%

1865
99억 7,700만
13억 1,100만
26억 8,000만
89% / 12%

1866
90억 8,100만
5억 3,600만
27억 7,300만
64% / 3.8%

전쟁 자금 조달의 세 가지 방식과 북군과 남군에서 차지하는 비율

■ 부채
■ 통화팽창
□ 세금

(북) 총지출 23억 달러
20% / 15% / 65%

(남) 총지출 10억 달러
10% / 30% / 60%

* 참고: 정치적으로 인정받지 못한 남부연합Confederate States은 전체 GDP에는 포함되지만, 1861년부터 1865년까지의 예산, 지출 또는 부채에는 포함되지 않는다. 따라서 이 수치는 실제로 국가가 남북전쟁에서 감당한 경제적 부담을 크게 과소평가하고 있다.

참고문헌
Hanson (V), 『펠로폰네소스 전쟁*La Guerre du Péloponnèse*』, Flammarion, coll. «Champs Histoire», 2010.
Harrison (M), 『2차 세계대전의 경제: 6대 대국의 국제적 비교*The Economics of World War II: Six Great Powers in International Comparison*』, Cambridge University Press, 2000.
Moisel (C), 「전쟁 배상: 유럽 디지털 역사 백과사전*Les réparations de guerre, in Encyclopédie d'histoire numérique de l'Europe*」(온라인), Permalien: https://ehne.fr/fr/node/12381
Vatter (H), 『2차 세계대전 동안의 미국 경제*The U.S. Economy in World War II*』, Columbia University Press, 1985.

어떤 대가를 치르더라도 승리해야 할 세계대전

세계대전에 참가한 교전국들은 거의 전면적 동원체제에 들어갔다. 평화 시기에 군사장비에 할당되는 부의 비중은 몇 퍼센트를 넘지 않지만, 전쟁의 위협이 닥치면 (특히 무기 현대화와 관련해서) 그 비중이 크게 증가한다. 양차 세계대전에서 세계 최강의 군대로 평가받던 프랑스의 군사 예산 비중은 1930년경에는 4퍼센트 미만이었으나, 1938년에는 7퍼센트로 증가했다. 1930년대에 확장 정책을 시작한 일본의 군사 예산 비중은 1930년대 초반 약 2퍼센트에서 1938년(중국 침공)에는 10퍼센트로 증가했다. 전쟁이 발발하고 세계적으로 확산되면서, 주요 교전국들은 전체 부의 절반에서 4분의 3까지 전쟁에 쏟아부었고, 그 때문에 모든 민간 활동은 큰 타격을 받았다.

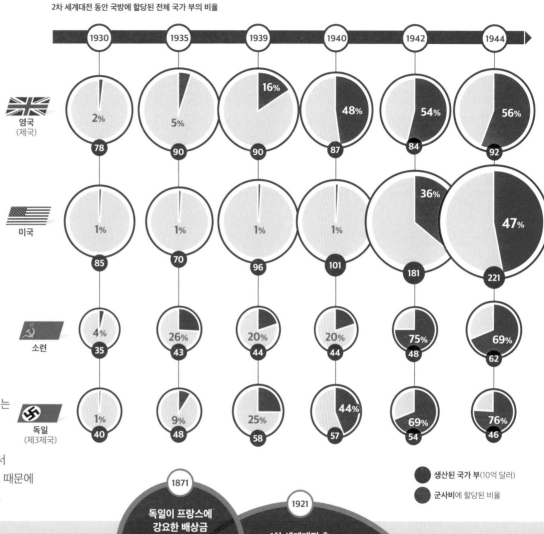

2차 세계대전 동안 국방에 할당된 전체 국가 부의 비율

프랑스-독일 전쟁의 '배상금'

패자는 승자에게 공물을 지불해야 한다. 19세기부터는 점령자가 점령지에 요구하는 '기부금'과 '보상금' 또는 '전쟁배상금'이라는 용어를 썼다. 이러한 배상금은 때로는 수십 년에 걸쳐 지급되고, 평화조약의 핵심에 놓이며, 지급이 완료될 때까지 군사점령을 담보로 하게 된다. 1897년 일본은 패배한 중국이 지불한 막대한 '배상금' 덕분에 자국의 화폐인 엔을 금본위제로 채택할 수 있었다. 2차 세계대전 동안 독일과 일본은 점령한 지역의 자원을 가차 없이 약탈했다. 미국만이 '연합군의 무기고' 역할을 하며 경제적으로 손상을 입지 않고 전쟁에서 벗어났다. 미국은 전쟁 물자를 대량으로 생산해 대여·차용 방식으로 판매했고, 1945년 이후 유럽의 재건과 경제회복을 지원했다. 20세기 후반부터는 개인에 대한 배상 문제도 갈등 해결에서 중요한 부분이 되었다.

전쟁 속의
여성

전쟁은 남성만의 일이 아니다. 여성은 후방에서 '이차적' 역할만을 한다는
생각은 잘못이다. 심지어 보조 역할을 할 때조차도 여성은 필수적 존재이며,
가정을 지키기 위해 싸우도록 남편(과 아들)을 격려하는 스파르타 여성의 모습처럼
그들도 중요한 역할을 한다. 게다가 여성은 군대가 제대로 기능할 수 있게 지원한다.
그들의 지원 역할(혹은 공장과 농장에서 남성을 대신하는 역할)이 그들을 그늘 속에 있게 만든다는 것은 사실이다.
그러나 여성 또한 전투원이다. 남성처럼 그들도 적을 죽인다. 1차 세계대전 동안, 일부 여성은 남자로 가장하고
참호 속에 있었다. 그들은 군대의 지도자가 되어 병사들을 고무시키고 지휘하며 승리나 패배로
이끌 수 있고, 때로는 영광이나 치욕 속에서 희생으로 내몰기도 한다.
여성은 남성만큼이나 전쟁의 영역에 속해 있으며, 그들은 전쟁을
수행할 뿐만 아니라 때때로 전쟁을 결정하기도 한다.

19세기
북아메리카
대평원 지역의 인디언
부족들은 종종 여성이
전투에 참여하도록
권장하며, 전사로서
존경받을 권리를
인정했다.

1909~1924년
멕시코
보조 역할을 하던
'솔다데라스soldaderas**'** 는
종종 혁명 과정에서 직접
전투에 참여하기도
했다.

1956~1961년
쿠바
카스트로의
유격대는 쿠바
여성도
동원했다.

라틴아메리카
여성은
냉전 시기에
유격대에서
싸웠다.

전장에서
여성의 역할

2021년 미국 군대에서
여성의 비율

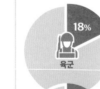

18%
육군

19%
평균

20%
해군

23%
공군

고대 그리스
여성은 시민권과
군대에서 제외되었지만,
군사조직에 거의
구조적으로 이바지했다.

고대 로마
여성은 군대 내에서 **거의
존재하지 않고 별로 환영받지
못했지만,** 주로 군영 주변과
국경에서 존재감을 드러냈다.

중세
아내나 참녀 같은 여성은
군대를 따라다녔다(특히 용병일
경우 더욱 그러했다). **그들은 중요한
물류를 담당했으며,** 약탈에
참여하는 경우도 흔했다.

17세기
**공식적인 회람으로 여성의 수를
규제했다.** 프로이센인들이 처음으로
시행했던 것 같다. 심지어 아내가
남편을 따라 전쟁에 나서는 것을
막기 위해 결혼을 공식적으로
권장하지 않을 수도 있었다!

혁명과 제국
칸티니에르[군용 주류 판매원]와
함께 종군 여성suiveuses이라 불리는
여성들이 대거 참여했으며, 이 용어는
점차 부정적인 의미를 띠게 되었다.
이들은 1846~1848년 미국-멕시코
전쟁에서도 여전히 다수 존재했다.

19세기
종군 여성은 간호사로
'변모'해 군복을 입고
법적 규제와 군기에
복종하게 되었다.

위대한 **여성 전사들**

-500 0 500 1000 1500 1600 1700 1800 1900

영국
보우디카
30?-60

베트남
찌에우티찐
226-248

에스파냐
카스티야의
이사벨라
1451-1504

인도
두르가바티
1524-1564

영국
엘리자베스 1세
1533-1603

일본
나카노 다케코
1847-1868

20세기
러시아
여성 대대들이 두 차례 세계대전 동안 복무했다.
2차 세계대전에서 많은 여성이 저격수로 활약했으며(예: 로자 샤니나는 50명 이상의 독일군을 사살), 항공기를 조종하거나 탱크를 몰기도 했다. 마리야 옥차브르스카야는 1943년부터 그 이듬해 사망할 때까지 탱크 운전병으로 전투에 참여했다.

기원전 14세기
터키
시노페 공성전에서 여성들은 갑옷을 입고 성벽에 올라가, 지역을 방어하는 남성이 더 많다는 인상을 주어서 페르시아 침략자를 속였다.

냉전 시기부터 오늘날까지, **쿠르드 운동**에는 많은 여성 전사가 참여하고 있다.

이스라엘
여성은 주로 보조 역할을 맡지만, **군 복무를 수행하며** 전투훈련을 받고 필요할 경우 전투에 참여한다.

17~19세기
베냉
다호메이의 아마조네스[여성 전사]는 왕의 친위대 역할을 하며 적대 마을을 약탈하고, 노예로 삼은 소녀들을 신병으로 모집했다. 1890년부터 그들은 프랑스 군대와 전투를 벌였다.

아프리카
여성은 **탈식민지화**와 관련된 수많은 분쟁에 참여해서 싸웠다.

1850~1864년
중국
여성은 태평천국의 난 동안 전투에 참여했다. 또한 1937년부터 일본의 점령에 맞서 싸웠다.

1562~1564년
인도
여왕 **두르가바티**는 무굴 제국에 맞서 싸움을 이끌었다. 나라이 전투에서 중상을 입었지만 도망치기를 거부하고 스스로 목숨을 끊었다.

일본
사서에는 도모에 고젠 같은 **여성 전사**(온나-부게이샤)를 언급하고 있다. 보신전쟁(1868~1869년) 동안, 쇼군 지지자들은 '여성 군대'를 편성했다.

248년
베트남
찌에우티찐은 중국에 맞서 두각을 나타냈다. 많은 여성이 이후 베트민과 베트콩에 합류해서 프랑스, 미국, 남베트남과 맞서 싸우게 된다.

스칸디나비아
전설적인 라게르타와 같은 **여성 바이킹**의 존재 가능성을 배제할 수는 없지만, 이를 뒷받침할 증거는 부족하다.

영국
60년 또는 61년에 **보우디카**가 로마인들에 맞서 반란을 이끌었으나 패배했다. 16세기에 **엘리자베스 1세**는 아일랜드와 네덜란드, 에스파냐와 치른 전쟁에서 전략적 차원의 군사 지도자였으나, 직접 전투에 참여하지는 않았다.

프랑스
잔 다르크에서 여성 **저항 운동가**까지 여러 차례에 걸쳐 여성이 무기를 들고 싸웠다. 오늘날에는 미국 여성처럼 주로 전투기 조종사나 잠수함 승무원으로 활약하고 있다.

폴란드
여성이 국가 방어에 매우 적극적이었다. **1918년과 1919년**에는 종종 독일군과 싸웠다. 1943년에는 **바르샤바 게토**에서, 1944년에는 도시 전역의 봉기에서 전투에 참여했다.

고대 그리스
기원전 431년 플라타이아 전투 때, 여성은 지붕에서 기와를 던지며 테베군을 물리치는 데 기여했다.

에스파냐
1475년부터 **카스티야의 이사벨라**가 '레콩키스타'에서 중요한 역할을 했다. 1936년부터 1939년까지 내전 동안 많은 여성이 공화파 측에서 싸웠다.

양차 세계대전
수세기 동안 여성은 필수적인 보조 역할을 수행하면서 **중요성을 이미 증명했지만**, 이제는 그 역할이 완전히 공식화되고 체계적으로 조직되었다. 일부 병원은 전적으로 여성의 힘으로 운영되기도 했다. **대체로 전투부대에서는 여성을 제외했지만**, 후방에서 그들은 행정, 물류 지원, 방공, 국내 항공 운송 등의 분야에서 **활약했다.**

2000

러시아
로자 샤니나
1924-1945

참고문헌
『여성과 전쟁: 고대부터 현대까지의 역사 사전*Women and War, A Historical Encyclopedia from Antiquity to the Present*』, ABC-Clio, 2006.
Collectif, 『여성의 군사사 안내서*A Companion to Women's Military History*』, Brill, 2012.
Van Creveld (M), 『남성, 여성, 전쟁: 여성은 전선에 적합한가*Men, Women and War, Do Women belong in the Front Line*』, Cassel, 2001.
Forty (G & A), 『여성 전쟁 영웅*Women War Heroines*』, Arms and Armour, 1997.
Newark (T), 『여성 장군들: 여성 전사들의 삽화가 담긴 군사사*Women Warlords, An Illustrated Military History of Female Warriors*』, Blandford, 1989.

내전
깊은 상흔을 남기다

내전은 세계 역사에서 반복적으로 나타나는 현상이다. 다양한 갈등, 권력 투쟁, 정치나 종교의 불화, 혹은 국가 내 독립 열망 등이 그 원인이며, 대개 민간인, 경제, 문화에 치명적인 결과를 초래한다. 내전은 반란(봉기)에서 비롯될 수 있지만, 반란의 제한된 범위를 넘어서 확산된다. 실제로 내전이 되려면, 갈등이 일정한 강도에 도달하고 오래 지속되어야 한다. 이는 국가 내에서 군사적·정치적으로 조직된 집단들이 서로 충돌하는 것을 의미한다. 특히 내전은 민간인에 대한 대규모 폭력으로 나타난다. 미국의 남북전쟁이나 레바논 내전 (1975~1990년, 최소 15만 명 사망)에서 보듯이, 내전은 수많은 국가의 역사를 피로 써왔으며, 깊고 오래가는 상처를 남겼다. 그러나 엘살바도르 내전(1979~1992년, 약 2만 7,000명 사망) 같은 경우는 대개 해당 국가 외부에서는 잘 알려지지 않았다. 엘살바도르, 니카라과, 과테말라, 온두라스를 강타한 주요 내전은 1970년대 말에 발생했다.

몇몇 내전의 **주요 전투**

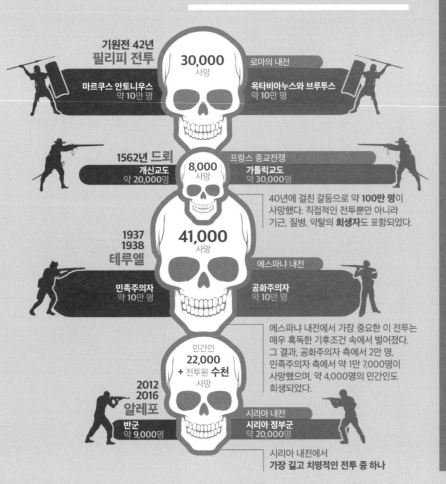

기원전 42년
필리피 전투
30,000 사망
로마의 내전
마르쿠스 안토니우스 약 10만 명
옥타비아누스와 브루투스 약 10만 명

1562년 드뢰
개신교도 약 20,000명
8,000 사망
프랑스 종교전쟁
가톨릭교도 약 30,000명

40년에 걸친 갈등으로 약 100만 명이 사망했다. 직접적인 전투뿐만 아니라 기근, 질병, 약탈의 **희생자**도 포함되었다.

1937 1938
테루엘
41,000 사망
민족주의자 약 10만 명
에스파냐 내전
공화주의자 약 10만 명

에스파냐 내전에서 가장 중요한 이 전투는 매우 혹독한 기후조건 속에서 벌어졌다. 그 결과, 공화주의자 측에서 2만 명, 민족주의자 측에서 약 1만 7,000명이 사망했으며, 약 4,000명의 민간인도 희생되었다.

민간인 22,000 + 전투원 **수천** 사망

2012 2016
알레포
반군 약 9,000명
시리아 내전
시리아 정부군 약 20,000명

시리아 내전에서 **가장 길고 치명적인 전투 중 하나**

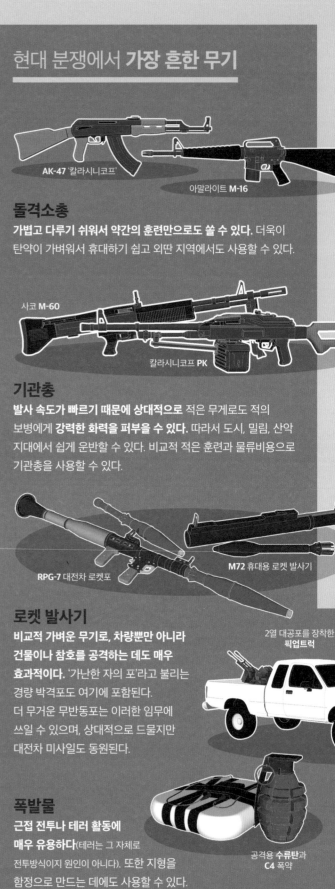

현대 분쟁에서 **가장 흔한 무기**

AK-47 '칼라시니코프'
아말라이트 M-16

돌격소총

가볍고 다루기 쉬워서 약간의 훈련만으로도 쏠 수 있다. 더욱이 탄약이 가벼워서 휴대하기 쉽고 외딴 지역에서도 사용할 수 있다.

사코 M-60
칼라시니코프 PK

기관총

발사 속도가 빠르기 때문에 상대적으로 적은 무게로도 적의 보병에게 **강력한 화력을 퍼부을 수 있다.** 따라서 도시, 밀림, 산악 지대에서 쉽게 운반할 수 있다. 비교적 적은 훈련과 물류비용으로 기관총을 사용할 수 있다.

RPG-7 대전차 로켓포
M72 휴대용 로켓 발사기

로켓 발사기

비교적 가벼운 무기로, 차량뿐만 아니라 건물이나 참호를 공격하는 데도 매우 효과적이다. '가난한 자의 포'라고 불리는 경량 박격포도 여기에 포함된다. 더 무거운 무반동포는 이러한 임무에 쓰일 수 있으며, 상대적으로 드물지만 대전차 미사일도 동원된다.

2열 대공포를 장착한 **픽업트럭**

폭발물

근접 전투나 테러 활동에 매우 유용하다(테러는 그 자체로 전투방식이지 원인이 아니다). 또한 지형을 함정으로 만드는 데에도 사용할 수 있다.

공격용 **수류탄과 C4 폭약**

비전투원에게 가장 치명적이었던 내전

내전은 민간인이 대부분의 희생자가 되면서 사람들에게 치명적인 영향을 미친다. 주요 인프라와 자원이 파괴되어 기근과 전염병이 발생한다. 사람들은 전투, 약탈, 성폭력을 피하지 못하면 감내해야 한다. 성폭력은 기근과 마찬가지로 종종 '전쟁의 무기'로 활용된다.

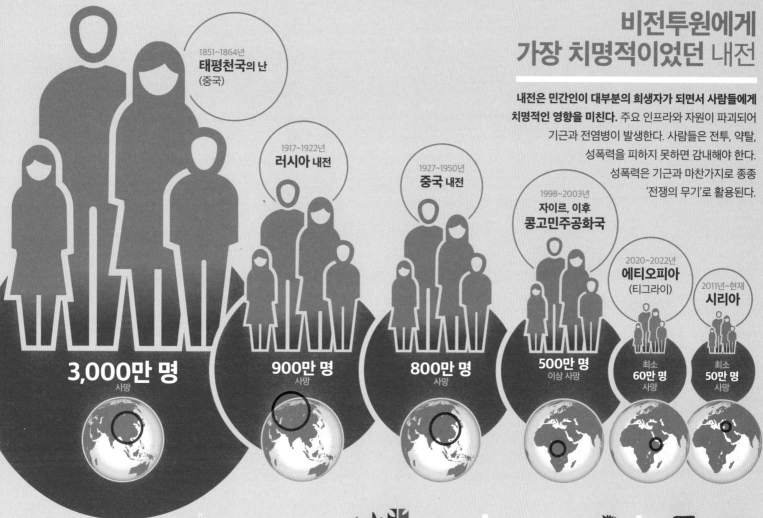

1851~1864년 태평천국의 난 (중국)

1917~1922년 러시아 내전

1927~1950년 중국 내전

1998~2003년 자이르, 이후 콩고민주공화국

2020~2022년 에티오피아 (티그라이)

2011년~현재 시리아

3,000만 명 사망

900만 명 사망

800만 명 사망

500만 명 이상 사망

최소 **60만 명** 사망

최소 **50만 명** 사망

내전이 국외에 끼친 영향

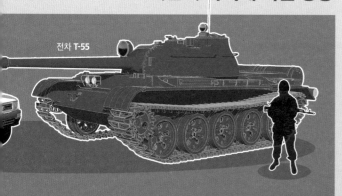

전차 T-55

차량
정부군은 주로 전차와 장갑차로 대표되는 모든 화력을 동원한다. 반군 세력은 이러한 장비를 탈취해서 정부에 맞설 수 있으며, 즉석에서 제작한 장갑차나 단순히 경량 차량에 기관총이나 무반동포 같은 무기를 장착해서 사용할 수도 있다.

1642~1651년 영국 내전
정치적·사회적으로 영국에 지속적인 영향을 미쳤으며, 특히 입헌군주제의 수립과 관련이 깊다. 그것은 영국과 세계의 관계도 크게 바꾸었다.

1851~1860년 태평천국의 난, 2차 아편전쟁
태평천국의 난은 청 제국을 약화시켰고, 이후 청 제국은 2차 아편전쟁에서 영국에 패배했다. 이 패배는 영국을 선두로 한 외국 열강들이 중국의 자원과 경제를 장악하는 결과를 초래했다.

1861~1865년 미국 내전(남북전쟁)
사회·경제·정치·외교에서 미국에 지속적인 영향을 미쳤으며, 특히 노예제도의 폐지를 가져왔다.

참고문헌
Bernard (V), 『남북전쟁: 미국의 대전쟁, 1861~1865년 La Guerre de Sécession, la Grande Guerre américaine, 1861-1865』, Passés composés, 2022.
Cooper (T), 『시리아 대분쟁: 시리아 내전, 2011~2013년 Syrian Conflagration. The Syrian Civil War, 2011-2013』, Helion & Company, 2022.
Dixon (J), Sarkees (M), 『국내 전쟁 가이드: 내전 분석, 1816~2014년 Guide to Intra-State Wars, an Examination of Civil Wars, 1816-2014』, Sage Publications, 2016.
Clodfelter (M), 『전쟁과 무력 분쟁: 사상자 및 기타 수치의 통계 백과사전, 1492~2015년 Warfare and Armed Conflicts. A Statistical Encyclopedia of Casualty and Other Figures, 1492-2015』, McFarland & Company Inc., 2017.

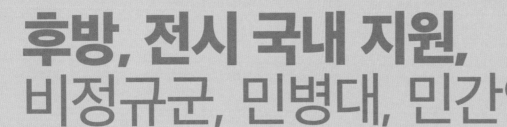

후방, 전시 국내 지원, 비정규군, 민병대, 민간인

민간인은 전쟁 과정에서 중요한 역할을 한다. 그들은 생산에서 전선에 이르기까지 산업과 농업 활동의 기반을 이룬다. 그들은 때때로 전투원으로 징집되어 영토를 방어하기도 한다. 고대에는 민간인이 무기를 제작하고 농사를 짓거나, 때로는 전쟁에 소집되었다. 아테네는 이러한 방식으로 의무 군복무 제도를 발전시켰다. 르네상스 시대의 전쟁기술 변화는 지역 민병대의 진화를 이끌었다. 이들은 전보다 더 드물지만 완전히 사라지지는 않았다. 영토가 점차 하나의 국가로 형성되면서 경제력은 민간인의 노동력 덕분에 존재하는 것이기도 하며, 점점 더 국가의 힘을 상징하게 되었고, 더 나아가 군사력의 상징이 되었다. 이러한 역할은 논쟁을 불러일으킨다. 민간인이 전쟁의 일환으로 기능하는 만큼, 특히 '총력전'에서 그들을 공격하는 것은 얼마나 정당한가? 이에 대한 답으로 암묵적이거나 점점 더 공식화된 규칙('전쟁법')을 제정했으나, 항상 지키지는 않는다.

국가, 지방, 공동체, 도시, 지역의 모든 단계에서 **민병대가 존재할 수 있다.**

이 **13세기 민병대원**은 철제 투구를 쓰고 면으로 만든 방호복을 입었으며 장창을 들고 있다.

이 **16세기 플랑드르 시민**은 장창을 제외하면 민간인과 구별되지 않는다. 장창은 적을 무장 해제하는 데 매우 효과적이다.

1871년 파리를 방어하는 민병대원 타바티에르 소총으로 무장하고 있으며, 유명한 '샤스포' 소총은 정규군에게만 지급되었다.[40]

홀 가드[국민방위대]는 자국을 수호하는 임무를 맡고 있는 반면, 이 **폴크스 슈투름**Volkssturm [국민돌격대] 대원은 판저파우스트Panzerfaust [대전차 로켓 발사기]로 적의 전차를 파괴하기를 기대하고 있다.

공동체 민병대에서 시민 민병대로

일부 번영한 도시는 영주로부터 자치권을 획득할 수 있었고, 특히 민병대를 조직할 수 있는 권한과 자율성을 누릴 수 있었다. 프랑스의 작은 마을 봄레논Baume-les-Nonnes (프랑스 혁명 이후 봄레담으로 개명됨)과 같은 작은 지역들조차도 자체적인 공동체 민병대를 보유했다. 이후 이러한 민병대는 쇠퇴했지만 완전히 사라지지는 않았다. 1595년 봄의 민병대는 앙리 4세의 군대를 격퇴했다. 16세기부터 공동체 민병대는 점차 시민 민병대로 변모했으며, 여전히 시 행정관의 통제를 받았다. 이 도시는 10년 전쟁(1634~1644년) 동안 시민 민병대를 운영했다.

파리의 국민방위군

1789년에 시민 민병대로 창설된 파리 국민방위군은 수도의 치안 유지와 방어를 담당했다. 1870~1871년 전쟁이 일어나면서, 이 민병대는 나폴레옹 3세가 스당에서 항복한 후 결성된 국가 방위 정부와 점점 더 대립했다. 이 민병대의 상당 부분은 파리 코뮌(1871년 3~5월)의 반란을 지지했다. 그들은 프로이센과 협상해서 적대 행위를 종식시키려는 국가 방위 정부에 맞섰다.

홈 가드와 폴크스슈투름

영국의 홈 가드는 1940년에 독일의 침공 가능성에 대비해 창설되었다. 이 부대는 주로 동원되지 못한 자원자들로 구성되었으며, 특히 고령자가 포함되었다. 전성기에는 약 150만 명의 남성이 소속되어 있었다. **독일의 폴크스슈투름은 1944년 아돌프 히틀러의 명령으로 나치당이 소집한 부대였다.** 이 부대는 군복무를 하지 않은 16세(때로는 그 이하)에서 60세 사이의 남성으로 구성되었다.

40 타바티에르tabatière는 담뱃곽처럼 뚜껑을 열어서 장전하기 때문에 붙은 이름이며, 샤스포Chassepot는 발명가 앙투안 알퐁스 샤스포의 이름에서 나왔다.

양차 세계대전과 **민간인 동원**

민간인은 전례 없는 규모로 전쟁 지원에 동원되었으며, 다양한 무기와 장비를 제작했다. 단순히 탄약, 소총, 기관총, 비행기, 전차뿐만 아니라 군복, 식기, 쌍안경, 참호용 잠망경도 생산했다.

국가별 **민간인** 동원자 수

약 **1,500만 명** 이상의 외국인 **강제 노동자**와 징발된 포로, 강제 이송된 사람들

2차 세계대전

550 만	900 만	750 만	590 만	1,800 만	1,200 만	1,600 만
이탈리아	일본	프랑스	영국	독일/제3제국	러시아/소련	미국

1차 세계대전

지역 방어를 위해 일시적으로 동원된 **민병대원들**

1918년 모든 분야에 고용된 영국 여성 **490만** 이상

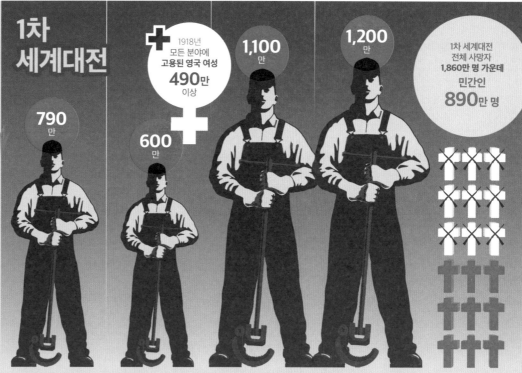

790 만

600 만

1,100 만

1,200 만

1차 세계대전 전체 사망자 1,860만 명 가운데 민간인 **890만 명**

현대 전쟁과 민병대

냉전과 현대의 분쟁들은 국민방위대나 민병대의 종말을 의미하지 않는다. 이들은 인도차이나 전쟁에서 베트남 전쟁까지, 아프가니스탄에서 우크라이나까지, 그리고 아프리카의 여러 분쟁에서 등장하며, 특히 아프리카에서는 정부군의 부족한 전력을 보완한다. 민병대는 지형을 잘 파악하기 때문에 유용하지만, 통제하기 어려운 존재다. 특히 그들의 공동체적 동질성은 다른 공동체의 적대감을 불러일으키거나 심지어 공포를 조성할 수도 있다.

참고문헌
Borrot (A), 『봄레담의 역사 Histoire de Baume-les-Dames』, Cetre, 1978.
Collectif, sous la dir. de Broadberry (S), Harrison (M), 『1차 세계대전의 경제학 The Economics of World War I』, Cambridge University Press, 2005.
Collectif, sous la dir. de Rothbart (D), 『민간인과 현대전: 무장 분쟁, 폭력의 이념 Civilians and Modern War, Armed Conflict and the Ideology of Violence』, Routledge, 2012.
1914~1918년, 1차 세계대전의 국제 백과사전 1914-1918 Online, International Encyclopedia of the First World War(온라인), https://encyclopedia.1914-1918-online.net/articles

동물과 전쟁

동물은 전쟁에서 잊힌 희생자다. 용감한 전사로 묘사되는 동물도 사실 선택의 여지가 없다. 집중 폭격을 받은 모든 도시에서 동물원은 대개 파괴되며, 동물은 공습으로 학살되거나, 1992년 사라예보 동물원에서처럼 굶어죽기도 한다. 가축은 군대를 먹이기 위한 산업 자원이거나 적군이 약탈할 자원이다. 가축과 야생동물은 총격과 포격의 희생자가 되며, 지뢰를 밟거나 해상기뢰를 건드려 폭발시키기도 한다. 민간인은 종종 반려동물을 버리고 피난길에 오른다. 보스니아와 최근 우크라이나에서도 그러한 일이 벌어졌다. 때때로 지나가는 병사들이 유기동물을 돌보고 먹이를 주거나 입양해서 마스코트로 아끼기도 한다. 역설적으로 1차 세계대전 전장에 많은 새떼와 양서류가 등장한 경우처럼 전투가 한창 벌어질 때에도 자연은 일부 권리를 되찾는 경우가 있다.

개 가축화
기원전 제1만 5천년기

-5000 -1000 0

메소포타미아 전차
기원전 18세기

원시 기병
기원전 제5천년기

베르베르 낙타 기병
800년

낙타(단봉 낙타)

마케도니아 기병
기원전 4세기

카르타고 코끼리
기원전 3세기

기원전 약 1700년경, **인도**에서 전투용 코끼리가 동원되었다. 기원전 218년, **한니발**은 37마리의 코끼리와 함께 알프스를 넘었고, 이를 로마군과 싸울 때 활용했다. **1차 세계대전** 동안, 독일과 영국은 서커스 코끼리를 전쟁 지원에 차출했다. **2차 세계대전**과 냉전기 동안에도 종종 코끼리로 물자를 수송했다.

기사
1200년

기병대원
1815년

동물의 주요 임무
감시
통신
정찰/소규모 전투
전투
수송

폴란드 창기병
1939년

그레이 정찰병 로디지아
1978년

성숙기에 접어든 기병대는 전쟁에서 중요한 역할을 했다. 1차 세계대전에 병사 3명당 말이 1마리꼴로 동원되었다. 약 2,500만 마리의 말이 동원되었을 것으로 추정할 수 있다. 이 중 적어도 800만 마리가 전사한 것으로 알려졌다. 2차 세계대전에도 말은 여전히 많이 투입되었다. 소련군이 차출한 2,100만 마리의 말 중 약 1,400만 마리가 전사했다. "큰 말을 타다"라는 표현은 화를 낸다는 의미로, 중세 시대에 나온 말이다. 당시 기사는 최고의 군마를 타고 전쟁에 나갔다.

딕킨 훈장[41]

1943년부터 동물복지에 헌신하는 영국 자선단체인 PDSA[42]는 전쟁 중 특히 눈에 띄는 공로를 세운 동물에게 **이 훈장을 수여하고 있다.**

2023년까지의 수상자
+ 1차 세계대전의 동물들에게 수여된 **단체 훈장 1개**

개 **37마리**
비둘기 **32마리**
말 **5필**
고양이 **1마리**

참고문헌
Baratay (E), 『참호의 짐승들, 잊힌 경험들Bêtes des tranchées, Des vécus oubliés』, CNRS Éditions, 2013.
Caramello (C), 『말 타기에서 기병 전투로: 기병술과 기마 전쟁의 역사Riding to Arms, A History of Horsemanship and Mounted Warfare』, The University Press of Kentucky, 2022.
Chauviré (F), 『기병의 역사Histoire de la cavalerie』, Perrin, 2013.
Cooper (J), 『전쟁에 동원된 동물Animals in War』, Corgi Books, 1983.
Kistler (J), 『전쟁 코끼리War Elephants』, Praeger, 2006.
Lockwood (J), 『여섯 다리의 병사들: 전쟁무기로서 곤충의 활용Six Legged Soldiers, Using Insects as Weapons of War』, Oxford University Press, 2009.

41 1943년 영국의 동물 애호가 마리아 딕킨Maria Dickin이 창설했으며, 전쟁 중 공로를 세운 동물에게 주는 상으로 종종 '동물의 빅토리아 훈장'이라고 불린다.

42 People's Dispensary for Sick Animals의 약자로 병든 동물을 위한 국민 진료소를 뜻한다.

시간의 범위

1000   1500   2000

곤충, 특별한 경우

구석기 시대에는 곤충도 무기로 써먹었을 가능성이 있다. 이를테면 벌집을 던지는 방식이다. 이집트인도 이를 차용한 것으로 보인다. 중동에서는 특히 로마군을 상대로 전갈을 넣은 '수류탄'을 썼다는 말도 있다. 마야인은 벌이나 말벌 '수류탄'을 사용했다. 1914년 아프리카 탕가 전투에서 독일군 지휘하의 수비대는 연합군 머리 위 나무에 달린 벌집을 쏘아 공격했다. 냉전 동안 벌은 잠재적인 공격 목표였다. 벌을 파괴하면 적국의 농업을 붕괴시킬 수 있었기 때문이다. 베트남 전쟁 동안, 공산군은 다양한 곤충과 파충류를 함정에 이용했다. '폭격'를 뜻하는 'bombarde'라는 단어는 그리스어 'bombos'에서 유래했다. 이는 벌의 '윙윙거리는 소리'를 뜻한다.

당나귀와 노새

노새와 당나귀는 **양차 세계대전** 동안 주로 짐을 나르는 동물이었다. 몇 년 전부터 군대는 산악 전투나 험지 작전에 이들을 다시 투입하고 있다.

이탈리아 노새
1942년

1차 세계대전 동안 약 10만 마리의 개가 전선에 투입되었다. **2차 세계대전** 중에는 소련군이 잠시 동안 **'대전차 자폭견'**을 활용했다. 개에게 폭약을 장착하고 탱크 밑으로 기어들어가 폭파하도록 훈련시켰다. 스탈린그라드 전투에서 이들은 최소 25대의 탱크를 파괴했다. 그러나 이들에게는 적군 탱크와 아군 탱크를 구별하지 못하고 공격하는 중대한 '결함'이 있었다. 오늘날에도 여전히 개는 많은 군대에서 활약하고 있다.

개

신석기 시대부터 감시 임무에 사용된 개들은 이미 기원전 14세기부터 전투에 투입되었다.

에스파냐 베세리요[전투견]
1500년

기관총을 끄는 개들
1916년

코끼리

버마 코끼리
1943년

비둘기

비둘기는 기원전 1200년부터 활용되기 시작했다. 율리우스 카이사르는 **갈리아 정복** 당시 전서구傳書鳩를 이용해 적의 동향을 빠르게 파악할 수 있었다. 또한 **십자군 전쟁**에도 비둘기를 이용했다. **1차 세계대전** 중에는 최소 20만 마리의 전서구가 모든 진영에서 활용되었다. **오늘날**에도 **프랑스 군대**에서 여전히 200마리의 비둘기를 투입하고 있으며, 미국 정부기관도 비둘기를 보유하고 있다.

신성한 동물

동물은 또한 선전의 도구로 전쟁에 참여한다. 로마인이 사로잡아 전시하거나 서커스 경기에 동원된 야생동물은 로마의 먼 정복지와 군사적 힘을 상징하는 구체적인 표현이었다. 동물은 용기와 충성심 같은 덕목을 상징하는 역할을 함으로써 특정 진영의 정체성을 나타내거나 문어, 뱀, 다양한 곤충처럼 적을 조롱하거나 두렵고 혐오스럽게 만드는 데 이용되었다. 군사장비는 종종 호랑이, 표범, 전갈, 가젤, 독수리 따위의 동물 이름을 따서 지으며, 군사작전에도 만타Manta[가오리], 용감한 참새Moineau hardi, 오릭스Oryx[영양] 같은 동물 이름을 붙일 수 있다.

1차 세계대전 동안 해양 포유류를 이용해서 독일 잠수함을 탐지하기도 했다. **냉전기**에는 미국(뿐만 아니라 다른 국가들에서도) 이들을 훈련시켜 해군기지를 보호하는 데 활용했으며, 특수훈련을 시켜 전투 수영사를 죽이는 임무를 맡기도 했고, 기뢰 탐지에도 동원했다.

환경에 미치는 영향

많은 참전용사가 1차 세계대전의 전장을 방문할 때, 2~3년 전에 싸웠던 곳을 알아보지 못하는 경우가 있지만, 그 환경은 여전히 전쟁의 여파로 심각하게 고통받고 있다. 일부 지역이 다시 녹색을 되찾더라도, 그 땅은 여전히 깊은 상처를 안고 있다. 이 전쟁 이전에도 수세기 동안 환경은 전쟁을 준비하거나 전투에 적합하도록 지속적으로 변형되었다. 방어시설, 로마 도로 같은 교통로의 개발(경제적 목적뿐만 아니라 군사적 목적도 있음), 해안선을 파괴하거나 주변을 오염시키는 항공기지와 해군기지가 있다. 철강이 등장하기 전, 함대를 건설하는 데 필요한 나무를 베면서 숲이 사라졌다. 군사력을 증대시키는 데 기여한 석탄 채굴은 토양과 공기를 오염시키는 요인이 되었다. 또한 환경은 종종 방어나 공격을 돕기 위해 직간접적으로 활용되었다. 우리가 강이나 산맥을 자연 장애물이라고 지칭하는 이유다. 숲이나 정글을 쉽게 위장에 이용하며, 1944년 12월 아르덴 공세처럼 적이 제공권을 장악하고 있을 때 나쁜 날씨를 이용해 위험을 줄이면서 공격을 감행할 수 있다. 그러나 자연은 중립적이어서 때로는 작전을 매우 어렵게 만들기도 한다. 사막이 좋은 예다.

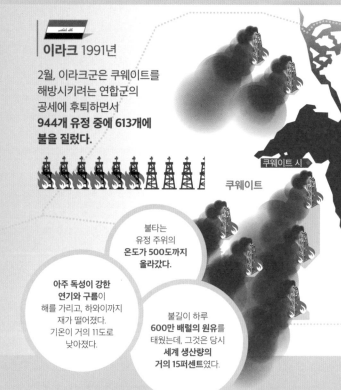

이라크 1991년

2월, 이라크군은 쿠웨이트를 해방시키려는 연합군의 공세에 후퇴하면서 **944개 유정 중에 613개에** 불을 질렀다.

쿠웨이트 시

쿠웨이트

불타는 유정 주위의 **온도가 500도까지** 올라갔다.

아주 독성이 강한 **연기와 구름이** 해를 가리고, 하와이까지 재가 떨어졌다. 기온이 거의 11도로 낮아졌다.

불길이 하루 **600만 배럴의 원유를** 태웠는데, 그것은 당시 **세계 생산량의 거의 15퍼센트**였다.

인간의 밀집과 **오염**

남북전쟁 초기인 1861년 여름, 노스캐롤라이나 5연대는 버지니아 주 요크타운에 주둔했다. 많은 병사가 빠르게 병에 걸려 8월 말 요크타운을 떠날 때는 1,150명 중 단 230명만이 건강했고 78명이 사망했는데, 아마 장티푸스열 때문이었을 것이다. 장교들은 화장실을 식수원에서 멀리 떨어진 곳에 설치하라고 명령했지만, 첫 번째로 병에 걸린 병사들은 그곳까지 갈 시간이 없었다. 그 결과, 막사 주변과 식사를 조리하는 장소가 오염되고 말았다. 비는 땅을 씻어내기도 하지만 폐기물을 식수원으로 흘려 보내기도 한다. 모든 전쟁에서 인구 밀집은 비위생적인 환경을 초래하며, 이는 결국 다양한 형태의 오염으로 이어지게 된다.

미국 1861년

세균과 미생물 **오염**

독일 1943년

약 **1,300 ~2,600**명 사망

둑이 파괴된 후 25시간이 지나자 수위는 평상시보다 4미터나 더 높은 **7미터까지 상승했다.**

물에 휩쓸린 **나무가 뿌리 뽑히고 집이 파괴되었다.**

150km

65km

프랑스
1918년

적색 구역

1차 세계대전 이후, 프랑스에서는 전투의 강도에 따른
피해를 기준으로 여러 유형의 구역을 지정했다.
가장 큰 피해를 입은 지역은 수천 구의 매장된 시신,
미폭발 탄약, 황폐하고 (화학 무기, 금속, 부패한
시신 등)으로 오염된 땅을 '적색 구역'으로 선포했다.
전쟁이 끝난 지 110년이 지난 지금도
적색 구역(뿐만 아니라 황색 구역과 녹색 구역)에서는
여전히 토양 오염 문제가 발생하고 있다.
특히 금속, 매장된 폭발물, 포탄 속 화학물질이
주요 문제다. 발사되지 않은 탄약은 바다와
호수에 수장되었고, 이는 수백만 톤에 이르며
천천히 물을 오염시키고 있다.
예를 들어 자르델 구덩이에는 현재
3,000톤의 포탄이 쌓여 있다.[43]

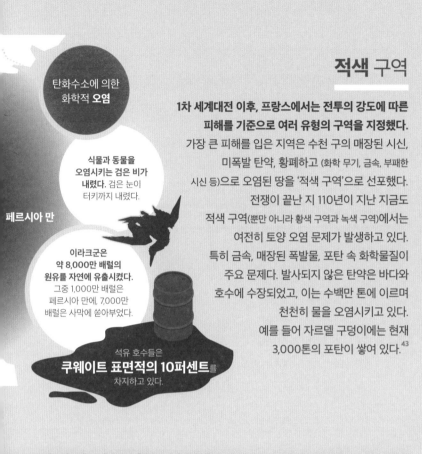

탄화수소에 의한
화학적 **오염**

식물과 동물을
오염시키는 검은 비가
내렸다. 검은 눈이
터키까지 내렸다.

페르시아 만

이라크군은
약 8,000만 배럴의
원유를 자연에 유출시켰다.
그중 1,000만 배럴은
페르시아 만에, 7,000만
배럴은 사막에 쏟아부었다.

석유 호수들은
쿠웨이트 표면적의 10퍼센트를
차지하고 있다.

전쟁 시기

화학적 오염

포탄은
**15미터 깊이까지
묻히며**, 일부 스펀지 같은
토양에서는 30미터
깊이까지 묻힌다.

전쟁 후
표면과 지하의
약화된 토양이
오염을 더욱
확산시킨다.

전쟁에 이용한 자연의 힘

전쟁 중 제방 파괴는 특히 16세기와 30년 전쟁에서 자주 구사한 전술이었다.
댐버스터 공습작전은 2차 세계대전 중 1943년 5월 16일에서 17일 밤에 실행했다.
이 공습에서 영국 폭격기들은 독일 루르 지역의 주요 댐을 여럿 공격했다.
공격에는 특별히 설계된 '바운싱 폭탄'을 투하했는데, 이 폭탄은 통상적인
공중 폭격에 견디도록 설계된 견고한 구조물을 파괴하는 데 효과적이었다.
이 지역의 석탄 채굴과 일부 산업이 혼란에 빠졌다. 한국전쟁 중 미국 공군은
북한의 산업에 타격을 주고 농업 지역을 범람시키기 위해 북한의 댐들을
폭격했다. 2023년 6월 6일, 우크라이나 남부의 노바 카호우카 댐이
사보타주의 표적이 되어 수천 명의 민간인이 대피해야 했으며,
우크라이나는 반격하기 어려워졌다.

전쟁 후

오늘

76m

22m

12시간 만에
둑으로 막은
인공호수의 저수량
1억 3,200만 세제곱미터 중
1억 1,600만
세제곱미터의
물이 쏟아졌다.

지속적인 위험
1차 세계대전 중 발사된
포탄 중 약 4분의 1은 폭발하지
않았으며, 전체 전쟁 기간에 적어도
10억 발의 포탄이 발사된 것으로
추정된다. 오늘날에도
폭발하지 않은 탄약은
아주 많다.

참고문헌
Browning (J), Silver (T), 『남북전쟁의 환경사An Environmental History of the Civil War』,
The University of North Carlonia Press, 2020.
Hirschmann (K), 『쿠웨이트 유전 화재The Kuwaiti Oil Fires』, Facts on File Inc., 2005.
Prentiss (A M), 『전쟁 속 화학물질Chemicals in War』, Mc Graw Hill, 1937.
Sweetman (J), 『댐버스터 작전The Dambusters』, Time Warner, 2003.
Wilcox (W), 『현대 군대와 환경: 평화와 전쟁의 법The Modern Military and the Environment,
The Laws of Peace and War』, Scarecrow Press Inc., 2007.

유스 아드 벨룸, 유스 인 벨로
전쟁을 제한하기 위한
법제화와 규제

다양한 형태로 오늘날 전쟁법이라고 부르는 개념과 그 관련법들, 예를 들어 인도법은 역사를 통틀어 수많은 사회에서 지속적인 관심사였다. 이는 전쟁의 범위를 제한하고 그에 따른 결과를 완화하려는 목적에서 비롯되었으며, 때로는 전쟁을 완전히 금지하려는 시도도 있었지만, 이는 종종 헛된 노력에 불과했다. 로마 공화정 말기에는 '정당한 전쟁bellum justum'이라는 이론이 발전했다. 오늘날 우리는 '유스 아드 벨룸Jus ad bellum'과 '유스 인 벨로Jus in bello'[44]를 구분한다. '유스 아드 벨룸'은 무력을 쓰는 조건·원인·목표를 규제하는 법이며, '유스 인 벨로'는 전쟁과 관련된 고통을 제한하려는 목적을 지닌 인도적인 법이다. 특히 현대 무기의 치명성 증가와 무력 충돌의 규모를 감안할 때, 19세기와 20세기에 들어 전쟁에 대한 법적 규제가 급격히 강화되었다. 이후 전쟁과 관련된 범죄의 법적 처리, 즉 전쟁 범죄의 사법화로 이어졌다. 이러한 움직임은 '윤리적 전쟁'이라는 개념을 정의하려는 시도로 나타났으며, 초국가적 틀 안에서 전개되었다. 이 과정은 2차 세계대전이 끝날 무렵 뉘른베르크 재판과 도쿄 재판에서 절정에 이르렀고, 여기서 특히 인류에 대한 범죄라는 개념이 정의되었다. 이후 1998년에는 국제형사법원ICC이 설립되면서 최초의 상설 국제법원이 탄생했다. 많은 발전이 있었다 하더라도, 최근의 여러 분쟁에서 보듯이 종종 법의 확장과 적용이 국가, 상황, 시대에 따라 크게 달라지기 때문에 법의 효력과 효과도 한정되기 마련이다.

-2000	-1000	-900	-800	-700

기원전 제2천년기
메소포타미아의 함무라비 법전에서 전쟁 규제가 이루어졌으며, 이 법전에는 "강자는 약자를 억압해서는 안 된다"는 원칙이 포함되어 있다. 또한 **이집트**에서는 신들의 영감을 받은 **파라오만이 정당한 전쟁을 시작할 수 있었다.**

기원전 제1천년기
구약성경에는 **전쟁의 폭력을 완화하는** 몇 가지 **원칙**으로 과일나무를 베지 말 것, 포로로 잡힌 여성을 노예로 삼지 말 것 같은 규정이 있다.

기원전 8세기
그리스에서는 올림픽 경기와 이스티아 **경기 같은 대회**[45]**가 열릴 때 성스러운 휴전을 선언했으며,** 운동선수들에게는 안전 통행증을 발급했다.

1900	1800	1700	1600	1500	1400	1300

19세기
프랜시스 리버Francis Lieber(1798-1872)는 『리버 법전Lieber Code』을 작성했으며, 1863년 미군이 채택한 이 법전은 **전쟁법을 규정한** 문서로 헤이그 **협약과 제네바 협약의 기초**가 되었다. 또한 앙리 뒤낭Henri Dunant(1828-1910)은 『솔페리노의 회상 Un souvenir de Solférino』을 출간해 적십자, 인도법, 제네바 협약 설립의 기반을 마련했다. 첫 번째 제네바 협약은 1864년에 체결되었다.

17세기
네덜란드인 **후고 그로티우스**Hugo Grotius(1583-1645)는 **국제법과 현대 전쟁법의 기초**가 된 『전쟁과 평화의 법De Jure Belli ac Pacis』과 『자유해양론Mare Liberum』을 저술했다. 그는 특히 해양의 자유에 관한 이론을 체계화했다.

14세기
메소아메리카에서 '**꽃 전쟁**'은 논쟁의 여지가 있는 관습으로, **제한적이고 규정된 성격을 가진 전쟁**이었다. 이 전쟁은 신에게 바칠 포로를 잡는 목적의 훈련으로 해석되며, 동시에 귀족들을 보호하려는 성격도 있었다.

1910	1920	1930

1899
1907
헤이그 회의는 **군비를 제한하고 '전쟁의 법과 관습'을 규제하기 위해** 열렸다. 이 회의는 문명국 간에 확립된 관습, 인류의 법칙, 공공 양심의 요구에 따라 전쟁 규칙을 규정하는 것을 목표로 했다(이는 마르텐스 조항으로도 알려져 있다). 또한 이 회의에서 국가 간 분쟁 해결을 위한 상설 중재 법원CPA이 설립되었으며, 122개국이 서명했다.

1922
워싱턴 해군 군축 조약은 해군 무기 **제한을 목표로 체결되었으며,** 5개국(미국, 영국, 일본, 프랑스, 이탈리아)이 서명했다.

1929~1936
런던, 제네바 등 일련의 해군 군비 축소 회담과 조약

1928
브리앙-켈로그 조약은 **전쟁으로 분쟁을 해결하는 방식을 금지하고 비난하는 조약**으로, 63개국이 서명했다.

1919~1946
국제연맹은 미국 대통령 우드로 윌슨의 '**14개 조항**'을 기반으로 설립되었으며, 집단 안보를 보장하고 군비 축소를 촉진하는 것을 목표로 했다. 이 연맹은 42개국의 서명으로 출발했다.

참고문헌

Cario (J), 『어제와 오늘의 법과 전쟁Droit et guerre d'hier à aujourd'hui』, Lavauzelle, 2011
Collectif, 『유엔 안전보장이사회와 전쟁: 1945년 이후 사상과 실천의 진화The United Nations Security Council and War: The Evolution of Thought and Practice since 1945』, Oxford University Press, 2008.
Holeindre (JV), 『계략과 힘: 또 다른 전략의 역사La ruse et la force: une autre histoire de la stratégie』, Perrin, 2017.
Lamb (A), 『전쟁 윤리와 법: 법적 규범의 도덕적 정당성Ethics and the Laws of War: The moral Justification of Legal Norms』, Routledge, 2013.
Wieviorka (A dir.), 『뉘른베르크와 도쿄의 재판Les Procès de Nuremberg et de Tokyo』, éd. Complexe, 1999.

44 전쟁을 시작하는 정당한 권리를 규정한 법, 전쟁을 수행하는 정당한 방법을 규정한 법을 뜻한다.

45 범그리스 4대 경기는 올림피아에서 4년마다 제우스를 기리는 올림픽 경기, 델포이에서 4년마다 음악과 시 경연과 함께 운동경기로 아폴론 신을 기리는 피티아 경기, 네메아에서
2년마다 제우스를 기리는 네메아 경기, 코린트의 이스트모스에서 2년마다 육상, 전차경주, 레슬링 따위의 경기로 포세이돈 신을 기리는 이스티아 경기를 가리킨다.

뉘른베르크, 도쿄, 전후의 주요 재판들

2차 세계대전에서 이긴 연합국이 주도한 재판은 전쟁과 관련된 국제 정의의
실제적인 근거가 되었다. 그러나 쌍방이 서로 비난할 소지가 있는 문제를 회피하기
위해 민간인에 대한 공습을 다루지 않았으며, 일본 천황에게 면책권을
부여했다는 사실은 논란거리가 되었다.

뉘른베르크
나치 독일

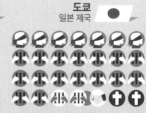

도쿄
일본 제국

주요 전범의 운명
- ⚖ 사형선고
- ♰ 종신형
- ⚖ 징역형
- ✋ 무죄 방면
- ○ 재판받지 않음
- ✝ 조기 사망

국제연맹
1919~1940년

- **42** 창립회원국
- 총 **63**
- **25** 1946년 이전 탈퇴 또는 제명

국제연합 UN
1945년

- **51** 창립회원국
- **193** 2024년 회원국

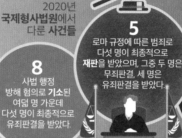

2020년 국제형사법원에서 다룬 사건들

- **8** 사법 행정 방해 혐의로 **기소**된 여덟 명 가운데 다섯 명이 최종적으로 유죄판결을 받았다.
- **5** 로마 규정에 따른 범죄로 다섯 명이 최종적으로 **재판**을 받았으며, 그중 두 명은 무죄판결, 세 명은 유죄판결을 받았다.
- **6** 여섯 명이 국제형사법원과 협력하는 시설에 **수감**되어 있다.

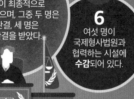

국제형사법원

1998년 로마 조약으로 설립된 헤이그 국제형사법원은 123개국의 회원국을 포함하고 있지만, 주목할 만한 불참국도 있다. 예를 들어 미국은 서명국이지만 비준하지 않았으며, 중국은 서명조차 하지 않았다.

-600 | -500 | -400 | -300 | -200 | -100

기원전 5세기
아시아의 주요 철학사상(불교·도교·유교)이 등장하면서 사회적 관계를 체계화하고 위계적으로 구조화하며 **통합과 조화를 추구**하게 되었다.

기원전 1세기
로마에서 키케로의 '정당한 전쟁' 이론을 바탕으로 '**정당하고 공정한 전쟁**'이라는 개념이 **등장했다**. 4세기에 성 아우구스티누스는 이를 계승·발전시켰다.

1200 | 1100 | 1000 | 900 | 800 | 700 | 600 | 500 | 300 | 200 | 100

13세기
성 토마스 아퀴나스(1225-1274)는 정당한 권위를 가지고 전쟁을 수행해야 하며, **정당한 원인과 공익을 추구할 때만** 전쟁할 수 있다고 보았다.

10~13세기
서양 기독교 세계에서 '하느님의 **평화운동**pax Dei'은 **특정 집단**(성직자, 어린이, 과부, 상인 등)과 **장소**(교회, 묘지 등), **특정 시기**(일요일, 종교 축제일 등)를 전쟁에서 제외시켰다. 이 운동은 11세기에 '하느님의 휴전trêve de Dieu' 개념으로 확장되었으며, 12세기에는 쇠뇌 사용을 금지했다.

7세기
아일랜드에서 제정된 **아돔나누스**Adomnanus의 '**비전투원 보호법**Lex Innocentium'은 여성, 어린이, 성직자에 대한 살인을 엄격히 금지하고, 이에 대해 무거운 처벌을 규정했다. 또한 교회를 공격하는 행위도 금지했다. 같은 시기, 쿠란은 이단을 예외로 취급하면서 **무슬림 간의 전쟁을 금지**하고, 성전(지하드)을 엄격하게 규제했다. 지하드는 상황과 적에 따라 달리 적용되며, 무분별한 폭력을 제한하려는 규정이 포함되었다.

6세기
인도의 서사시 마하바라타는 정당한 전쟁의 원칙, 군사력의 비례적 사용, **부상자와 포로의 공정한 대우**에 관한 원칙을 수립했다.

1940 | 1950 | 1960 | 1970 | 1980 | 1990 | 2000 | 2010 | 2020

1945
유엔이 51개국 서명으로 **설립**되었다. 이 협약에서 '정당한 전쟁'이라는 개념은 개인적 또는 집단적 방어로 제한되었고, 공격에 대한 방어와 위협에 비례하는 무력 동원이 허용되었다(2조와 51조).

1945~1948
뉘른베르크와 도쿄 재판은 전쟁 범죄, 인류에 대한 범죄에 관한 '**국제법 원칙**'을 정의했으며, 유엔은 이 원칙을 승인했다. 그러나 이 시기에는 국제형사법원이 창설되지는 않았다.

1948
집단학살 방지와 처벌에 관한 협약에 151개국이 서명했다. 이 협약에서 정의한 집단학살의 개념은 2차 세계대전 중 유대인 학살, 1915년 아르메니아인 집단학살, 1995년 르완다 투치족 학살에 소급 적용되었다.

1949
1864년, 1906년, 1929년의 이전 협약을 보완해서 **최종의 제네바 협약**을 체결했다. 중요한 네 가지 협약은 육상과 해상에서 부상자와 병자 보호, 전쟁 포로 보호, 민간인 보호에 대한 내용을 포함하고 있다. 이 협약은 1977년과 1995년에 추가 의정서 세 가지로 보완되었다.

1968
191개국의 서명으로 **핵확산금지조약**TNP이 체결되었다.

1991
'올림픽 휴전'을 재도입하려는 시도가 있었다.

1992
165개국의 서명으로 **화학 무기 금지 협약**이 체결되었다.

1997
133개국의 서명으로 **대인지뢰 금지 협약**이 체결되었다. 미국, 중국, 러시아는 서명하지 않았다.

1998
123개국의 서명으로 **국제형사법원**이 설립되었다.

2010
108개국의 서명으로 **집속탄 금지 협약**이 체결되었다.

2017
69개국 서명으로 **핵무기 금지 조약**TIAM이 체결되었으나, 핵보유국은 어느 나라도 서명하지 않았다.

Histoire de la guerre en infographie
by Vincent Bernard, Laurent Touchard and Julien Peltier (Data Designer)
© Passes Composes / Humensis, 2024

인포그래픽으로 보는 세계전쟁사
신석기 시대부터 현대 디지털 전쟁까지

2025년 6월 2일 초판 1쇄 발행

지은이 | 뱅상 베르나르, 쥘리엥 펠티에(데이터 디자인), 로랑 투샤르(편집)
옮긴이 | 주명철
펴낸곳 | 여문책
펴낸이 | 소은주
등록 | 제406-251002014000042호
주소 | (10911) 경기도 파주시 운정역길 116-3, 101동 401호
전화 | (070) 8808-0750
팩스 | (031) 946-0750
전자우편 | yeomoonchaek@gmail.com
페이스북 | www.facebook.com/yeomoonchaek

ISBN 979-11-87700-95-1 (03900)

여문책은 잘 익은 가을벼처럼 속이 알찬 책을 만듭니다.